“上海市小学科学学科技术与工程实践活动案例研发”项目成果

小学科学技术与工程项目学习设计指南

张敏　徐剑兰○编著

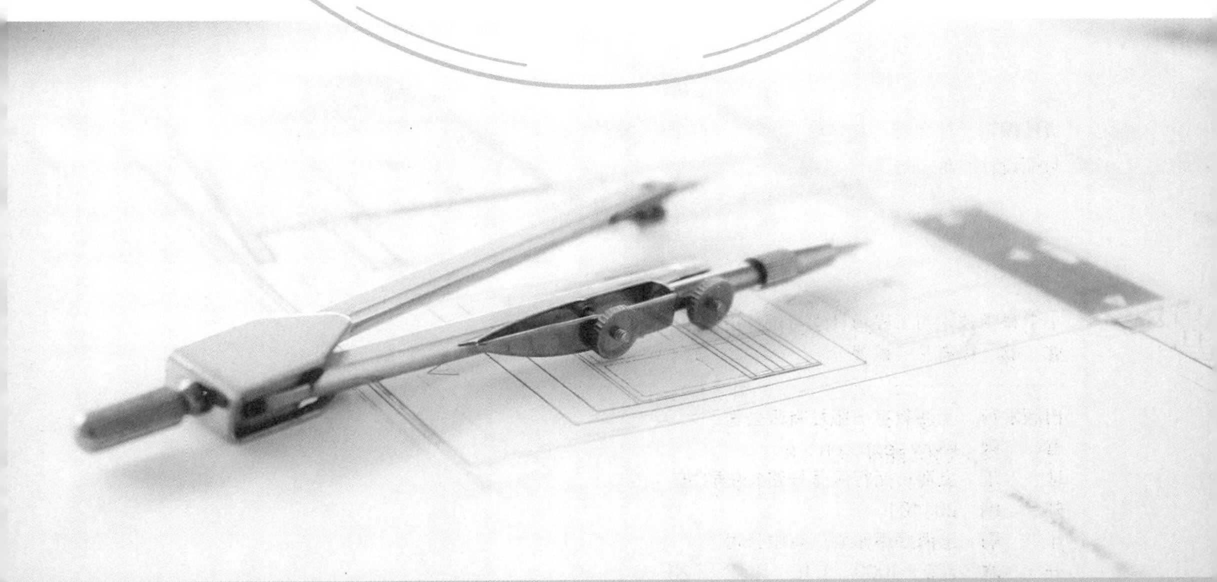

上海教育出版社
SHANGHAI EDUCATIONAL
PUBLISHING HOUSE

图书在版编目（CIP）数据

小学科学技术与工程项目学习设计指南 / 张敏，徐剑兰编著. — 上海：上海教育出版社，2022.8
ISBN 978-7-5720-1507-6

Ⅰ. ①小… Ⅱ. ①张… ②徐… Ⅲ. ①科学知识 - 教学设计 - 小学 Ⅳ. ①G623.62

中国版本图书馆CIP数据核字(2022)第117039号

责任编辑 杜金丹 袁 玲
封面设计 蒋 好

小学科学技术与工程项目学习设计指南
张 敏 徐剑兰 编著

出版发行 上海教育出版社有限公司
官 网 www.seph.com.cn
地 址 上海市闵行区号景路159弄C座
邮 编 201101
印 刷 上海颛辉印刷厂有限公司
开 本 700 × 1000 1/16 印张 17.25
字 数 255 千字
版 次 2022年9月第1版
印 次 2022年9月第1次印刷
书 号 ISBN 978-7-5720-1507-6/G·1204
定 价 68.00 元

如发现质量问题，读者可向本社调换 电话：021-64373213

序　言

从农耕时代到工业时代再到信息时代，技术的进步提高了生产力，并推动人类文明向更高层次发展。在这种背景下，传统教育受到了前所未有的挑战。倡导自主探索、动手实践、合作交流的实践性学习正在悄然改变着学生的学习方式。

2017 年颁布的《义务教育小学科学课程标准》，在课程内容上，除生命科学、物质科学、地球与宇宙科学三大领域外，增加了技术与工程领域；在课程目标上，进一步强调科学、技术、社会和环境的融合；在教学方式上，提倡进行跨学科教学，强化学生的实践性学习。

2019 年 12 月，上海市青浦区教师进修学院受上海市教育委员会教学研究室委托，由张敏老师领衔开展了为期两年的"上海市小学科学学科技术与工程实践活动案例研发"项目研究，旨在为当下小学科学学科技术与工程领域的教学寻找突破口和操作点，解决教学中存在的问题。

小学科学学科技术与工程实践活动案例研发过程中，项目组依据项目学习理论，界定了技术与工程项目学习的概念，明确了项目学习的内涵，确定了项目规划、项目设计、项目实施和项目评估等基本环节。在课例实践与案例梳理的基础上，项目组建构了基于问题解决的精准赋能技术与工程项目学习可为路径模型。该模型强调深度操作的体验学习，突出"基于概念逻辑的序列进阶""基于丰富资源的自主合作""基于成果分享的主动反思"三个要点；关注"规划先行—目标导向—任务设计—活动展开—评价贯通—资源支持—总结提炼"的设计与实施过程。项目组开发了包括"构思与设计""操作与加工""测试与优化""反思与评估”四个基本要素，并兼顾年段特点的技术与工程领域学生实践能力矩阵表现蓝图，强调模型建构、结果测试、数据分析、作品迭代、成果分享等方面的操作要求。

项目组把研究成果转化成《小学科学技术与工程项目学习设计指南》一书，不仅明确了技术与工程项目学习的内涵和特征，还对项目学习的基本环节进行了说明，进一步厘清与阐释了规格，便于教师操作。项目组采用“问题链”“任务群”的方式串联起核心活动，在评价和资源设计上帮助教师拓宽教学思路。

在小学科学学科开展技术与工程领域的项目学习时，应站在学生的立场，组织有结构、有层次、有挑战性的学习活动，以丰富学生的实践性学习经历，为学生提供深度思考的时空。

近年来，上海市青浦区教师进修学院通过系统架构，搭建了与自媒体移动端交融的“青浦教育·轻学自然”学科平台，建立起教学资源库管理系统和自然学科共享课程资源库，便于以学校、班级、小组为单位进行项目学习成果分享和互动交流。春去秋来，平台记录下学生成长的足迹，也为项目开展打下扎实的基础。

上海市青浦区教师进修学院多次与上海市教育委员会教学研究室开展合作研究，小学自然学科项目组先后承担过“基于信息化平台的课堂教学评价”“跨学科课堂教学指标提炼”等研究工作，取得了一些研究成果，团队成员也在项目研究过程中获得了很好的专业发展。上海市教育委员会教学研究室高度重视和支持本项目，深度参与了项目实施方案的制定、技术与工程项目学习设计指南的编制，使一些关键问题得以解决，并保证了书稿的学术性和专业性。在此表示感谢！

项目研究是有时限的，项目组对于技术与工程项目学习设计的研究才刚刚开始，需要进一步论证。未来，项目组将继续着力素养立意，为学生的成长而探索。

姜　虹

2022 年 5 月

目　录

绪论 …… 1

上篇　操作指引

第一章　技术与工程项目学习规划设计 …… 22

第一节　技术与工程项目学习规划设计流程与实施建议 …… 23

第二节　技术与工程项目学习规划设计案例 …… 30

第二章　技术与工程项目学习目标设计 …… 39

第一节　技术与工程项目学习目标设计流程与实施建议 …… 39

第二节　技术与工程项目学习目标设计案例 …… 47

第三章　技术与工程项目学习活动设计 …… 53

第一节　技术与工程项目学习活动设计流程与实施建议 …… 54

第二节　技术与工程项目学习活动设计案例 …… 57

第四章　技术与工程项目学习评价设计 …… 66

第一节　技术与工程项目学习评价设计流程与实施建议 …… 67

第二节　技术与工程项目学习评价设计案例 …… 70

第五章　技术与工程项目学习资源设计 …… 82

第一节　技术与工程项目学习资源设计流程与实施建议 …… 83

第二节　技术与工程项目学习资源设计案例 …… 91

下篇　实践案例

第六章　低学段实践案例 …… 98

制作与加工麦芽糖 …… 98

制作饼干 …… 104
我是开心菜园浇灌设计师 …… 112
制作一艘会漂浮、能行进的小船 …… 120
让走马灯转起来 …… 128
第七章 中学段实践案例 …… 138
搭建“高塔” …… 138
制作减少噪声的隔板 …… 148
追寻福泉山陶器发展史 …… 155
探秘火锅 …… 162
从养蚕到缫丝 …… 169
菇菇“产房” …… 177
小池塘的新发现——福寿螺 …… 184
第八章 高学段实践案例 …… 193
制作灭火器 …… 193
制作火灾警报器 …… 199
制作简易吸尘器 …… 205
校园连廊的设计与竞标 …… 212
从一株水稻到一碗米饭 …… 221
小小爬杆巡检机器人的改进 …… 228
餐桌上的盐是怎么来的 …… 236
制作雨量器 …… 243
小小气象预报员 …… 250

附录 …… 259

参考文献 …… 266

后记 …… 268

绪　论

人类观察自然、研究各种现象产生和变化的原因而产生科学，科学的核心是发现；对科学加以巧妙运用以适应环境、改善生活而产生技术，技术的核心是发明；人类为实现自己的需要，对已有物质材料和生活环境加以系统性的开发、生产、加工与建造等，这便是工程，工程的核心是建造。运用科学、技术和工程，人类创造了丰富的人工世界。①

- 小学科学学科为什么要增加技术与工程领域的学习内容？技术与工程领域的学习内容与要求有哪些？技术与工程领域的核心能力有哪些？
- 技术与工程项目学习的内涵和特征是什么？可为路径又是怎样的？
- 技术与工程项目学习的教学设计有哪些要素？各要素间有怎样的关联？

以上问题，在绪论中将有具体的解答。

一、研究背景

2017 年 1 月，修订后的国家《义务教育小学科学课程标准》（以下简称《课程标准》）正式颁布。《课程标准》指出，小学科学课程倡导以探究式学习为主的多样化学习方式，促进学生主动探究。《课程标准》中提出了很多新内容，如技术与工程领域。《课程标准》倡导跨学科学习方式，认为科学、技术、工程、数学（Science、Technology、Engineering、Mathematics，简称 STEM）是一种以项目

---

① 中华人民共和国教育部．义务教育小学科学课程标准[M]．北京：北京师范大学出版社，2017．

学习、问题解决为导向的课程组织方式，它将科学、技术、工程和数学有机地融为一体，有利于学生创新能力的培养。该领域的学习可以使学生有机会综合所学的各方面知识，体验科学技术对个人生活和社会发展的影响；技术与工程实践活动可以使学生体会到“做”的乐趣，并养成通过“动手做”解决问题的习惯。

基于上海市小学自然学科教材中技术与工程内容偏弱的现状，以及学科基本要求中尚未强化这一领域的实际，作为上海市小学科学课程与教学改革的系统性和全局性工作，技术与工程实践活动在上海全面展开和深入推进。上海市教育委员会教学研究室构建了上海市小学科学学科开展技术与工程实践活动的支持系统，为教师更好地把课程标准融入教与学全过程提供了坚实支架，从而实现“科学、技术、工程融为一体”的目标要求。然而，在推进小学科学学科技术与工程实践活动的研究中，综合实践活动研发中的资源支持、课程案例的开发与指导等问题开始出现。

为了更合理、有效地落实技术与工程领域的目标要求，更好地开发小学科学学科实用的技术与工程实践综合活动，同时考虑到上海市青浦区教师进修学院项目研究团队的前期经验和良好基础，2019 年 12 月，上海市教育委员会教学研究室委托由张敏领衔的研究团队开展“上海市小学科学学科技术与工程实践活动案例研发”项目研究。该项目以提炼小学科学学科技术与工程实践活动设计与实施的有效策略和实施路径为重点，突出跨领域综合实践案例的研发，旨在引领更多的学校参与研究，提升教师跨学科综合实践的意识与能力。

该项目研究主要聚焦小学科学学科技术与工程实践活动“问题提炼与专项突破”“路径、方法与策略”“资源保障”等。项目组通过设计并实施技术与工程实践活动，探索小学科学渗透工程思维的路径，强调教学中既要让学生像科学家一样探究未知，又要让学生像工程师一样运用各学科知识在真实情境中解决问题。

二、研究方法

（一）文献研究法

项目组通过梳理核心素养培育、单元教学、STEM视域下的本土化实践活动设计和项目学习等方面的研究成果，开展关于小学科学学科技术与工程实践活动案例研发等的文献研究，了解技术与工程项目学习和核心素养培育的关系，认识单元视域下项目学习的路径，把握STEM教育在本土实施的研究现状，重点分析当前小学科学学科技术与工程领域学习内容的实施现状和存在的主要问题。与此同时，项目组通过系统学习项目学习等文献，建立了相关概念体系，并确定了小学科学学科技术与工程项目学习的内涵、可为路径、设计要素及具体程序，为进一步探索如何在小学科学学科中开展技术与工程项目学习设计奠定了重要的基础。

（二）案例研究法

项目组在上海市青浦区各基层学校中选定项目试点学校开展研讨，帮助学校厘清思路，逐步形成技术与工程项目学习教学设计与实践的案例。项目组将相关案例在区域内进行了推介，并形成了技术与工程项目学习规划设计、目标设计、活动设计、评价设计、资源设计等方面的案例，以体现自下而上与自上而下相结合的研究路径。

对于收集到的案例，项目组采用案例归纳方法提炼总结，组织全体组员对案例进行充分研讨和完善，从典型案例中提炼出技术与工程项目学习规划设计、项目学习目标设计、项目学习活动设计、项目学习评价设计、项目学习资源设计等方面的流程图、流程图说明和案例。形成的成果延续了《上海市小学自然单元教学设计指南》的特点，较为简约与系统，便于学校教研组使用。

（三）行动研究法

围绕上海市教育委员会教学研究室所委托项目研究的要求和学科的实际情况，结合上海市青浦区小学自然学科十年聚力开展以课例研究为载体的行动教育的研究经验，项目组采取教研员引领下的基地学校组合的方式，边研究边实践。在提炼出技术与工程项目学习设计的流程,形成初步的案例后,项目组面向学校教研组开展技术与工程项目学习设计,进一步完善案例。项目组还积极学习以往自然学科各类文本的编制经验,力求普适、简约和系统。

三、研究内容

(一) 技术与工程项目学习的内涵与特征

从课程视域界定技术与工程项目学习设计的相关概念,是项目组研究的重点内容之一:一是明确技术与工程项目学习的概念与学科主题、单元设计的联系,厘清几者的关系,对本研究有着极其重要的意义;二是对技术与工程项目学习的内涵与特征进行阐释;三是明确技术与工程项目学习的基本环节。

(二) 技术与工程项目学习设计的关键要素

本研究以《课程标准》和《上海市小学自然学科教学基本要求(试验本)》(以下简称《教学基本要求》)为依据,结合教材,以主题或单元为单位(结构化),以提高教学有效性为导向,针对教学全过程设计的关键要素,进行有重点的设计。项目学习设计关键要素的提炼、关键要素之间的关系、技术与工程核心能力在各要素中的落实,是项目组研究的重点内容。本研究不仅需要突出提炼范本,利用范本引导设计,还需要采用案例方式,呈现技术与工程项目学习设计关键要素的设计过程与结果,以加深学科教师的理解。

(三) 技术与工程项目学习的可为路径模型建构

本研究立足课堂实践主阵地,以课例研究为载体,以课堂观察为突破口进行循证研究,从而提炼出融技术与工程项目学习设计与实施为一体的可为路径,尝试形成基于问题解决的赋能实践的模型,实现科学观念、探究实践、科学思维和态度责任等核心素养的有效培育。

四、研究结论

(一) 上海市小学科学、技术与工程融合探索已有一定基础

1. 近30年来上海市小学科学教材不断发展

20世纪八九十年代,上海进行了第一期课程教学改革,推出了五年制的“自

然常识”课程，重点关注科学素质的培养。整套教材以科学方法训练为主线，结构清晰，循序渐进，包括观察、比较、分与合、分类、实验等。在重视知识目标达成的同时，开始逐步重视学生的学习方式，课堂中不仅有各类学生实验，还增加了观察、比较、制作等活动。同时，上海市取消了原先的“生活与劳动”课程，新设立了“小学劳动技术”课程，以加强学生技术素养的培育。

20 世纪 90 年代末期，随着社会、经济的不断发展，上海进行了第二期课程教学改革，确立了“以学生发展为本”的行动口号，提出了“以德育为核心，以培养创新精神和实践能力为重点，全面实施素质教育”的培养要求。为更好地开展小学科学教育，上海从英国引进《自然》教材，并结合国情改编为远东版九年义务教育课本《自然》(以下简称远东版《自然》)。几年后，上海又推出了科教版九年义务教育课本《自然》(以下简称科教版《自然》)。至今，上海市在除杨浦和虹口两区之外的各区分别选择这两套中的一套作为教材使用。为深化课程内涵，上海市出台了《上海市中小学自然科学学习领域课程指导纲要》和《上海市小学自然课程标准(试行稿)》，研制了《教学基本要求》和《小学自然单元教学设计指南》，关注教、学、评的一致性。学科教师也更加关注知识序列与认知发展，学生除观察、实验、制作以外，还要参与调查、模拟、种养、体验、阅读和服务等活动。

2003 年下半年，上海在小学阶段启动了跨学科、跨领域课程的研究，针对自然课程与劳动技术课程的整合开展实践探索，于 2004 年正式推出了“小学科学与技术”课程，并在杨浦和虹口两区开展区域试验。

“小学科学与技术”课程结合科学、技术两方面内容，设置了“人体与保健”“生物与农业”“物质与材料”“运动与机械”“能与能源”“信息与通信”“地球与环保”七个模块，以此构成科学与技术课程的内容体系。从这七个模块的名称中就可以看到科学与技术融合的影子。以“小学科学与技术”课程“运动与机械”模块下的“机械装置”主题为例，它分为“齿轮玩具”“自行车和起重机”“小小机械师”“机器人世界”四个自然单元，在中、高学段实施。从教材的编排上可以看出，主题式的内容中包含了机械的结构、功能、系统的相互作用以及机械应用，这些应用小到身边的物品(如玩具、自行车)，大到重型的机械装置(如起重机)，同时还有更加精密的自动化控制设备(如机器人)。

机,原指局部的关键机件;械,原指某一整体器械或器具。这两个字连在一起,便构成了一般性的机械概念。机械就是能帮助人们降低工作难度或省力的工具装置,像筷子、扫帚以及镊子一类的物品都可以称为机械,它们是简单机械。而复杂机械由两种或两种以上的简单机械构成,通常把这些比较复杂的机械叫作机器。机械是现代社会进行生产和服务的五大要素(人、资金、能源、材料和机械)之一,参与能量和材料的生产。机器通常由动力、传动、工作、控制等部分组成,相互协同,完成各种功能。

一个机器可能是由多个系统组成的大系统。机械系统是由驱动系统、传动系统和执行系统等若干子系统构成的统一体,虽然各子系统具有不同的性能,但它们在组合时必须服从整体功能的要求,相互协调和适应。

“齿轮玩具”单元,观察不同齿轮的相同点,认识齿轮的“齿”有什么作用。学生可以尝试利用齿轮让小车和小风车动起来,通过观察不同大小(齿数)的齿轮的啮合转动,探究齿数和圈数的关系,改进小风车,使它转动的速度加快。本单元还涉及变速箱在小车行驶过程中发挥的作用。“自行车和起重机”单元,认识自行车的各个部件和各种各样的起重机,了解不同的机械传动方式;认识杠杆,知道很多工具都应用了杠杆,能找出它们的力点、重点和支点。了解在生活中哪些地方使用了滑轮和轮轴,给我们带来了便利。最后,学生可以根据提供的材料,制作自行车和起重机模型,举办一个自行车、起重机模型展示会。

“小小机械师”单元,认识齿轮箱的作用,通过装配齿轮箱和制作开关控制小车的运行,学生尝试当一回“机械工程师”,明确设计的基本思路。“机器人世界”单元,认识不同机器人的作用,了解机器人的演变过程,畅想在未来某些领域可能会出现的机器人。学生尝试从功能、外形等方面设计未来的机器人,并说出它们的特点。学生也可以试着改装机器人,让它们动起来并能感应光的变化,如灯开即行,灯关即停。“机器人世界”单元同时是“信息与通信”模块下的“控制系统”主题的一个重要载体,也就是说,七大主题具有相融性。通过以上几个单元的学习,从认识简单的机械到复杂的机器,学生明确了机械基础构件和运动的特点以及如何实现自动化控制。

从这一主题学习内容的编排可以看出，把科学和技术紧密相连，有助于学生体会科技发明与人们的生活息息相关。

研读《小学科学与技术》教材，领会教材编写的意图和思路，可以为小学自然学科进行技术与工程领域实践活动的案例研发提供借鉴。以本书中呈现的教学实践案例"从一株水稻到一碗米饭"为例，教师把简易脱粒机模型（雏形）搬进课堂，让学生认识简单机械的结构与功能，尝试改装简易脱粒机，测试效果，迭代优化，最后进一步畅想多功能一体联合收割机。在看、听、做、想和说的过程中，学生充分领略现代农业机械的发展，体会技术让生活和生产变得更加便利、高效，同时也对"结构与功能""系统与模型"这两个跨学科概念有了新的认识。

2. 长周期探究项目关注前沿教学理念，属于 STEM 实践

长周期探究项目活动是指研究时间在 2 至 4 周或以上，持续较长时间，核心内容以课程标准为依据，以科学探究和实践应用为核心的项目活动。自 2006 年上海市教育委员会教学研究室组织第一届小学自然长周期探究项目评选活动开始，以"回归本源、深化学科发展内涵"为主旨的小学自然学科长周期探究项目活动已走过十余年，已然成为上海市小学自然课程与教学体系中的一个重要组成部分。

开展长周期探究项目活动的价值在于它给予学生、教师过程体验，最精彩的就是学生在过程中的新发现以及引发的新问题、新探索。学生通过活动经历了一个个发现问题、提出问题、查找资料、设计方案、实施方案、收集证据、进行解释的完整的探究性学习过程。十多年来，一批批学生在小学自然学科教师的指导下尝试探究，在实践与体验中收获成果。长周期探究项目活动具有开放性与持续性，能够让学生体验科学探究和实践应用的乐趣，掌握解决问题、实践应用的途径与方法，从而提升科学素养。

在第七届评审项目中，尝试进行科学、技术、工程和数学教育交叉融合的项目有 20 项，参评教师尝试利用信息技术和数字资源开展项目研究的有 15 项，其中有多项是运用 STEM 开展的长周期探究项目，无论在内容还是形式上的创

新，均获得了评委的一致好评。例如“云量和天气关系的初探”项目，以四年级第一学期第一课“水的旅行”课堂中学生自行生成的问题“云量和天气有什么关系”为切入口，开展延伸的气象探究活动。活动中融入科学、技术、工程、数学以及艺术表达等方法与概念，在任务的驱动下，学生主动探究与实践，提高了综合能力。这凸显出上海自然学科教师对于先进教育理念的熟稔，也表明教师有效掌握了先进教育方法。

第八届项目申报中，跨领域实践创新项目达到了50余项，其中的30余项同时属于数字化应用项目，与上一届相比有了很大提升，具体见表0-1。在技术与工程领域方面，学科教师开始投入更多的时间和精力，在探究方法上开始借助数字化信息系统（Digital Information System，简称DIS）等数字化设备。

表0-1 上海市第八届小学科学长周期探究项目运用STEM教育理念的部分优秀项目一览表

项目主题	学习模块			跨领域实践创新项目	数字化应用项目
	生命科学	物质科学	地球与宇宙科学		
探究影响番茄生长的环境因素	√			√	√
VR眼镜研究室		√		√	√
超级小喷泉		√			√
桥梁模型承重能力		√		√	√
探究大蒜适宜的生长条件	√				√
探究自制叶片对风力发电量的影响		√		√	√
太阳能加强器的设计与制作		√		√	√
最……的船		√		√	√
探究影响橡筋车跑动距离的因素		√		√	√
电与磁相互转化的秘密		√		√	
登月计划			√	√	
承重的船		√		√	
太阳能小车的设计和制作		√		√	
探究影响气温变化的因素		√		√	

（续表）

项目主题	学习模块			跨领域实践创新项目	数字化应用项目
	生命科学	物质科学	地球与宇宙科学		
扩音器		√		√	√
萌鼠成长记	√			√	√
水培种植过程中绿藻成因分析及其启示	√			√	
为天竺葵搭建温室	√			√	
喂鸟器实用性研究	√			√	
甜酒酿的奥秘	√			√	√
纸桥大力士		√		√	
有关城市交通信号灯及其控制的探究		√		√	√
太空旅行之空气携带量探究		√		√	
蝗螂的室内养殖	√			√	
水溶液对玫瑰花保鲜时间的影响	√	√		√	
台风的影响			√		√
纸建筑		√		√	
小小地质学家			√		
面包发霉的秘密	√				
废纸工程师		√		√	√
空气火箭动力初探		√		√	√
小结构有大力量		√		√	√
制作简易隔热垫		√		√	
小水蚤的养殖与观察	√			√	√

长周期探究项目活动的开展，为学生提供了探究与实践的机会，促进了学生科学素养的提升。长周期探究项目中的有效经验，为技术与工程项目学习研究提供了重要依据。

（二）形成了《小学科学技术与工程项目学习设计指南》

为了帮助教师进行技术与工程项目学习设计，根据课题预期研究成果的规划，项目组把本课题研究转化成《小学科学技术与工程项目学习设计指南》（以下简称《指南》）这一指导手册。《指南》明确了技术与工程项目学习的特征和内涵，对项目学习的基本环节进行了说明。《指南》的核心是规格，包括项目学习设计基本流程的确定和流程的使用说明，同时给出了实施的建议。为帮助学科教师理解相关内容，《指南》利用案例呈现了技术与工程项目学习设计各要素的具体操作与结果。《指南》还配套呈现了基于实践经验筛选的 21 个独立的教学案例，分别从项目概述、项目特色、项目目标、项目实施过程、项目评价、项目实施建议等方面加以阐释与说明。

1. 技术与工程项目学习的内涵与特征

技术与工程领域的项目学习指的是一种以真实的问题与需求为驱动，通过合作探究、操作实践获得真实可见的学习成果的学习方式。

相较传统的学习，技术与工程领域的项目学习主要有四方面特征。

（1）计划的明确性是项目学习有效开展的保证

在项目规划的基础上，项目学习对学习目标、预期成果、评价标准、学习进度和学习时空，围绕核心问题解决所开展的每一项任务与活动所要达成的目标与要求，以及在合作学习中的小组成员分工等都有明确的交代。

（2）能力的发展性是项目学习优先考虑的愿景

对于不同学段的学生，在能力发展要求上会有所不同，这充分考虑了学生的实际情况。项目组借鉴小学自然、科学与技术、劳动技术等学科的核心能力矩阵，尝试对不同年段学生在技术与工程领域的科学实践核心能力进行划分，绘就了包括“构思与设计”“操作与加工”“测试与优化”“反思与评估”四个基本要素的能力表现蓝图，并列出了低、中、高三种能力水平上的具体要求。

（3）学习的深层性是项目学习重点关注的因素

学生在完成项目的过程中通常需要兼顾资料搜集与整理，用已有的知识解决“技术与发明”“工程与设计”等生活与生产方面的问题，把所学内容迁移到新的情境中，做出决策。在项目实施中，鼓励学生提出独特的想法，倾听同伴的意见与建议，并结合测试进行迭代优化。判断信息是否恰当，识别方案的不足和条件的限制，知道问题往往没有明确答案或唯一解决办法，提出替代方案并在决策时予以考虑，避免毫无逻辑的论证也是科学思维的体现。

（4）成果的真实性是项目学习预期结果的要求

项目学习是学生围绕问题展开的学习，问题源于真实的生活与需求。在开展项目学习时，既要充分考虑学生的年龄特征、学习经验等，又要关注项目学习结果对学生知识观念、实践技能、思维品质的提升作用以及责任与态度的养成作用等。项目学习的评价伴随着成果的产生、完善，是一种过程性评价，旨在引导学生学有所得、学有专长、学问思辨和学以致用，并形成学贵有恒和学行修明的价值观。

综上所述，与传统学习相比，项目学习在提高问题解决能力、促进自主探究实践和思维品质养成等方面具备一定的优势，是一种较为有效的学习方式。

2. 技术与工程项目学习的基本环节

完整的技术与工程项目学习要经历项目规划、项目设计、项目实施、项目成果呈现、项目评估五个基本环节，见图 0－1。

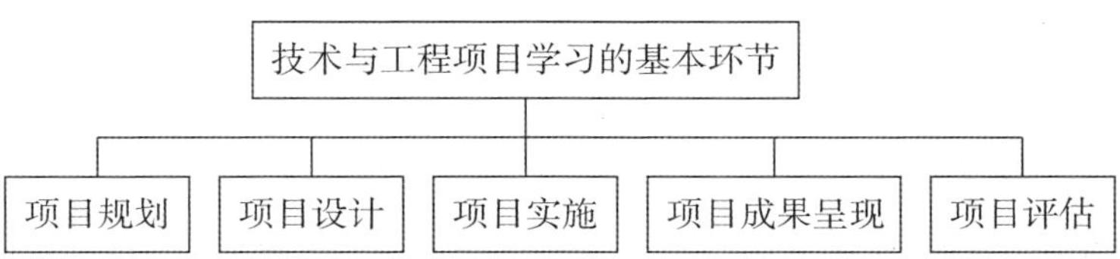

图 0－1　技术与工程项目学习的基本环节

（1）项目规划

开发一个好的项目是具有决定意义的开端，项目规划是开展技术与工程项目学习的起点。项目规划可以从科学主题、技术范畴、学段能力和学校实际等方面展开。

（2）项目设计

这是项目实施的重要依据和基本参照。项目设计要明确目标，围绕驱动性问题展开，确定子问题，设计主要任务与活动。活动设计可以参考“技术与发明”“工程与设计”两类项目的操作方法和路径进行。

（3）项目实施

它以实践体验为基础，需要调用相关的知识与经验作为支撑。教师要按活动计划组织学生开展活动，注重问题形成和解决的过程，处理好预设与生成的关系，善于开发和利用身边的资源，关注概念逻辑建构与学生实践能力提升。

（4）项目成果呈现

学生通过项目学习会产生直接结果与间接结果，项目成果是直接结果的表现，小制作、小发明、设计方案等创意产品和点子等都属于项目成果。知识与技能的掌握以及情感、态度与价值观的养成等则是间接结果。

（5）项目评估

它能够检验规划、设计与实施的效果，也是后续改进的依据和新的出发点。教师需要确定评估内容、评价工具和评价指标，使其具有适切性和可操作性。项目评估既要考虑活动过程中的实施效果，给出即时的反馈与激励，又要考虑整个项目实施的成效和不足，提出改进建议，为以后的学习积累经验。

3. 技术与工程项目学习设计的几个要素及其相互联系

技术与工程项目学习设计与单元教学设计都是教学技术概念。技术是制造产品的系统知识，包括“是什么”和“怎样做”两个方面，前者是陈述性知识，后者是程序性知识。对一线教师来说，程序性知识的落实尤为重要。

（1）技术与工程项目学习设计的五大要素

技术与工程项目学习设计的五大要素是指项目学习规划设计、项目学习目标设计、项目学习活动设计、项目学习评价设计、项目学习资源设计，其关系见图0-2。

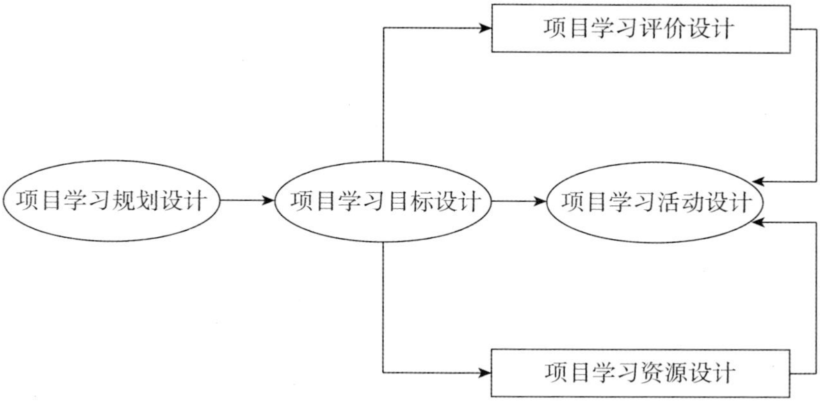

图 0-2　技术与工程项目学习设计五大要素的关系图

技术与工程项目学习始于规划，项目学习目标设计需要基于《课程标准》《教学基本要求》以及单元教材教法分析展开，项目学习活动设计、项目学习评价设计、项目学习资源设计均需要围绕项目学习目标的落实展开。同时，项目学习评价设计、项目学习资源设计都要指向项目学习活动，为项目学习活动的开展提供支持和支撑。

（2）技术与工程项目学习设计对各要素的具体要求

项目学习规划设计是指在对《课程标准》《教学基本要求》和《自然》教材等进行深入解读和剖析后，根据对教学内容的分析与理解，以及对学情的把握和教学资源的梳理，形成具有显著技术与工程特征的项目学习规划。

项目学习目标设计可参照项目学习规划，认真分析项目规划所对应的教材单元的教学内容，联系单元所属主题下前后不同年段的教学内容，分析学生的学习需求和现有学习水平，确立项目的学习目标，通过情境或者条件让目标具体化。

项目学习活动设计过程中，研究者要在"明确项目活动目标，形成核心问题和关联子问题，逐一分解项目任务，设计对应类型的活动"的整体项目框架下，找到与项目核心活动匹配的活动目标、子问题、任务与活动，然后根据"技术与发明""工程与设计"两类活动设计要素进行技术与工程项目核心活动过程的设计。

项目学习评价伴随项目始终，主要采用形成性评价和终结性评价两种评价方式。评价设计要关注结果,更要关注过程,关注学生的过程性表现。在项目实施过程中,教师要根据学生学习情况及时调整教学,使学生能完成项目任务。

项目学习资源设计中,研究起点是目标设计,指向学习活动,研究终点是结构化资源设计及相应的规格;对资源的种类、呈现形式、来源、用途进行梳理,确保课程资源的丰富性和适切性;对资源的选择、重整及使用等提出建议。

4. 技术与工程项目学习设计的过程

技术与工程项目学习设计借鉴了《小学自然单元教学设计指南》的经验,是对单元教学设计的有益补充。它借鉴了相关要素流程设计的特点,指向技术与工程项目学习全过程,力求做到简洁明了。

例如,在明确项目学习目标、形成核心问题与子问题、分解任务、设计活动后,“技术与发明”“工程与设计”两类项目在核心活动设计要素上会有所不同,具体过程见图 0-3。

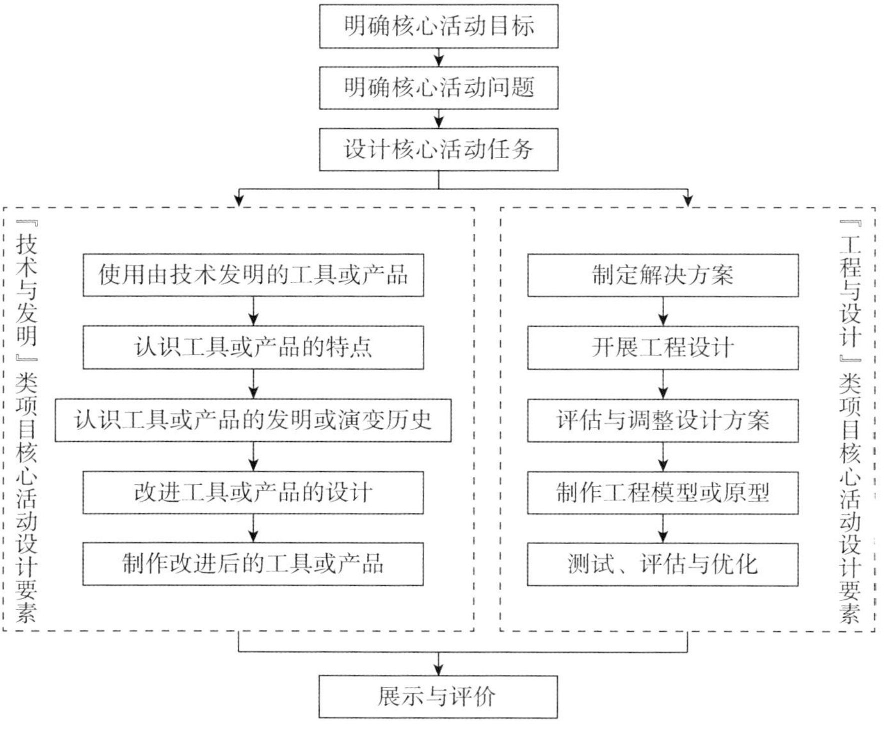

图 0-3　技术与工程项目核心活动设计过程

“技术与发明”类项目核心活动设计要建立在工程与技术项目设计的基础上，在项目框架中找到对应的核心活动目标、问题和任务。在此基础上，以问题为导向，以任务为驱动，把由技术发明的工具或产品作为载体，让学生通过工具或产品的使用认识其特点，并了解其发明或演变历史，从而产生改进工具或产品的想法，并展开设计与制作。在形成“技术与发明”活动成果后，进行展示和评价。在设计活动流程时，可以调整要素的先后顺序，也可以根据项目需求和学情适当删减要素。

“工程与设计”类项目核心活动设计也要建立在工程与技术项目设计的基础上，在项目框架中找到对应的核心活动目标、问题和任务。首先，以问题为导向，以任务为驱动，以方案为抓手，让学生制定方案并对各种方案进行可行性评估，确定可行的工程方案；其次，依据方案开展工程设计，通过交流分享优化与调整方案；最后，学生根据自己制定的工程方案的具体实施情况，在形成“工程与设计”活动成果后进行展示和评价。

5. 技术与工程项目学习的可为路径

随着研究的开展，项目组研制了技术与工程领域实践活动项目学习规划设计、项目学习目标设计、项目学习活动设计、项目学习评价设计、项目学习资源设计等的路径、方法和实施建议。

在课例实践与案例梳理的基础上，项目组初步建构了基于问题解决的精准赋能技术与工程项目学习的可为路径模型，见图 0－4。该模型强调深度操作体验学习，突出“基于概念逻辑的序列进阶”“基于丰富资源的自主合作”“基于成果分享的主动反思”三个要点；关注“规划先行—目标导向—任务设计—活动展开—评价贯通—资源支持—总结提炼”的设计与实施过程。项目组开发了包括“构思与设计”“操作与加工”“测试与优化”“反思与评估”四个基本要素，以及兼顾年段特点的技术与工程领域学生实践能力矩阵表现蓝图，强调模型建构、结果测试、数据分析、作品迭代、成果分享等方面的操作要求。

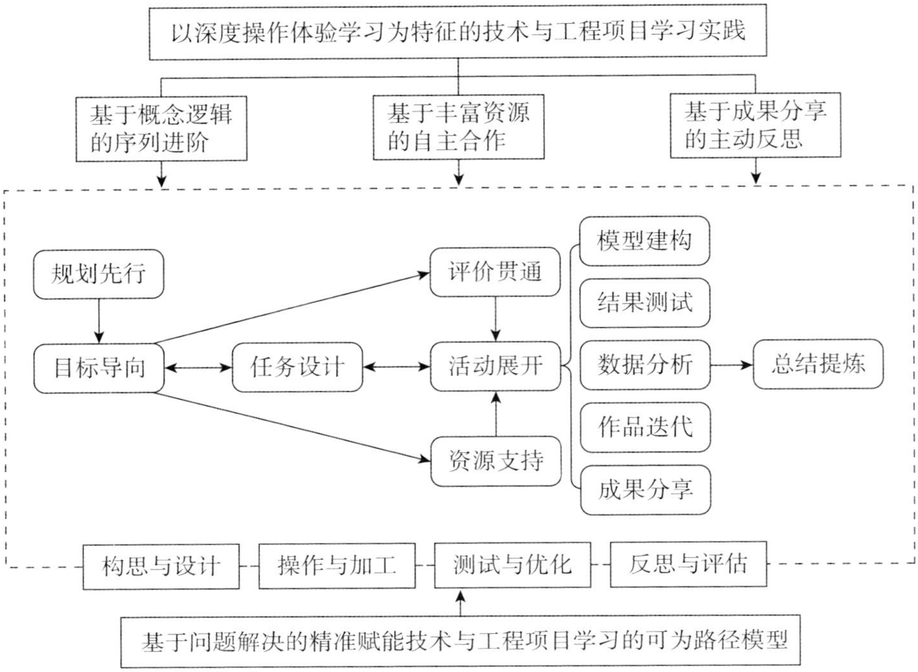

图 0-4　技术与工程项目学习的可为路径模型

（1）基于概念逻辑的序列进阶

项目学习不仅要给学生提供实践的机会，还要有利于学生习得科学概念，建构合理的知识结构。传统教学通常基于科学概念之间的联系确定教学主题，项目学习则以项目的形式组织学习活动，学生在完成项目学习任务的同时获得科学概念。如“我是开心菜园浇灌设计师”项目学习中，采用项目式学习方法，利用校园菜地资源，聚焦项目问题“如何利用雨水灌溉菜园”，引导学生习得单元核心知识“水会流动”“水从高处流向低处”“流动的水有力量”，为菜园设计并搭建简易灌溉装置，解决实际问题，同时增强了学生应用科学概念的意识。整个项目实施过程中有结构的板书（见图 0-5）、总结提炼中的回顾等，都突出了以概念逻辑建构的归纳过程。

图 0－5 “我是开心菜园浇灌设计师”项目板书

（2）基于丰富资源的自主合作

项目学习离不开资源的支持。项目学习中的资源既包括实物和场地资源，如实验器材、制作工具、实验室、校园农场、博物馆等；又包括技术和人力资源，如信息技术的硬件和软件、图书资料、教育或其他行业的工作者及专家等；还包括可供学习成果展示的平台，如“青浦教育·轻学自然”学科平台。

（3）基于成果分享的主动反思

学生经历项目学习会产生直接结果和间接结果。以真实的成果或方案作为结果，这是学习结果的一种具体表现形式，是直接结果。成果分享的方式可以是不同的，可以是一场作品展览会，可以是一次种植、养殖的交流会，也可以是一次竞拍活动。成果展示要从学生的实际出发，为学生提供展示的舞台，留给学生更多的选择，并通过项目实施后的反思和总结，让师生都实现“增值”。

6. 技术与工程项目学习与其他学科的联结①

技术与工程项目学习本身就是一种跨学科的学习方式，它能引导学生合作探究在真实世界中发生的普遍又复杂的问题。普遍是指这些问题随处可见、与生活息息相关，复杂是指这些问题无法用单一的知识、技能或情感性经验以复制

---

① 该部分由青浦世界外国语学校钱婧倩老师整理、撰写。

的形式进行解决。学生需要综合运用多学科的学习经验，在学习过程中习得新的经验，最终以创造性的方式解决问题，从而让学习真正发生，提升综合能力。这里既包括大家熟知的大科学(STEM)，也会涉及语文(产品介绍)、美术(产品美化)等学科，甚至涉及社会情感交流。因此，在技术与工程领域开展跨学科项目学习需要注意与其他学科的有效联结。那么，该如何进行联结？

(1) 确定项目联结的学科

在明确技术与工程领域项目内容后，应思考该内容可能会涉及的学科，如语文、数学、英语、音乐、体育、美术等。在罗列出的学科中，仔细梳理，寻找能够通过该项目共同建构的学科核心知识、技能、情感、态度，这些学科即为该项目联结的学科。

(2) 明确各学科的目标

在知晓如何制定目标的前提下，在跨学科项目研究中，研究者不仅要明确技术与工程领域中与自然科学相关的核心目标，还要关注与项目密切相关的联结学科的核心目标。项目目标设计的方法同样适用于其他学科的目标制定。

(3) 协同各学科参与

技术与工程领域的跨学科项目涉及两个以上的学科，在活动实施时需要根据项目计划合理地安排各个学科的活动，最为方便的是做一张项目课时进度表，便于教师实施。

例如，在跨学科项目“追寻福泉山陶器发展史”中，学生在自然学科中通过观察、体验、对比、考察等活动，了解黏土的物理性质及其加热后成为陶器的化学变化；在美术学科中，学生模仿制作福泉山陶器，体会陶器制作工艺的革新；在道德与法治学科中，学生通过了解福泉山陶器发展史，欣赏精美的陶器艺术品，感受福泉山悠久的历史文化及古人的智慧，增强对家乡文化的热爱。

该项目进行的顺序是：(1)认识家乡文化——福泉山陶器；(2)了解陶器的制作与演化；(3)模仿制作福泉山陶器；(4)理解福泉山陶器的演化过程，感受其悠久的历史。项目中出现了学科交叠穿插的现象，因此在一开始项目组就安排了活动进程(见表 0-2)，为整个项目的开展提供了课时保障。

表 0-2 “追寻福泉山陶器发展史”活动进程

任务	内容	时间安排	负责教师
1	认识家乡文化——福泉山陶器	道德与法治课和班会课共 3 节，含参观福泉山遗址、聆听博物馆专题讲座	道德与法治学科教师 班主任
2	了解陶器的制作与演化	自然课 2 节	自然学科教师
3	模仿制作福泉山陶器	美术课 1 节	美术学科教师
4	理解福泉山陶器的演化过程，感受其悠久的历史	道德与法治课和班会课共 2 节，含参观青浦博物馆	道德与法治学科教师 班主任

跨学科项目中会涉及不同的学科，因此，技术与工程领域的跨学科项目除自然学科教师外，所跨学科的教师也应共同参与项目。参与的方式可以如上表项目活动安排所示，各学科教师按照计划进行项目指导。

此外，也可以几位学科教师共同在一个教室进行项目指导，这样每一位教师都知道项目的进度以及本学科在项目中学生习得的程度，尤其到项目的最后阶段，学生需要应用多个学科的知识技能解决驱动问题，此时“多师一堂”的方式能够提供更多的支持，项目的成效也会更好。

7.《小学科学技术与工程项目学习设计指南》的价值

《指南》是“基于课程标准的教学与评价”工作深化研究的又一具体成果。它基于《课程标准》和《教学基本要求》，可以引领教研团队和全体教师在进行项目学习的基础上，更好地立足教材进行课时设计和指向学生的学习活动设计。

《指南》给出了项目学习的规划路径，明确了目标设计的依据和撰写的模式，同时从目标出发为活动设计、评价设计、资源设计提供了操作的示范，并用实例进一步加以阐释，建立起了目标、活动、评价、资源之间的关联。技术与工程领域活动设计的可为路径是小学自然学科教研的薄弱环节，因此，项目组在课例研究中进行了循证研究与经验梳理，以助力一线教师实际使用。

《指南》提供了项目学习设计的思考要素和路径，是教师培训、教研活动的参考文本，是教师优化设计和反思教学改进的一种有效借鉴，有助于教师提高对课程的理解力和执行力。

上篇　操作指引

第一章　技术与工程项目学习规划设计

技术与工程项目学习是一种以真实的问题为驱动，通过合作探究获得真实可见的学习成果的学习方式，是一种有明确计划的学习。技术与工程项目学习内容分布在各个学段、各主题的教学内容中，因此项目学习规划设计都是在技术与工程学习内容基础上的项目学习整合。小学科学学科技术与工程项目学习可以围绕某个实践主题展开，由连续几个课时组成，以形成比较完整的、符合技术与工程显著特点的教学过程。依照项目学习方式来进行技术与工程学习内容的教学，可以更合理地安排学习活动，从而更有效、更集中地达成《课程标准》规定的相关教学要求。

项目学习规划设计是指深入解读和剖析《课程标准》《教学基本要求》和教材后，教师根据对教学内容的分析与理解，以及对学生学情的把握和教学资源的梳理，形成具有显著技术与工程项目学习的过程。可以选择不同的方式进行项目规划，如根据教材原始教学单元进行项目规划，或根据学科教学主题的学习内容与要求进行项目规划，还可以采用多学科融合与联结的方式进行项目规划，也可以结合学校办学特色和资源进行项目规划。

小学技术与工程项目学习强调项目规划的重要作用。在项目规划时，需要考虑到项目规划的明确性、学习内容的深层性和学习成果的真实性。同时，小学科学的学习涉及多个年级，学生的学习能力、技术素养、动手操作能力、工程实践能力差异很大。因此，技术与工程项目的规划不仅要关注学习内容和要求是否符合《课程标准》的要求，也要考虑其是否符合小学生身心发展的特点。

第一节　技术与工程项目学习规划设计流程与实施建议

一、流程图

项目学习规划设计大致可以经历“研读《课程标准》《教学基本要求》和教材”“比较、梳理并分析教学内容结构、学生学习能力和教学资源保障”“选择项目规划方式，开展项目学习规划”的过程，具体见图 1－1。

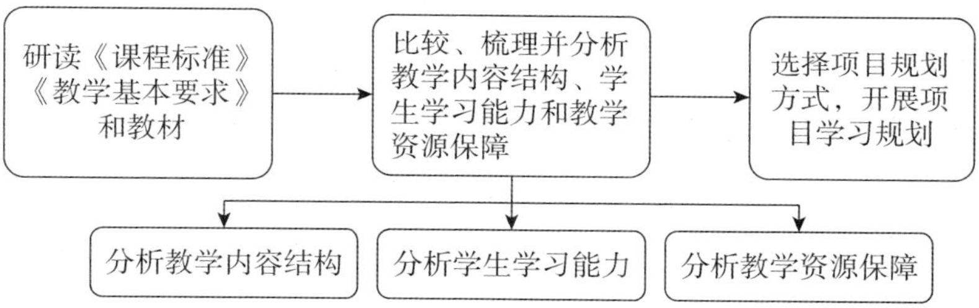

图 1－1　技术与工程项目学习规划流程图

二、流程图说明

（一）研读《课程标准》《教学基本要求》和教材

《课程标准》凸显了技术与工程在小学科学教育中的地位，明确了技术与工程领域课程的要求和主要概念的解析，具体如下：

16. 人们为了使生产和生活更加便利、快捷、舒适，创造了丰富多彩的人工世界。

17. 技术的核心是发明，是人们对自然的利用和改造。

18. 工程技术的关键是设计，工程是运用科学和技术进行设计、解决实际问题和制造产品的活动。

本领域学习内容的知识结构图如下：

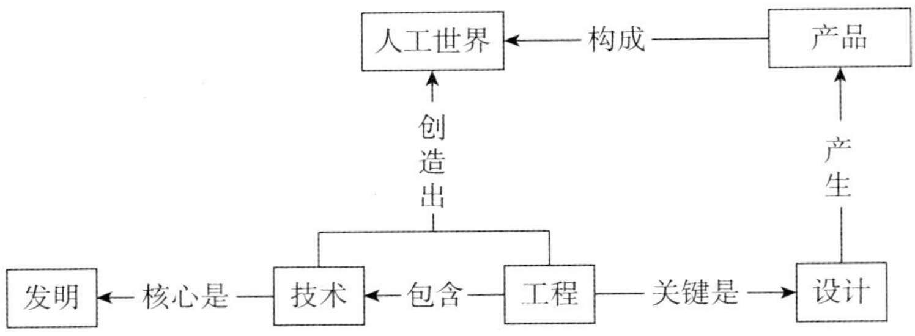

图 1－2　技术与工程领域主要概念及知识结构图

《教学基本要求》按照 11 个主题展开，每个主题都概括了主要的学习内容、学习过程和学习价值，明确了主题学习内容对应的学习水平，并逐一阐述了学习的具体要求。

教材是学生在学校获得系统性知识进行学习的主要材料，编写者会根据教学内容逻辑、学生发展的特征以及对学科课程的理解组织教材结构。这里所说的教材并非仅指小学自然学科的相关教材，还可以包括其他学科的教材。技术与工程项目学习是一种以真实的问题为驱动的学习，必然会涉及其他学科的知识点。实现学科融通，培养学生综合素养也是技术与工程项目学习应该兼顾的。

认真仔细地研读《课程标准》《教学基本要求》和教材，有助于教师厘清技术与工程领域的教学目标，明确科学、技术与工程的关系，了解小学阶段科学课的学习要求，这对项目规划起着尤为关键的作用。

(二) 比较、梳理并分析教学内容结构、学生学习能力和教学资源保障

在研读《课程标准》《教学基本要求》和教材之后，将相关的内容与要求进行比较、梳理，可以做好三方面的分析。一是对教学内容进行分析，哪些内容可以被用来开发成技术与工程的学习项目。二是对学生学习能力进行分析，要完成技术与工程的项目学习，学生需要达到哪些要求，教师根据学生的学习水平应该设计怎样的学习活动。三是对教学资源保障进行分析，包括学校设备、校园环境、可以被运用开展的技术与工程材料、可提供的资金保障等。这些因素支撑着教学，也会对教学产生一定的制约。

只有做好以上分析，才能真正为技术与工程项目学习的教学实施打好基础。

（三）选择项目规划方式，开展项目学习规划

如何选择项目方式形成项目学习规划，从课程实践的角度看大致有以下几种方式。

1. 根据教材原始教学单元进行项目学习规划

教材是非常重要的教学信息载体，其承载的教学内容和学习活动等，由教育专家精心设计，符合学生身心特点，在教学中起到十分重要的作用。尤其是教材为学生和教师所共有，依据教材开展教学能更加明确技术与工程教学内容的重点，操作执行上也更加简便。

根据教材原始教学单元来进行项目学习规划主要有两种形式。一是对整个单元教学内容进行再次设计与重组。例如，远东版《自然》教材第三册第五单元“漂浮和下沉”，该单元的学习内容主要包括“知道物体在水中有沉有浮”“知道密封充气圈的作用”“知道改变物体沉浮状态的方法”。教材中并没有具体的关于技术与工程领域的学习要求，可以结合教材中这个单元原有的教学内容进行再次设计与规划。以“如何制作一艘会漂浮、能行进的小船”为核心问题统整单元，进行单元规划重组，增加密封防水舱技术、船的发明和发展等内容，体会科学技术对人类生产、生活的作用。通过“设计、制作与调试小船”活动，选择合适的材料来制作船，提高学生运用工程思维解决实际问题的能力。以科学知识为基础，以真实情境下的项目问题为驱动；以制作一艘会漂浮、能行进的小船为项目成果，在项目整体改造的过程中渗透“科学、技术与工程”思维。二是以整个原始教学单元的内容为基础，结合相关的工程与技术内容加以拓展。例如，远东版《自然》教材第四册第五单元“温度和温度计”，单元的学习内容主要包括“认识温度与温度计”“知道空气受热会上升，说出生活中利用热空气上升的一些实例”。教材中并没有具体的关于技术与工程领域的学习要求，而“走马灯”利用的正是热空气会上升的原理。因此，可以将“走马灯”作为本单元教学内容的一个拓展，以“如何制作一盏会‘讲故事’的走马灯”为核心问题，进行技术与工程项目学习的拓展。学生可以通过“设计、制作、测试、优化”等活动，有计划地改进走马灯的叶片，设计制作走马灯的灯筒，让它会“讲故事”，经历工程设计的一般过程。这种设计既没有打破原有单元的教学内容结构，又融入了技术与工程项目的学习。

2. 根据学科教学主题的内容与要求进行项目学习规划

《教学基本要求》共划分为 11 个主题，见表 1－1。

表 1－1　《教学基本要求》各主题及学习内容

主题	学习内容
主题 1　多样的生物	1.1　多样的植物
	1.2　多样的动物
	1.3　微生物
主题 2　生物的形态与习性	2.1　生物生存的基本条件
	2.2　生物的形态与结构
	2.3　生物的习性
主题 3　生物的生命周期	3.1　生命的历程
	3.2　生命的延续
主题 4　生物与环境	4.1　生物间的相互依赖
	4.2　生物对环境的适应
	4.3　人类活动与环境的关系
主题 5　人体与健康	5.1　我们的身体
	5.2　健康生活
主题 6　材料与物质	6.1　材料的利用
	6.2　物质与变化
主题 7　运动和力	7.1　运动的描述
	7.2　力
	7.3　运动和力的关系
	7.4　简单机械
主题 8　能与能的转化	8.1　声
	8.2　热
	8.3　光
	8.4　电
	8.5　磁
	8.6　能的转化

（续表）

主题	学习内容
主题 9 地球概貌	9.1 地表形态
	9.2 地球的构造与内部运动
	9.3 大气现象
主题 10 地球物质	10.1 空气和水
	10.2 岩石和土壤
主题 11 地球与太阳系	11.1 昼夜交替与四季变化
	11.2 太阳系中的天体
	11.3 人类对宇宙的探索

这些主题内容渗透在各个年级中，不同年段的学习要求各不相同，呈现螺旋式上升。但是很多学习内容是相近的，它们有着相同领域的科学知识。把这些内容从不同年级中提取出来，以技术与工程的实践内容为主线整合到一起，这也是项目学习规划的方式之一。

例如，“建筑材料”是主题“材料与物质”中的一个教学内容。远东版《自然》教材第二册第五单元、第五册第三单元都出现过关于“建筑材料”的学习内容。第二册第五单元要求学生认识不同的建筑材料，了解它们的用途；第五册第三单元要求学生了解沙子、水泥和混凝土的特性，知道不同建筑的特点、结构和用途。如果把这两个单元中所有与“建筑材料”相关的内容提取出来，以“建造房屋模型”为线索，了解不同的建筑材料，知道房屋建造技术的演变和发展，尝试设计、搭建房屋模型并进行交流和改进。这样就形成了一个以科学知识和技术为出发点，完成工程设计制造的小学科学学科技术与工程的项目学习。依照教学主题内容来进行项目学习规划，融合多个自然单元的教学内容，能集中反映一定科学知识背景下技术与工程项目的教学内容和要求。

3. 采用多学科融合与联结的方式进行项目学习规划

小学科学技术与工程项目学习需要学生有机综合应用所学的知识，合作探究真实世界中普遍而又复杂的问题。这些问题与生活息息相关，无法用单一的知识、技能来解决，需要融合多学科的知识与技能，最终以创造性融合的方式解决问题，获得综合能力的提升和迁移。因此，在技术与工程项目学习的过程中尝试与其他学科相互融合，产生联结，能够为学生提供更为完整的学习经历。

例如：在远东版《自然》教材中有“越高越难保持平衡”“宽大的底座有利于平衡”“物体的形态与结构”等教学内容，就可以尝试联结其他学科的方式来进行技术与工程项目学习规划。如：利用颗粒积木搭建一个地震模拟器，对地震模拟器进行编程以模仿不同强度的地震（信息技术）；运用地震模拟器开展科学实验，比较不同结构建筑抵御地震的能力（科学）；调研不同房屋的用途和抗震能力（道德与法治）；设计房屋建筑图纸（美术）。将这些活动以“坚固而美观的建筑”为线索，进行多学科融合。

除了上述几种方式，还可以独立选取教材单元中的一个教学内容，结合校情即学校的办学特色和硬件条件加以拓展，形成技术与工程项目学习活动。在远东版《自然》教材第五册“随处可见的材料”单元中有一个教学内容是“黏土和陶器”，如果学校有烧制陶瓷的专用设备和专用教室，也可以烧制陶器为线索，深入了解陶器的发明与制陶技术的演化，让学生学会制作陶器，并不断改良。如，上海市青浦区重固小学毗邻上海福泉山遗址，以博物馆资源为依托，开展追寻福泉山陶器发展史项目，使得制陶工艺学习更深一步。以这种方式进行小学科学学科技术与工程项目学习的规划也是行之有效的方法。

总之，基于教学实践的需要，教师可以自行选择项目规划的方式。无论是以教学主题内容还是以教材原始单元来进行项目规划，或采用与其他学科的联结的方式，都应符合学生的学习规律，并结合本校实际的情况进行合理调整。

三、技术与工程项目学习规划设计实施建议

制定技术与工程项目学习规划设计体现了教师对小学科学技术与工程领域教学内容的理解程度，体现了学校或教师个人的教学特色。在项目学习规划时要遵守一些基本的教学原则，以保证项目规划符合技术与工程领域的教学要求。

（一）准确把握技术与工程项目的课程定位

《课程标准》对技术与工程领域的教学目标和教学内容进行了界定，但在选择合适的内容进行技术与工程项目学习规划时，有必要准确把握其课程定位。

小学科学课程传统的三大领域是生命科学、物质科学、地球与宇宙科学，教学内容的概念性和知识性较为突出，其探究活动一般围绕某种事物或规律的发现、某种原理的阐释进行。而技术与工程领域的宗旨是让学生能够运用所学知识解决实际问题，特别强调操作性和实用性，强调为学生积极地适应社会需要奠定基础。因此，项目学习规划的内容应该更加突出学以致用，应该考虑是否能开展设计制作类的活动，是否有确定的实践成果，是否让学生感受到科学源于生活、为生活服务的理念。

此外，技术与工程的项目实施也存在误区，有些教师认为手工制作类、创客类课程就是技术与工程课程。其实，手工制作类课程主要是运用设计创造美，用以培养学生的创意设计能力和审美情趣；创客类课程偏重应用和创新层面，从学生兴趣出发，并不强调科学概念的学习，一般面向部分学生，具有一定的局限性。技术与工程领域课程则关注科学原理的运用、科技对生活的改变，引导学生感悟技术的巨大魅力。因而，进行项目学习规划时，教师必须清楚地认识到技术与工程领域课程的出发点是科学与技术，落脚点是工程建造。

（二）遵循学生认知规律，不盲目开展技术与工程项目学习

小学生年龄跨度很大，学生认知水平、思维能力、设计制作能力存在很大差异。因此，对于技术与工程领域项目学习的规划就必须符合学生的年龄特征和学习规律，对教学内容的选择进行合理安排。

对低年级学生而言，他们刚跨入学校不久，鉴于学生的身心发展特点，在规划低年级技术与工程项目学习时，可以相对简单化、趣味化，让学生在具体的工程设计和简单制作中巩固知识，初步进行工程思维能力的培养。对高年级学生而言，他们基本形成了抽象思维能力和书面设计能力，动手制作和语言表达能力也得到了进一步提升。因此，针对高年级技术与工程项目学习时，可以规划更多相对复杂的项目学习，以实际问题为线索，让学生自主设计、制作、改进、评估，追求工程设计的最佳方案，深刻领会工程的价值。

（三）技术与工程项目学习规划应考虑整体课时计划

技术与工程项目学习往往要融合多个学科的内在知识，学习活动类型多样，

教学资源丰富，通常是在原有单元教学基础上的拓展。因此，在进行项目学习规划时也应充分考虑到学期总体的课时计划，兼顾技术与工程项目学习与一般教学单元的课时分配。根据《上海市普通中小学课程方案》的要求，每周有 2 课时的自然课，一学期共计 36 课时。其中 32 课时用于教材内容的学习，另有 4 课时作为复习巩固和学科考查等机动性教学内容。在完整实施《课程标准》与《教学基本要求》规定的内容与要求的前提下，融入技术与工程项目学习。每学期可以根据学校的实际情况及课时安排的进度选择一至两个技术与工程项目学习，也可以将同一主题下的技术与工程项目分拆在多个年级，按照学生认知水平的发展分年级实施。

第二节　技术与工程项目学习规划设计案例

本节将用三个案例展示不同的项目学习规划方式。

一、以教材原始单元进行项目学习规划设计

案例：远东版《自然》二年级第一学期第五单元“漂浮和下沉”

1. 研读《课程标准》《教学基本要求》和教材

表 1－2　“漂浮和下沉”单元对应的《教学基本要求》《课程标准》

《教学基本要求》	《课程标准》
主题 7　运动和力 7.3　运动和力的关系	技术与工程领域课程目标
7.3.2　物体的沉与浮 L1　知道不同的物体在水中有沉有浮	• 16.1　知道我们周围的人工世界是由人设计并制造出来的 • 16.2　体会生活中科技产品给人们带来的便利 • 17.2　认识周围简单科技产品的结构和功能 • 18.3　利用提供的材料和工具，通过口述、图示等方式表达自己的设计与想法，并完成任务

再根据《分年级学科教学基本要求》(二年级)和教材来看一下原始单元主要的学习内容。

表 1-3　上海市小学自然《分年级学科教学基本要求》(二年级)

学习内容	建议课时
1. 有些东西会漂浮,有些东西会下沉 1.1　预测物体的漂浮和下沉 1.2　观察物体的漂浮和下沉 1.3　交流生活中漂浮和下沉的物体	1 课时
2. 制作会漂浮的玩具船 2.1　设计、制作简易小船 2.2　比较自制小船的漂浮	1 课时
3. 当你游泳时,你会漂浮;充气圈能帮助你漂浮 3.1　讨论充气圈的作用 3.2　密封的空气能帮助漂浮	1 课时
4. 有些大的东西也能漂浮;潜水艇依靠密封的空气来漂浮 4.1　交流乘船的经历 4.2　模拟“密封舱”的沉浮	1 课时

2. 比较、梳理并分析教学内容结构、学生学习能力和教学资源保障

通过对《课程标准》《教学基本要求》的研读,可见这部分教学内容在低年段仅需要学生有一些初步的感性认识,在科学知识层面并没有过多的要求。因此只需要关注所设计的技术与工程项目学习能否满足《课程标准》中相关领域的要求即可。

还可以看到根据教材内容撰写的《分年级学科教学基本要求》(二年级)中,其实本身就已经蕴含了技术与工程可被开发的实践项目,只是并没有显现出来,而仍以通过探究实验学习科学知识为主。如果将“设计、制作漂浮的玩具船”和

"模拟'密封舱'的沉浮"这些教学内容通过一个核心问题进行贯穿，就可以设计出一个完整的技术与工程项目。

而对学生而言，他们对物体的沉浮都有一定的生活经验，选择一些合适的材料制作一艘能够漂浮的小船，了解各种船是如何漂浮在水上的，这对学生来说不存在太多学习障碍。所需要的教学资源都是生活中常见的材料，从教学资源上并不会制约项目的开展。

3. 选择项目规划方式，开展项目学习规划设计

像这样的单元就可以通过原始单元教学内容重新设计来进行项目学习规划设计。可以把"如何制作一艘会漂浮、能行进的小船"作为核心问题贯穿整个单元，以"物体在水中有的沉有的浮""充气圈能帮助漂浮""改变物体形状能改变它的沉浮状态"这几个核心科学知识为基础，以"水密隔舱"技术增加船的安全性为拓展，最后以自己制作并调试一艘会漂浮的动力小船作为学习成果，在项目整体设计的过程中渗透工程思维。

表 1-4　"漂浮和下沉"项目学习规划设计

学习内容	课时安排
漂浮的简易小船	1 课时
船的载重	2 课时
安全漂浮	1 课时
动力小船	2 课时

在远东版《自然》教材中，还有不少可以被直接用来规划成技术与工程项目学习的自然单元，如"水会流动"（二年级）重组为"我是开心菜园浇灌设计师"项目（详见本书下篇"实践案例"）。教师可以根据所在学校的实际情况、学生学情以及自身教学能力，在每个学年选择合适的单元进行再设计。在不破坏原有知识体系的基础上，通过单元内容重组，进行科学、技术、工程的有机整合，从而提高学生发现问题的能力，在解决问题、完成项目目标的同时实现对概念知识的习得。

以教材原始单元进行项目学习规划，可操作性强，也相对更为简便。

二、以教学主题内容进行项目学习规划设计

案例："材料与物质"主题——建筑材料

1. 研读《课程标准》《教学基本要求》和教材

表 1－5　"材料与物质"主题对应的《教学基本要求》《课程标准》

《教学基本要求》	《课程标准》
主题 6　材料与物质 6.1　材料的利用	技术与工程领域课程目标
6.1.1　材料的利用 L2　说出纸张、棉布、玻璃、石块、砖等材料的主要用途 H1　列举一些服装材料、建筑材料的来源、特性和用途，知道根据需求选择不同的材料	• 16.1　知道我们周围的人工世界是由人设计并制造出来的 • 16.2　举例说出制造技术、运输技术、建筑技术、能源技术、生化技术、通信技术的产品 • 17.3　使用工具对材料进行简单的加工 • 18.2　知道工程设计的基本步骤包括明确问题、确定方案、设计制作、改进完善等；利用摄影、录像、文字或图案、绘画或实物，表达自己的创意与构想；将自己简单的创意转化为模型或实物；根据现实的需要设计简单器具、生产物品或完成任务 • 18.3　对自己或他人设计的想法、草图、模型等提出改进建议，并说明理由；在制作过程中及完成后进行相应的测试和调整；根据设计意图，分析可利用的资源；简单评估一个产品或系统的可行性，预想使用效果；从经济效益、社会效益、环境效益等方面评价某个工程设计，并提出改进和完善建议

再根据两个年级的《分年级学科教学基本要求》和教材，来看一下原始单元主要的学习内容。

表 1－6　上海市小学自然《分年级学科教学基本要求》（一年级、三年级）

年级	学习内容	建议课时
一年级	4. 常见的建筑材料 4.1　观察玻璃 4.2　认识砖的来源 4.3　认识砖的用途 4.4　认识石块的来源 4.5　认识石块的用途	1 课时

（续表）

年级	学习内容	建议课时
	5. 房屋是用许多不同的材料建成的 5.1　辨一辨:建筑材料及其特点 5.2　找一找:学校建筑所用的材料 5.3　画一画:设计不同材料的房屋	1课时
三年级	5. 沙、水泥和混凝土 5.1　沙的来源和用途 5.2　水泥和混凝土	1课时
	6. 建筑材料 6.1　不同建筑材料的特点和用途 6.2　不同特点的房屋	1课时

2. 比较、梳理并分析教学内容结构、学生学习能力和教学资源保障

通过对《课程标准》《教学基本要求》的研读，可见这部分教学内容呈现非常完整的系统性。从认识建筑材料到了解不同建筑材料的用途，从简单设计房屋到深入了解不同房屋的特点。从《分年级学科教学基本要求》来看，所设计的教学活动已经包含了技术与工程可被开发的项目基础。

学生对不同类型的房屋并不陌生，但是通过学习去选择一些合适的材料，在教师的指导下搭建一个房屋模型仍是一个不小的挑战。教师需要为学生准备更加充沛的资源，如各种建筑材料，石块、砖、木材、黄沙、水泥等是必不可少的。这些材料都是比较常见的，也易于购买和获得，不过仍然需要考虑是否有充足的资金保证。

3. 选择项目规划方式，开展项目学习规划设计

像这样的单元，就可以选择以教学主题内容来进行项目规划设计。可以将“建造房屋模型”作为线索，开展对各种建筑材料类型、用途和制作方法的学习，了解建筑技术的发展和不同房屋类型的演变，最后通过预算选择合适的建筑材料，设计并制作一个房屋建筑模型，并通过展示与评价来改进自己的模型。这样

就可以将分属于两个年级的两个单元串联起来，形成一个完整的技术与工程学习项目。

表 1－7 “建造房屋模型”项目学习规划设计

学习内容	课时安排
多样的建筑材料	1 课时
形形色色的房屋	1 课时
砖、混凝土、木材的加工	3 课时
搭建房屋模型	1 课时
比比谁的屋子棒	1 课时

远东版《自然》教材中的知识结构呈螺旋式上升，有很多相近内容都在不同年段反复出现，如“声现象”，可以选择合适的内容，利用技术与工程项目学习的方式将这些内容按照教学主题内容进行新的项目规划设计。

三、技术与工程项目学习与其他学科的联结

案例：搭建“高塔”

采用多学科融合与联结的方式进行项目学习规划设计，往往会打破小学科学原有的课程架构，所以首先需要经过初步的设想，确定本项目中主要的教学活动，思考它们可能涉及哪些相关学科，在哪个年段实施较为合适。

以本书第七章《中年段实践案例》中的搭建“高塔”为例，该项目学习中的任务二意图通过彩泥球和彩棒搭建“高塔”，并对地震振动测试进行编程，以此开展科学探究实验来代替原有的传统实验，并完成对高塔图纸的设计，最后通过了解家乡的“高塔”，领略我国古代劳动人民的智慧与创造，感悟技术与工程的发展与革新。因此，该项目除了小学科学学科外，主要涉及信息技术和美术两个学科。在研读《课程标准》《教学基本要求》和教材时，也要同时关注相关学科的学习目标与要求，选择合适的年段开展多学科联结项目的实施，避免在应用多种学科知识与技能时超过学生当前的学习水平。

1. 研读《课程标准》《教学基本要求》和教材

表 1 - 8 “坚固而美观的建筑”项目对应的《教学基本要求》和《课程标准》

《教学基本要求》	《课程标准》
主题 7 运动和力 7.3 运动和力的关系	技术与工程领域课程目标
7.3.3 物体的承重能力 L1 列举物体越高越不稳、底座越宽大越稳的实例 L2 知道改变材料的形状可以改变它的承重能力 H2 知道材料、结构不同,物体的抗压能力不同	• 16.1 知道我们周围的人工世界是由人设计并制造出来的 • 16.2 举例说出制造技术、运输技术、建筑技术、能源技术、生化技术、通信技术的产品 • 18.2 知道工程设计的基本步骤包括明确问题、确定方案、设计制作、改进完善等;利用摄影、录像、文字或图案、绘画或实物,表达自己的创意与构想;将自己简单的创意转化为模型或实物 • 18.3 对自己或他人设计的想法、草图、模型等提出改进建议,并说明理由;在制作过程中及完成后进行相应的测试和调整;根据设计意图,分析可利用的资源;简单评估一个产品或系统的可行性,预想使用效果;从经济效益、社会效益、环境效益等方面评价某个工程设计,并提出改进和完善建议

再根据两个年级的《分年级学科教学基本要求》和教材,来看一下原始单元主要的学习内容。

表 1 - 9 上海市小学自然《分年级学科教学基本要求》(二年级、三年级)

年级	学习内容	建议课时
二年级	1. 越高,越难保持平衡 1.1 玩“踩高跷”的游戏 1.2 玩“竖麦管”的游戏	1 课时
	2. 宽大的底座有助于平衡 2.1 比较底座不同的物体的稳定性 2.2 观察生活中保持稳定的实例 2.3 制作“高塔”	1 课时
三年级	5. 物体的形状和结构 5.1 物体的形状和结构 5.2 搭桥	1 课时

以上是小学自然学科与本单元相关的学习内容与要求。再来简要看一下小学信息技术与小学美术学科，判断学生是否具备完成多学科联结学习的能力。

《信息技术》三年级下册第五单元“探究活动——编程世界探秘”，整个单元带领学生一起走进了编程的世界，开启了探索之旅。美术学科中高年段要求结合学校和社区的活动，以美术与科学课程和其他课程的知识、技能相结合的方式，进行策划、制作、表演与展示，体会美术与环境及传统文化的关系。

2. 比较、梳理并分析教学内容结构、学生学习能力和教学资源保障

通过对小学自然学科《课程标准》和《教学基本要求》的研读，可见这部分教学内容通常以传统实验教学为主，通过科学探究来研究物体的形状与结构和物体稳定性之间的关系。如果借助信息技术中编程的方式来代替原有的传统实验，则必须将本单元规划安排在中高年段进行。因为在三年级信息技术学习中，教师刚刚带领学生进入编程的世界，虽然本节课中用到的编程非常简单，但考虑到不同学生对知识的掌握情况不同，不应盲目、过早地开展技术与工程项目学习。可以选择在三年级“运动和力”单元“物体的形状和结构”的教学内容中进行多学科联结，然后再进行重组和拓展教学，这个调整也符合小学美术对学生策划设计及展示欣赏的能力要求。二年级更适合用教材上教学单元的方式开展技术与工程学习项目的规划，具体可以参考本书第七章《中年段实践案例》中的“搭建‘高塔’”项目。

对学生而言，掌握这部分科学知识并不难。应用一种新的教学手段来开展科学实验是一件十分有趣、新颖的活动，不过开展这样的教学活动，需要配备相应的搭建模块以及平板电脑和一些软件，比如在“搭建‘高塔’”项目中所用到SAM Labs操作系统，也需要一个多媒体交互的教室。教师在开展这样的活动时也应该充分考虑到学校的教学资源条件。

3. 选择项目规划方式，开展项目学习规划设计

融合其他学科的知识，借助其他学科的能力与技术，优化原有科学探究活动，运用两种以上学科知识的项目就可以采用多学科融合与联结的方式进行项目学习规划。

表 1－10 “搭建‘高塔’”项目学习规划设计

学习内容	课时安排
搭建“高塔”	1 课时
抗震建筑	1 课时
家乡的塔	1 课时

采用多学科融合与联结的方式进行项目学习规划设计，内容包罗万象，过程千变万化，教师需要运用更多的创造性思维，发现科学学科教学内容中可以和其他学科实现多学科融通的案例。比如在下篇《实践案例》中呈现的与语文学科合作的“小小气象预报员”、与道德与法治学科合作的“追寻福泉山陶器发展史”。教师尤其需要多研读相关学科的教材和《教学基本要求》，分析学生学情和教学资源保障情况等，合理、有效地开展技术与工程项目与其他学科融合与联结的规划。

第二章　技术与工程项目学习目标设计

项目学习目标是项目教学活动设计的出发点，是教师对学生将达到的项目学习成果或最终行为的明确阐释，项目学习目标还应包含学生所要经历的学习活动与过程，是学生学习成果测量与评价的标准。

项目学习目标是项目活动设计、实施与评价的导向，《课程标准》是项目学习目标的风向标。本书所涉及的小学科学学科技术与工程项目学习目标的设计基于《课程标准》中技术与工程领域的相关学习内容与要求，同时兼顾《教学基本要求》中相应主题的学习内容与要求。本书前一章提供了技术与工程项目学习规划设计，项目学习目标的确立可根据项目学习规划设计所对应的《课程标准》和《教学基本要求》，同时认真分析项目学习规划设计所对应教材中单元的教学内容，联系单元主题下前后不同年段的教学内容，分析学生的学习需求和现有学习水平，确立项目学习目标。

第一节　技术与工程项目学习目标设计流程与实施建议

一、流程图

项目学习目标的设计主要包括"参考项目学习规划设计""查阅《课程标准》和《教学基本要求》""研读教材内容""分析学情""制定项目学习目标"这五个关键步骤，具体见图 2－1。

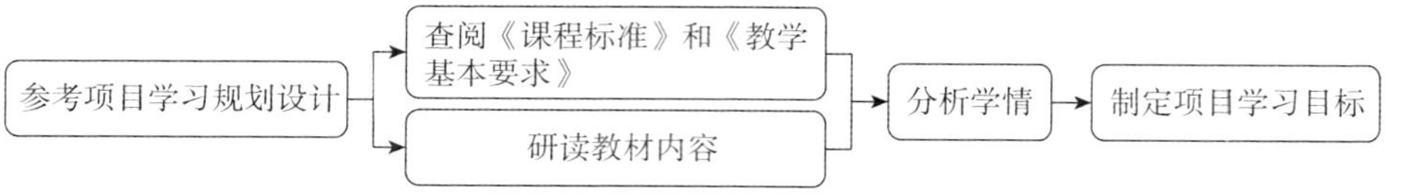

图 2-1 技术与工程项目学习目标撰写流程图

二、流程图说明

（一）参考项目学习规划设计

本书前一章列出了可供参考的技术与工程项目学习规划设计，在实际教学中，可根据教学开展情况，适时选择合适的内容开展技术与工程项目学习活动，以培养学生技术与工程领域的科学素养。

（二）查阅《课程标准》和《教学基本要求》

在项目规划中找到并确定要开展的项目后，研读《课程标准》和《教学基本要求》可以准确把握项目学习目标。从《课程标准》和《教学基本要求》中能确定项目所属的主题模块、核心概念和分年级学习目标等，也能明确项目所承担的学习要求。

（三）研读教材内容

技术与工程的项目学习可能涉及教材中的一个自然单元或一个年级的几个单元，也可能涉及跨越年级的几个单元。所以，在梳理项目内容之前，还需仔细研读、认真分析教材，明确教材中该内容在不同年段的前后联系。

（四）分析学情

项目学习活动应该建立在学生的认知发展水平和已有的知识经验的基础上，不同学校、不同班级、不同的学生个体，学习都是有差异的。为了达到有效的项目学习目标，分析学情是制定项目学习目标必不可少的一环。可以通过课内外结合的观察、谈话、课堂提问分析、课前测试等方法了解学生的学习情况，从而摸清学生学习的最近发展区，同时进一步明确学生在该内容上对应的学习水平。

（五）制定项目学习目标

在明确项目学习规划以及对应的《课程标准》和《教学基本要求》，分析好教材内容、学生学情后，可以根据《小学自然单元教学设计指南》中关于教学目标的表述要素，即"行为主体""行为条件""表现程度""行为表现"，按照"行为条件＋表现程度＋行为表现"的句型结构来表述。其中"行为主体"对象应是学生，一般可省略；"行为条件"是指影响学生学习结果的特定限制或范围；"表现程度"是指学生通过一段时间的学习后所产生的行为变化的最低表现水准或学习水平，用以评价学习表现或学习结果所达到的程度；"行为表现"是指对学生行为或做事结果的预设。撰写时要注意，不同年段学生的学习水平不同，因而表述也应有所不同。

在制定项目学习目标时，"行为条件"可参照《教学基本要求》中的九大"学习经历"；"表现程度"可参照《教学基本要求》中的"附录1　学习水平界定表"的相关行为动词表述；"行为表现"可参照《课程标准》中关于技术与工程领域的相关内容和《教学基本要求》中各主题下的具体要求，同时参照《教学基本要求》中"附录2　学科核心能力矩阵"等。

在制定项目学习目标时，可以结合上述要求，参考小学自然学科、小学科学与技术学科年级和单元教学目标分层与对应的研究（详见《小学各学科年级和单元教学目标研究报告汇编》一书），结合技术与工程领域实践性的特点，从"科学知识与技能""科学、技术与工程实践""科学态度与责任"等关键要素先分解出项目学习目标，再将各关键要素整合成项目学习目标"行为主体、行为条件、表现程度和行为表现"的表述形式，最终形成技术与工程项目学习目标。"科学知识与技能""科学、技术与工程实践""科学态度与责任"这几个关键要素是"行为表现"的具体表述，其中"科学、技术与工程实践"这一关键要素除了可以参照《课程标准》和《教学基本要求》中的具体要求外，还可参考本书中技术与工程领域能力矩阵的各能力要素。

三、技术与工程项目学习目标设计实施建议

（一）设计多样的行为条件，符合技术与工程领域特色

行为条件是学生在项目活动中达成学习发生、养成科学素养的先决条件，设计合适的项目活动，能够激发学生学习的兴趣和探究的欲望。科学学科学习的行为条件可用“学习经历”描述，“学习经历”主要明确在教师的指导下学生可以开展的学习活动。这些学习活动可以是有计划、有目的地用感官来细察事物或现象的“观察活动”；通过干预和控制实验对象，观察、认识相关科学概念的“实验活动”；模拟自然现象或过程，认识自然现象或过程的形态和特点的“模拟活动”；以自身为研究对象，感受某些影响因素带来的身体变化的“体验活动”；从文字、图片等材料中获取事物和现象的特征或规律的“调查活动”；通过照料植物和饲养小动物，对动植物的生长与变化进行观察的“种养活动”；依据一定的科学原理进行规划和设计，做成有创意的作品的“制作活动”；把掌握的学科知识与技能和实践活动结合起来，向他人宣传或展示的“服务活动”等。

技术与工程项目学习的活动形式多样，除了上述“学习经历”外，“设计”“加工”“测试”“模仿”“辩论”等活动形式都能作为技术与工程领域学习的活动形式。

（二）确定精准的表现程度，落实目标的可检测性

教学目标有可检测、可评价的特点，项目学习目标作为一种特殊的教学目标，也应该将可检测和可评价作为确立项目学习目标的要求，将技术与工程项目学习目标的这一特点融合在“表现程度”的概述中。在设计项目活动的目标时，“表现程度”可参照《教学基本要求》中的“附录1　学习水平界定表”，该界定表包括“科学态度与责任”“科学探究”“科学知识”“科学实践技能”四个维度，每个维度又划分出两个等级的学习水平，各维度和不同的学习水平中列出了不同的“行为动词”来表述项目学习目标(教学目标)的要求，具体见表2－1。

表 2-1　学习水平界定表

关键要素	目标分层	说明和举例
科学态度与责任	1. 体验情感	该水平是指：体验和感受相应的科学态度与责任 常见的行为动词包括：体验、感受、领略、体会、亲近、乐于、勇(敢)于等 举例：乐于参加观察身边常见植物的活动，感受植物世界的丰富多彩
	2. 形成意识	该水平是指：初步接收和内化相应的科学态度与责任 常见的行为动词包括：形成、懂得、感悟、养成、保持、热爱、建立、提高、领会、关心、发展、增强、激发、树立、具有、有等 举例：在对我国森林现状有基本认识的同时，感悟森林动植物间的相互依赖，具有采取行动保护森林环境的意愿
科学探究	1. 简单探究	该水平是指：通过简单的探究过程和方法，认识自然现象和事物较浅显的性质或变化 举例：能根据指定的探究步骤，利用灯光、镜子等搜集光和影子的证据；能用简单符号和图画等形式记录光和影子的变化
	2. 深入探究	该水平是指：通过较为深入的探究过程和方法，认识自然现象和事物的简单联系及其变化的一般规律 举例：能通过推理对动物生存相关问题的可能答案作出合理的假设；能运用证据和初步的结论在科学事实与知识之间建立联系，并对探究生物生存的过程和结果作出初步的评价
科学知识	1. 初步认识	该水平是指：识别和记忆学习内容；是对知识的初步认识 常见的行为动词包括：知道、识别、说出等 举例：知道光的反射现象，并说出光的反射在生产和生活中的一些应用实例
	2. 尝试理解	该水平是指：初步把握学习内容的由来、意义和主要特征，是对知识的一般认识 常见的行为动词包括：理解、举例说明、描述等 举例：举例说明生物的子代与亲代之间、子代的不同个体之间的形态存在差异

（续表）

关键要素	目标分层	说明和举例
科学实践技能	1. 初步学会	该水平是指：有目的地进行定性观察和使用简单的实验器材、工具 常见的行为动词包括：初步学会……（观察、测量、制作等） 举例：初步学会有条理、正确地运用多种感官观察物体的特征
	2. 学会使用	该水平是指：有目的、有计划地进行定性、定量观察以及规范、安全地使用实验器材、工具 常见的行为动词包括：学会……（观察、测量、制作等） 举例：学会正确使用弹簧测力计测力

技术与工程项目学习目标中"科学知识与技能""科学态度与责任"要素可参照上表中"科学知识""科学实践技能""科学态度与责任"要素中给出的行为动词来表述；"科学、技术与工程实践"要素是体现技术与工程项目学习特色的要素，可使用如"能、学会、经历、运用、表达、发现"等行为动词。

根据表 2-1 中对行为动词的表述撰写项目学习目标，"表现程度"的描述更具科学性，也使项目学习目标具有可检测性的特点。

（三）落实可视的行为表现，聚焦技术与工程领域能力养成

"行为表现"是项目学习目标的核心，是学生需要达到的"知识与技能""过程与方法""情感、态度与价值观"的具体要求与说明，技术与工程领域的项目学习更应该在项目学习目标的描述中体现该领域特点。据此，围绕技术与工程项目学习设计了"技术与工程领域能力矩阵"（具体见表 2-2），该矩阵由"构思与设计""操作与加工""测试与优化""反思与评估"等能力要素组成，从低、中、高三种水平描述了不同阶段学生所需养成的技术与工程领域能力。

技术与工程领域能力矩阵

技术与工程领域是小学科学课程内容之一，涉及科学、技术、工程与社会等诸多范畴（门类），是培养学生科学课程核心素养的优质载体。技术与工程领域的学习，可以使学生有机会综合所学的各方面知识与技能，感悟科学技术对个人

生活和社会发展的影响。技术与工程领域的能力要素包含构思与设计、操作与加工、测试与优化、反思与评估。下表列出技术与工程领域学习的四个要素在低、中、高三种能力水平上的具体要求。

表 2－2　技术与工程领域能力矩阵

能力要素	能力表现		
	低水平(L)	中水平(M)	高水平(H)
1. 构思与设计	L1.1　能口头描述自己对问题与需求的想法	M1.1　能结合经验，用简单的文字、图画等方式对问题与需求提出初步的设想	H1.1　在初步筛选的基础上，能从材料、结构和功能等方面提出自己的构思
	L1.2　能用提供的材料设计初步的方案	M1.2　能结合实际需求，选择合适的工具、材料和方法进行方案设计	H1.2　能从材料选择、成本控制等角度，从不同方案中选择可行的方案或进行方案的优化
2. 操作与加工	L2.1　初步学会一些简单工具(如刻度尺、剪刀等)的使用	M2.1　初步学会一些常用仪器(如测力计、天平等)的使用	H2.1　初步学会一些简单机械(如杠杆、斜面、滑轮等)的应用
	L2.2　能根据初步想法，完成作品的制作与加工	M2.2　能根据设计图，完成作品的制作与加工	H2.2　能按照设计方案，将自己的构思设计转化为产品(模型或实物)
3. 测试与优化	L3.1　能对作品进行初步的测试	M3.1　能在制作过程中及制作完成后进行相应的测试	H3.1　能根据问题与需求，在制作过程中及制作完成后进行相应的测试
	L3.2　能根据测试的结果，提出改进的想法	M3.2　能在测试的基础上对作品进行相应的调整	H3.2　能根据测试的结果，分析原因，并对作品进行优化

（续表）

能力要素	能力表现		
	低水平(L)	中水平(M)	高水平(H)
4. 反思与评估	L4.1　能在展示过程中，根据教师的提示指出设计方案和作品某方面的特点	M4.1　能比较功能或经济等某个方面，并说出选择设计方案的理由和作品的特点	H4.1　能从功能、安全、环保和经济等综合因素判断设计方案或作品的创新和卖点
	L4.2　能对自己、他人的方案和作品提出改进的意见	M4.2　能针对设计方案、作品的功能和成本等某个方面，提出改进的意见，并说明理由	H4.2　能从结构与功能、材料与成本控制等方面，对自己或他人的设计方案作品提出完善的建议

说明：

(1) 低年段的学生，其技术与工程领域的能力需达到低水平要求；中高年段的学生，其技术与工程领域的能力需达到中水平的要求；部分学生，其技术与工程领域的能力可以达到高水平的要求。

(2) 技术与工程领域学习的四个要素应贯穿学生学习的全过程；在学生的某个学习活动过程中，可涉及所有要素，也可只涉及部分要素。

(3) 对于同一要素，在不同阶段的学习内容中的先后重复出现，可逐步提高学生的学习水平和增强学习的自主性。

(4) 技术与工程领域的能力要素在不同能力水平的要求采用三位编码，其中第一位字母表示“水平等级”，“L”“M”“H”之间的关系从能力表现的角度是由低到高的递进关系；第二位的数字表示“要素”，1 为“构思与设计”，2 为“操作与加工”，3 为“测试与优化”，4 为“反思与评估”；第三位的数字表示相关要求的序号。

“技术与工程领域能力矩阵”的设计，使得项目学习目标在撰写和项目活动落实的过程中更加可视。

第二节　技术与工程项目学习目标设计案例

下面以“制作雨量器”项目活动为例，简要说明该项目学习目标的设计。根据制定项目学习目标流程图，分析与制定项目学习目标的过程如下：

一、参考项目学习规划设计

从本书前一章节的项目学习规划设计中，找到了“制作雨量器”项目活动规划方式，该项目源于远东版《自然》五年级第一学期第三单元“天气”，属于《教学基本要求》“主题 9　地球概貌”中“大气现象”下的部分内容，属于前一章所述的以整个原始教学单元的内容为基础，在此基础上结合相关的工程与技术内容加以拓展的项目。

二、查阅《课程标准》和《教学基本要求》

表 2－3　“天气”单元与《教学基本要求》和《课程标准》相对应的内容

《教学基本要求》	《课程标准》	
主题 9　地球概貌 9.3　大气现象	科学、技术、社会与环境 课程目标	技术与工程领域 课程内容
9.3.1　不同的天气现象 H1　知道气温、降水、风等能反映天气特征 H2　知道气温、降水、风等气象要素的观测方法 H3　列举天气预报的作用 9.3.3　天气变化带来的影响 H1　知道干旱、暴雨等灾害性天气是自然界中降水不均衡造成的	•（科学技术与日常生活的联系）生活中常见的科技产品及其给人类生活带来的便利 •（科学技术与日常生活的联系）了解科学技术可以减少自然灾害对人类生活的影响 •（科学技术与社会发展的联系）了解并意识到人类对产品不断改进以适应自己不断增加的需求，了解人类的需求是影响科学技术发展的关键因素	• 17.3　工具是一种物化的技术 • 18.2　工程核心是设计 • 18.3　工程设计需要考虑可利用的条件和制约因素并不断改进和完善

本项目源于远东版《自然》五年级第一学期第三单元“天气”，本单元主要包

含“天气变化”“气温与全球范围的气温”“风”“空气中的水蒸气”“降水”“水循环”“气象观测”“变化的气候”等内容。本单元的教学内容对应《教学基本要求》中的“主题 9 地球概貌”中“9.3 大气现象”下的学习内容和具体要求，对应《课程标准》中关于“科学、技术、社会与环境”下的课程目标和技术与工程领域课程内容，具体见表 2-3。

三、研读教材内容

根据《课程标准》和《教学基本要求》对应主题的要求与教材的结构编排，并分析相关教学内容的关系，明确了“天气”单元在主题中的地位和作用，见图 2-2。

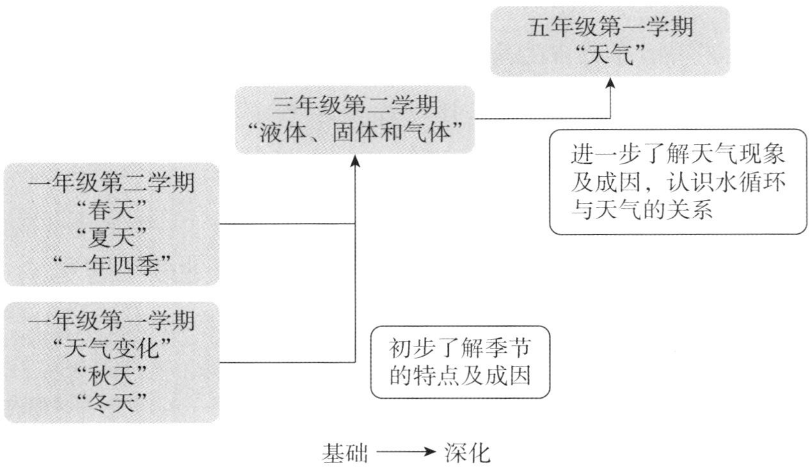

图 2-2 “天气”单元在主题中的地位和作用

在远东版《自然》一年级第一学期“天气变化”“秋天”“冬天”单元，学生观察到天气经常会有变化，了解天气变化对人类及动植物的影响。到了一年级第二学期“春天”“夏天”“一年四季”单元，学生除了对气候类型有进一步了解外，还能说出一年四季的气温、动植物、人类活动等主要特征。在三年级第二学期“液体、固体和气体”单元，学生能根据水在自然界循环的模拟实验初步了解云、雨、雪等天气现象的成因。到了五年级第一学期“天气”单元，在该单元的学习中知道各种天气现象与水循环的密切关联，解释雨、雪、露、霜等天气现象的成因以及水循环和天气间的关系，了解气象观测及人类活动对天气和环境的影响，认识到自然事物之间相互联系、相互影响、相互制约。

降水是水循环的一个直观过程，也是学生最常见到的特殊天气现象。通过开展“制作雨量器”的项目学习活动，引导学生自制符合标准的简易气象观测工具，知道观测天气现象要使用专用工具；在制作过程中，意识到工具是一种物化的技术。

四、分析学情

降水是“天气”这个单元中的重要内容，对五年级的学生来说，降水现象，特别是下雨可谓司空见惯。教师通过对学生的前期教学活动观察和个别谈话，了解到学生在日常生活中很少会去思考降水的形成、降水量对生活的影响、如何对降水情况进行预报等问题。考虑到学生对技术与工程领域学习较少的现状，开展“制作雨量器”实践项目，以“如何得知降水量的多少”作为驱动性问题进行项目设计。以工具使用为出发点，以雨量器制作为突破口，深入理解《课程标准》中工程与技术领域学习内容“17.3 知道完成某些任务需要特定的工具”“18.2 根据现实的需要设计简单器具、生产物品或完成任务”“18.3 简单评估一个产品或系统的可行性，预想使用效果”，深入理解“科学、技术、社会与环境维度学段目标中的科学技术与日常生活的联系”，了解“生活中常见的科技产品及其给人类生活带来的便利”，明白“科学技术可以减少自然灾害对人类生活的影响”，深入理解“科学技术与社会发展的联系”，体会“人类的好奇和社会的需求是科学技术发展的动力，技术的发展和应用影响着社会发展”等，从而建立起现象与本质之间的联系。

五、确定项目学习目标

根据上述分析，可将本项目的项目学习目标根据“科学知识与技能”“科学、技术与工程实践”“科学态度与责任”等目标维度，罗列出如下分解目标和分解目标来源表。

表 2-4 分解目标与分解目标来源表

目标维度	具体目标	目标来源
科学知识与技能	• 知道降水的成因 • 知道降水是反映天气特征的主要因素之一 • 知道干旱、洪水是自然界中降水不均衡造成的	《教学基本要求》主题 9 地球概貌 9.3.1 《教学基本要求》主题 9 地球概貌 9.3.3
	• 学会使用自制简易仪器测量降水量 • 知道工程技术的关键是设计，工程是运用科学和技术进行设计、解决实际问题 • 知道使用工具可以更加精确、便利和快捷 • 知道雨量器的发展史	《课程标准》技术与工程领域 17.3 《课程标准》技术与工程领域 18.2 《课程标准》“科学、技术、社会与环境”总目标下“科学技术与日常生活的联系”中“生活中常见的科技产品及其给人类生活带来的便利” 《课程标准》“科学、技术、社会与环境”总目标下“科学技术与社会发展的联系”中“了解并意识到人类对产品不断改进以适应自己不断增加的需求，了解人类的需求是影响科学技术发展的关键因素”
科学、技术与工程实践	• 能根据现实需求用图文结合的方式设计简易雨量器 • 能将雨量器的结构和功能进行联系 • 能对设计的雨量器进行可行性评估	《课程标准》技术与工程领域 18.3
	• 能将设计构思转化为实物，制作出自己设计的雨量器 • 能针对测量中出现的问题优化设计方案	《技术与工程领域能力矩阵》“操作与加工”H2.2 《技术与工程领域能力矩阵》“测试与优化”H3.2

（续表）

目标维度	具体目标	目标来源
科学态度与责任	• 感悟气象观测能够帮助我们应对自然灾害 • 关心发生在中国的干旱、洪水等自然灾害 • 具有利用科学、技术与工程思维解决实际问题的意识	《课程标准》"科学、技术、社会与环境"总目标下"科学技术与日常生活的联系"中"了解科学技术可以减少自然灾害对人类生活的影响" 《教学基本要求》主题 9 地球概貌 9.3.3 《课程标准》技术与工程领域 18

结合上述分解目标，按照教学目标的句型结构表述形式，即"行为条件＋表现程度＋行为表现"，将本项目的学习目标分解成图 2－3 所示内容。

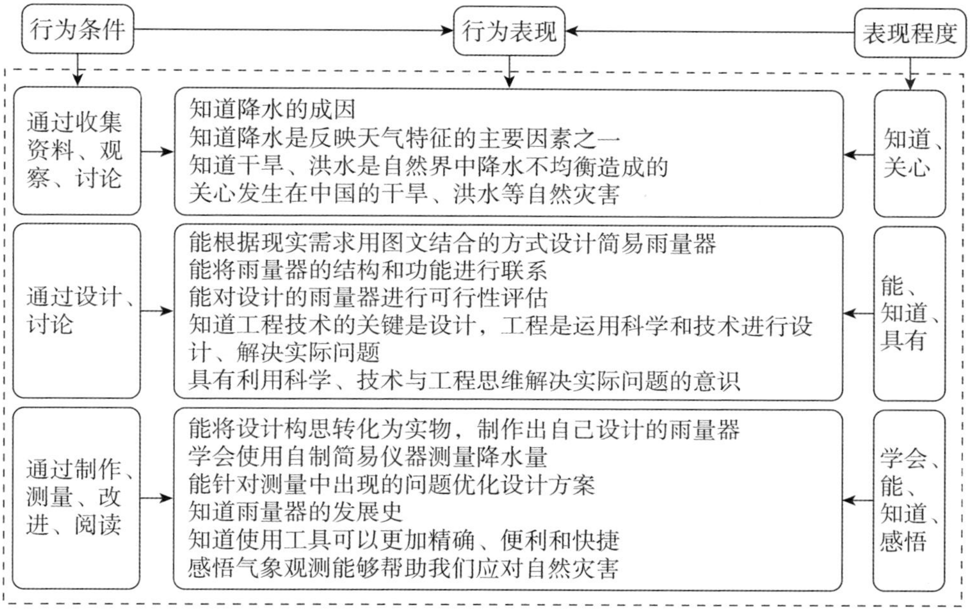

图 2－3　项目学习目标三要素关联图

经过上述分析，制定本项目学习目标如下：

1. 通过收集资料、观察、讨论等活动，知道降水的成因，知道降水是反映天气特征的主要因素之一，知道干旱、洪水是自然界中降水不均衡造成的，关心发生在中国的干旱、洪水等自然灾害。

2. 通过设计、讨论等活动，能根据现实需求用图文结合的方式设计简易雨量器，能将雨量器的结构和功能进行联系，能对设计的雨量器进行可行性评估，知道工程技术的关键是设计，工程是运用科学和技术进行设计、解决实际问题，具有利用科学、技术与工程思维解决实际问题的意识。

3. 通过制作、测量、改进、阅读等活动，能将设计构思转化为实物，制作出自己设计的雨量器，学会使用自制简易仪器测量降水量，能针对测量中出现的问题优化设计方案，知道雨量器的发展史，知道使用工具可以更加精确、便利和快捷，感悟气象观测能够帮助我们应对自然灾害。

第三章　技术与工程项目学习活动设计

技术与工程项目学习活动是指学生主动探索真实世界中与技术、工程相关的问题和挑战的一种动态班级学习活动。技术与工程项目学习活动需要提供一些关键素材，构建一个真实情境。学生通过组建团队，在此情境中解决一个开放式问题或挑战，并习得相关的科学知识，掌握相关的科学技能，提高自身的科学素养。

依据《课程标准》的内容与要求，可以将小学科学技术与工程项目学习活动分为“技术与发明”和“工程与设计”两种主要类型(见图 3－1)。

图 3－1　技术与工程项目学习活动的主要类型

技术与工程项目学习活动设计应基于项目学习目标，设计符合学生学情，以解决简单问题或挑战为宗旨的学习活动。技术与工程项目学习活动应以学生能够亲历的生活、学习情境为背景；以学生身边的实际问题为主要学习载体开展活动设计；以学生乐于参与的观察、实验、设计、制作、阅读、展示交流和评价等为主要活动形式；以培养学生运用所学科学知识解决身边简单问题的能力。

在技术与工程项目学习活动的设计过程中，一要构建项目框架，在明确项目目标的前提下，形成核心问题，关联子问题；二要逐一分解项目任务，规划对应类型的活动；三要在项目框架下，找到与项目核心活动匹配的活动目标、子问题、任务、活动；四要根据“技术与发明”和“工程与设计”这两种类型活动设计过程，展开技术与工程项目核心活动过程的设计。

第一节　技术与工程项目学习活动设计流程与实施建议

一、流程图

技术与工程项目学习活动设计主要包括“围绕核心问题，形成问题链”“分解任务群，规划学习活动”“按项目类型关键要素，设计核心活动过程”三个关键步骤，具体见图 3－2。

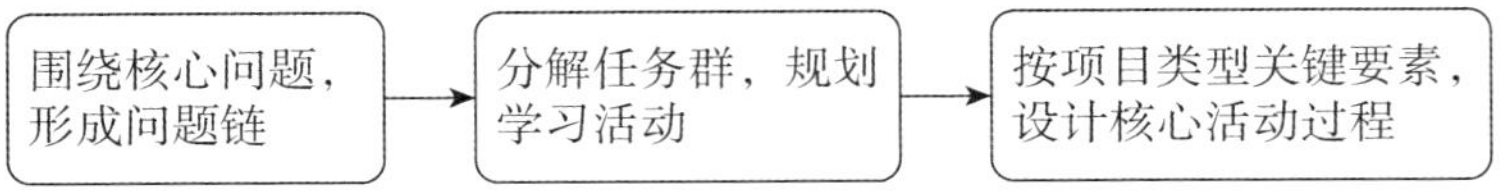

图 3－2　技术与工程项目学习活动设计流程图

二、流程图说明

（一）围绕核心问题，形成问题链

项目问题包含项目核心问题以及围绕核心问题展开的一连串子问题。因为项目学习活动必须借助真实问题的驱动，在真实情境中触发学生的学习兴趣，所以项目核心问题的提炼需结合学生在生活中遇到的实际问题，起到引领整个项目中所有任务和活动的作用。而项目的子问题是由项目核心问题所引发的关联问题，为解决项目核心问题服务，通常具有顺序性，需逐一解决。

（二）分解任务群，规划学习活动

根据项目的子问题，设计相应任务与活动以达成解决问题的目的。项目任务是学生通过各种活动形式最终要达成的目标。项目任务的设计需要具备一定的挑战性，能够起到激发学生项目学习兴趣和培养学生能力素养的作用。项目活动是学生通过小组分工合作共同完成的设计制作或工程实践等的具体活动行为。在设计项目活动时，还应结合教材内容、课时安排等因素，综合考虑各个活动开展的课时与活动时空。活动时空包含课内、课外和课内外结合等形式。

表 3－1　围绕问题解决的项目学习任务与活动规划

核心问题	子问题	任务	活动	课时安排	活动时空
（需要提炼）	1.	任务一：	1.	结合任务需求	（包含课内、课外和课内外结合等形式）
	2.	任务二：	2.	……	……
	……	……	……	……	……

（三）按项目类型关键要素，设计核心活动过程

本书界定的核心活动是指较多体现追溯或探索“技术与发明”“工程与设计”过程的活动。在完成项目学习任务与活动规划后，根据项目类型开展核心活动的设计。“技术与发明”和“工程与设计”这两种类型的项目，在核心活动的设计要素上会有所区别。具体过程参见图 3－3。

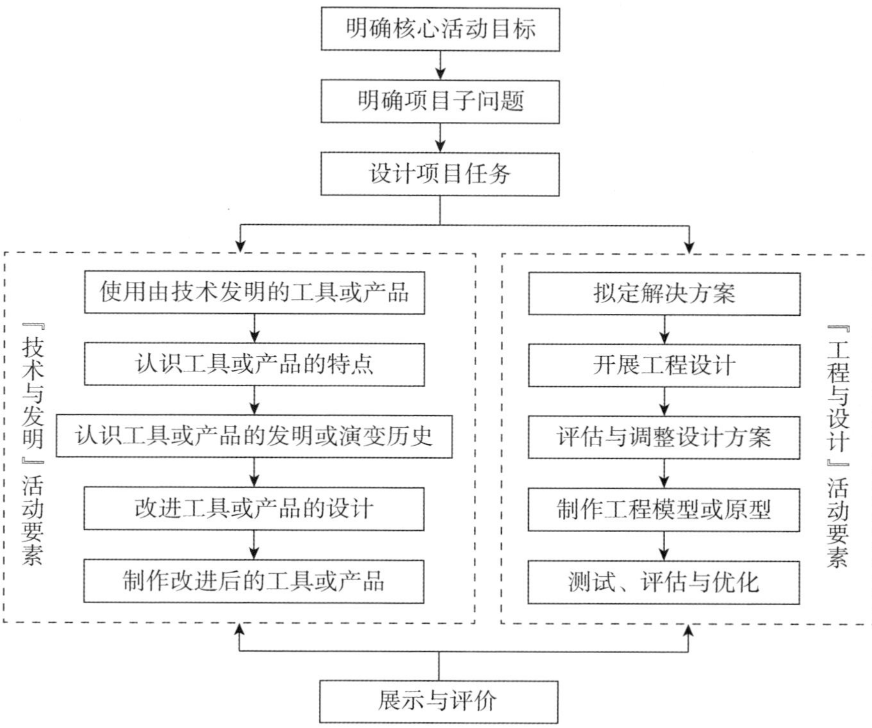

图 3－3　“技术与发明”和“工程与设计”两种类型的活动要素

1.“技术与发明”类型项目核心活动设计

“技术与发明”类型项目核心活动设计要建立在项目目标的基础上，确定核心活动目标，并在项目学习任务与活动规划中找到对应的问题和任务。在完成制定目标、明确问题和设计任务后，主要以问题为导向，以任务为驱动，以技术发明的产品或者工具作为载体，学生经历产品或工具的使用，认识该产品或工具的特点；认识其发明与演变的历史，从而产生改进产品和工具的想法，并展开设计与制作；在形成“技术与发明”活动成果后，进行展示和评价。在设计活动的流程时，要素的先后顺序可做调整，并且根据项目需求和学生学情，部分要素也可做删减。

说明：由于低年段学生在设计表达上的能力尚有不足，可以采取口述的形式，让低年段学生充分表达自己的设计想法；高年段学生在绘画或者是电脑设计等方面的能力已经有所提升，可以采取绘图或者电脑制图等形式，让学生表达自己的设计想法。在制作方面也可以依据学生的学情而定，如果学生的改进设计较为复杂，难以通过制作呈现设计成果，也可以将学生的改进设计作为“技术与发明”活动的最终成果。

2.“工程与设计”类型项目核心活动设计

“工程与设计”类型项目核心活动设计要建立在项目目标的基础上，确定核心活动目标，并在项目学习任务与活动规划中找到对应的问题和任务。在完成制定目标、明确问题和设计任务后，主要以问题为导向，以任务为驱动，以方案为抓手，学生经历方案的制定，并在过程中对各种方案展开可行性评估，最终确定可实行的工程方案；然后，依据方案开展工程设计，通过交流分享对自己的设计方案展开评估与调整；最后，根据自己的工程设计方案具体实施，在形成“工程与设计”活动成果后进行展示和评价。

说明：“工程与设计”类型项目活动最终是以制作模型来解决项目问题的，学生需经历从设计到制作及完善的完整过程。因此，在设计活动任务时，要考虑到不同年段学生的设计表达能力和动手实践能力，任务既要具备挑战性又要符合学生的能力水平。

三、技术与工程项目学习活动设计实施建议

（一）注重学科知识在项目学习活动中的运用

技术与工程项目学习活动的设计应以学科知识为基础，并注重学生在学习活动中对学科知识的运用。在教学中，要找准科学知识与学生生活之间的关联，并转化为开展项目学习活动的契机。项目学习活动旨在通过对所学科学知识的融会贯通，解决真实问题，鼓励学生小组合作、设计方案和动手设计与制作，并且能够形成一定的成果。

（二）正确选择项目学习活动的载体

技术与工程项目学习活动都涉及产品或方案的设计与制作。需根据不同年段选择符合学生认知水平与能力水平的学习载体，一般为贴近学生生活、具备使用经验或是方便观察到的现象与问题。这样，学生才能够把自身生活经验融入项目学习活动，帮助其在小组合作中产生改进产品或制定解决方案的共鸣。

（三）合理规划项目学习活动周期

应当根据教学课时合理安排，规划好项目活动周期。项目活动的设计可能会打破原来的单元教学顺序，但是项目活动周期应尽量与教材中单元教学课时相匹配。在项目学习活动的设计中，结合活动需求合理规划活动时空，采用课内、课外和课内外结合等形式开展学习活动。教师不应拘泥于课堂，应努力突破课内外界限，给予学生充分的活动时间和空间，给予必要的指导和帮助，以确保学生有充分的时间完成整个项目学习活动。

第二节 技术与工程项目学习活动设计案例

此部分案例分别以“技术与发明”类型的学习项目“从养蚕到缫丝”和“工程与设计”类型的学习项目“我是开心菜园浇灌设计师”为例，简要说明该项目学习活动的设计。根据项目活动设计流程图，分析项目活动设计的过程。

一、“技术与发明”类型项目学习活动设计案例——从养蚕到缫丝

依据前一章项目学习目标制定的方法和路径，可得到具体的项目学习目标，据此设计对应的学习任务与学习活动。具体项目学习目标详见第七章《中年段实践案例》中的“从养蚕到缫丝”项目，其中项目学习目标2和目标3是本项目学习的重点和难点，由此确定本项目的核心活动和一般活动。

项目学习重点：

知道抽取蚕丝的方法，发现蚕丝是一种又长又不容易断的天然纤维。

项目学习难点：

发现手动抽丝机存在的不足，能设计改造手动抽丝机的方案，建立简单器械结构与功能之间的联系。

（一）围绕核心问题，形成问题链

根据项目学习目标，教师设计了“从养蚕到缫丝”作为该项目的主题，项目的核心问题是“蚕丝是怎么来的”。为了解决这一问题，首先需要知道蚕丝的来源。学生都知道蚕丝来自蚕茧，但是只有少部分学生见过蚕宝宝吐丝结茧，即使看到过的学生也不知道蚕结茧过程中丝是不断的，一个蚕茧就是由一根长达近千米的蚕丝织成的。为了让学生自己发现这个秘密，教师将养蚕作为本项目的开始。让学生亲历养蚕过程，并结合二年级“卵生的动物”单元的内容，进一步认识昆虫的生命周期，发现蚕吐丝的秘密，生成了该项目的第一个子问题“如何养好蚕”。在蚕宝宝结茧后，学生对蚕茧变成蚕丝的过程充满着好奇。于是，教师又让学生亲身经历抽取蚕丝的过程，并从活动中进一步发现蚕丝的特点，生成项目的第二和第三个子问题“蚕茧如何变成蚕丝”“蚕丝是一种怎样的材料”。学生在体验缫丝的过程中，除了发现蚕丝的特点以外，还感受到了工具使用不便给缫丝带来的困扰，又延伸出了项目的第四个子问题“怎样高效地抽取蚕丝”。通过这四个子问题，学生最终从材料、技术以及工具等方面全面了解了“蚕丝是怎么来的”。本项目核心问题与子问题的关系参见图3-4。

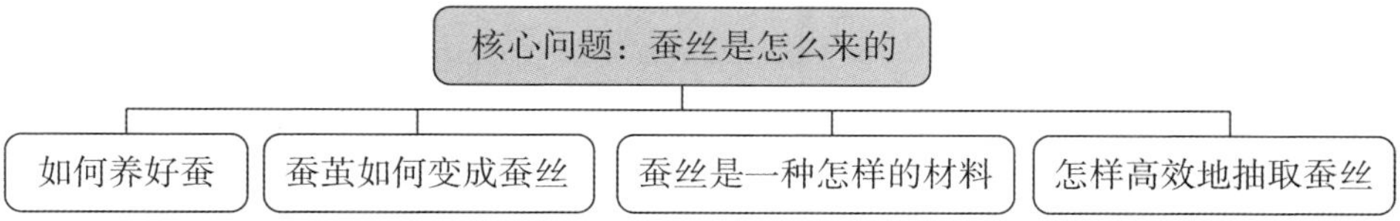

图 3－4　本项目核心问题和子问题的关系

（二）分解任务群，规划学习活动

根据项目的四个子问题，教师分别设计以问题解决为主旨的项目任务及活动。

表 3－2　“养蚕和缫丝”项目学习子问题和对应的任务与活动

子问题	项目任务	项目活动
1. 如何养好蚕	1. 找到科学养蚕的方法 2. 养殖蚕宝宝，举办交流会	1. 收集养蚕资料，交流养蚕方法 2. 养殖蚕宝宝，交流观察报告
2. 蚕茧如何变成蚕丝 3. 蚕丝是一种怎样的材料	获取蚕丝，发现其特点	体验缫丝活动
4. 怎样高效地抽取蚕丝	畅想工作高效的抽丝机	设计改造手动抽丝机的方案

（三）按项目活动设计要素，设计核心活动过程

“体验缫丝”和“畅想手动抽丝机改造”属于“技术与发明”项目活动，下面根据“技术与发明”项目活动设计要素进行具体的活动过程设计说明。

1.“体验缫丝”项目活动设计要素及其活动过程设计说明

本活动主要为学生对缫丝技术的体验，不涉及技术的改进或产品的制作，所以在活动设计中删减了“技术与发明”类型核心活动设计要素中的“改进工具或产品的设计”和“制作改进设计后的工具或产品”两个要素，将学生活动中取得的蚕丝作为这一活动的最终活动成果。具体活动过程设计参见图 3－5（项目活动设计与实施过程以及展示与评价的做法详见实践案例“从养蚕到缫丝”）。

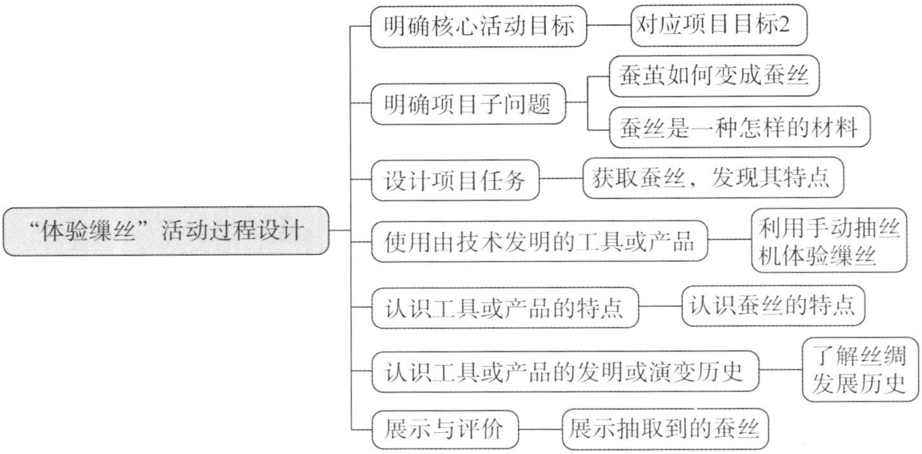

图3-5　"体验缫丝"活动过程设计

本活动的驱动问题是"蚕丝是一种怎样的材料"。为什么不让学生直接观察现成的蚕丝，而要让学生通过亲身体验缫丝技术来获取蚕丝呢？如果直接观察，学生只能通过眼睛观察到蚕丝是一种很细的材料。但是一枚蚕茧就是由一根蚕丝结成的，它不仅很长还不容易断，这些特点学生是没有办法仅仅通过观察就能感受到的。因此通过让学生体验缫丝技术，亲手抽丝来感受到蚕丝的"长和不易断"，可以化解教学难点。缫丝是我国古代丝绸制作中的一项重要技术，对三年级学生来说技术难度比较高。在体验之前，可以通过详细的操作讲解视频，让学生掌握技术要点，尽可能帮助学生在活动中获得成功感。

在体验完缫丝技术并获取蚕丝后，学生可以借助在活动中获得的感受以及观察蚕丝，自主发现蚕丝具有又长又不容易断的特点。

蚕丝和丝绸的发明对我国有着深远的影响和重要意义。本活动通过交流介绍蚕丝的用途，让学生知道蚕丝的诸多用途；通过观看视频资料，了解中国丝绸发展的历史以及丝绸之路的贡献，知道中国是世界上第一个养蚕制作丝绸的国家，使学生体会到中国古代劳动人民的智慧和勤劳，树立民族自豪感。

2. "畅想手动抽丝机改造"项目活动设计要素及其活动过程设计说明

本活动旨在使学生在体验缫丝活动中对工具使用形成认识，对工具进行有针对性的改造，提高工具的使用性能。由于三年级学生已经能通过简单绘图的方式表达自己的设计想法，因此让学生在原来的手动抽丝机结构图上展开改造设计，表达自己的设计想法，并通过交流进一步完善设计。但是三年级学生在动手制作，尤其是电路连接、马达安装等方面还缺少制作经验，因此教师在设计中删减了“制作改进设计后的工具或产品”这一流程，将学生的改造设计方案作为这一活动的最终活动成果。具体活动过程设计见图 3－6（项目活动设计与实施过程以及展示与评价的做法详见实践案例“从养蚕到缫丝”）。

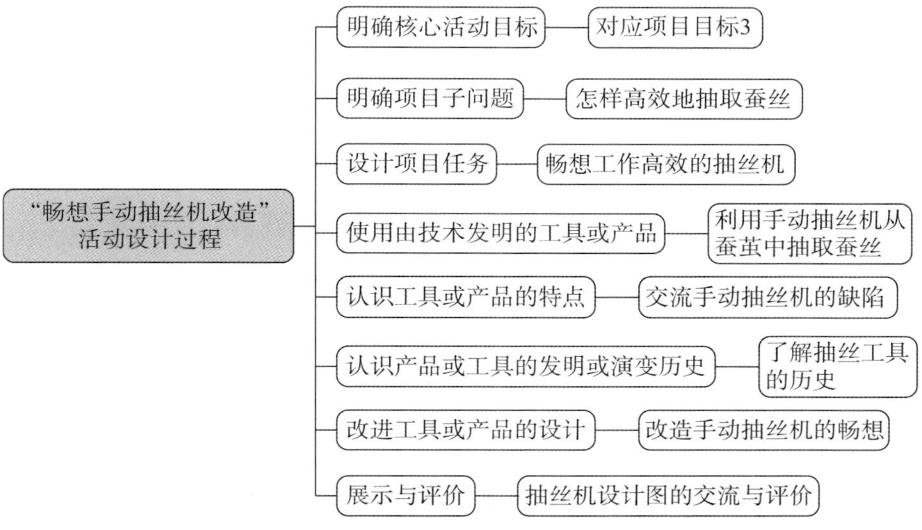

图 3－6　“畅想手动抽丝机改造”活动设计过程

本活动的驱动问题是“怎样高效地抽取蚕丝”。这一问题的提出源于学生在体验缫丝活动时的体会。由于抽丝机是手动的，工作效率低，还会出现滚轮脱落、抽丝机晃动等情况，影响缫丝的效率。在体验缫丝活动时，部分学生已经提出这些问题。因此，教师以学生活动中遇到的实际问题作为项目拓展延伸，让学生结合自己的使用体会来改造抽丝机。

在体验缫丝活动中，学生已经对抽丝机的功能有了较为充足的认识。在本活动中，可以通过组织学生进行交流的方式汇总工具存在的不足。并且，可以通过让学生观看介绍古代缫丝器械的结构、功能、操作方法的视频，帮助学生了解这项工具演变的过程，为其打开设计思路。最后，通过小组间设计图的交流与评价,形成更为完善的设计。

二、"工程与设计"类型项目学习活动设计案例——我是开心菜园浇灌设计师

依据前一章项目学习目标制定的方法和路径,可以得到具体的项目学习目标条目,对应项目学习目标的学习任务与学习活动的设计据此展开。为有效落实技术与工程领域的内容与要求,项目目标 4 是本项目学习中的重点和难点所在。因此,可以确定出本项目中的核心活动和一般活动(所有项目学习目标详见第七章《中年段实践案例》中的"我是开心菜园浇灌设计师")。

项目学习重点:

综合运用"水会流动""水从高处流向低处""流动的水有力量"等科学概念,选择合适的管道和接口磁力贴片进行方案设计。

项目学习难点:

根据设计方案完成简易管道浇灌装置的搭建和调试。

(一) 围绕核心问题,形成问题链

根据单元重组后的项目目标,教师设计了"我是开心菜园浇灌设计师"作为该项目主题。该项目核心问题的提炼是以学生生活中的实际问题为起点,结合了学生在一年级体验刀豆种植过程中遇到的浇水困难的问题,从学生自身的体会和需求出发,提炼出项目的核心问题是"菜园如何浇灌更方便省力"。解决这一问题的方法有很多,学生的想法也是五花八门,他们会想到安装自动洒水装置,甚至用机器人来浇灌菜园等,但是这些方法不仅成本很高,难以实施,还与单元核心概念没有紧密的联系。因此,需要设计一条清晰的问题链,将学生解决问题的思路引到期望的途径上。首先,学生需要明确菜园浇灌存在的问题,才能有针对性地制定方案,所以教师设计的第一个子问题就是"菜园浇灌存在哪些不便"。在弄清楚菜园浇灌存在的问题后,为了让学生从合理利用资源、节约用水的角度制定更合理的方案,教师又设计了"浇灌菜园的水从哪儿来"这一子问题。当学生确定了用雨水来浇灌菜园的方案后,教师需要为学生搭建学习支架,提供科学知识的支撑,生成项目的第三个子问题"如何为菜园收集雨水",与单元核心知识紧密关联。通过解决雨水收集问题,知道"水会流动""水从高处流向低处"

"流动的水有力量",为学生最终解决菜园引水问题作铺垫。项目的最后一个子问题是"怎样利用雨水浇灌菜园"。学生通过解决这一问题,能加深对单元核心知识的理解,并最终解决项目的核心问题,使菜园浇灌变得更方便省力。本项目核心问题与子问题的关系见图 3-7。

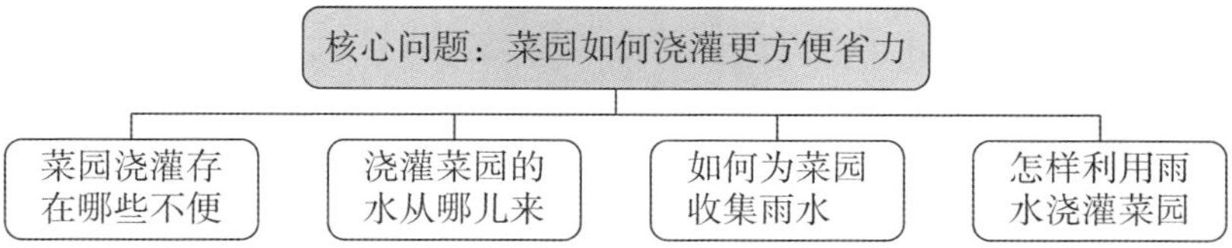

图 3-7　本项目核心问题和子问题的关系

(二) 分解任务群,规划学习活动

根据项目的四个子问题,教师分别设计以问题解决为主旨的项目任务及活动。

表 3-3　"怎样利用雨水浇灌菜园"项目学习子问题和对应的任务与活动

子问题	项目任务	项目活动
1. 菜园浇灌存在哪些不便	考察菜园浇灌存在的问题	考察菜园,为菜园浇水
2. 浇灌菜园的水从哪儿来	汇总考察情况,确定菜园浇灌用水方案	1. 交流汇总菜园浇灌问题 2. 讨论菜园浇灌用水方案
3. 如何为菜园收集雨水	考察校园雨水去向,确定雨水收集方案	1. 考察校园路面和屋顶雨水的去向 2. 讨论雨水收集方案
4. 怎样利用雨水浇灌菜园	确定雨水引入菜园的方案,解决浇灌问题	1. 设计并搭建菜园引水管道 2. 拓展古代和现代农业浇灌方式

(三) 按项目类型关键要素,设计核心活动过程

1. 活动名称:设计并搭建菜园引水管道

"设计并搭建菜园引水管道"属于"工程与设计"项目活动,下面根据"工程与设计"项目活动设计要素展开具体的活动过程设计说明。具体活动过程设计见图 3-8(项目活动设计与实施过程以及展示与评价的做法详见实践案例"我是开心菜园浇灌设计师")。

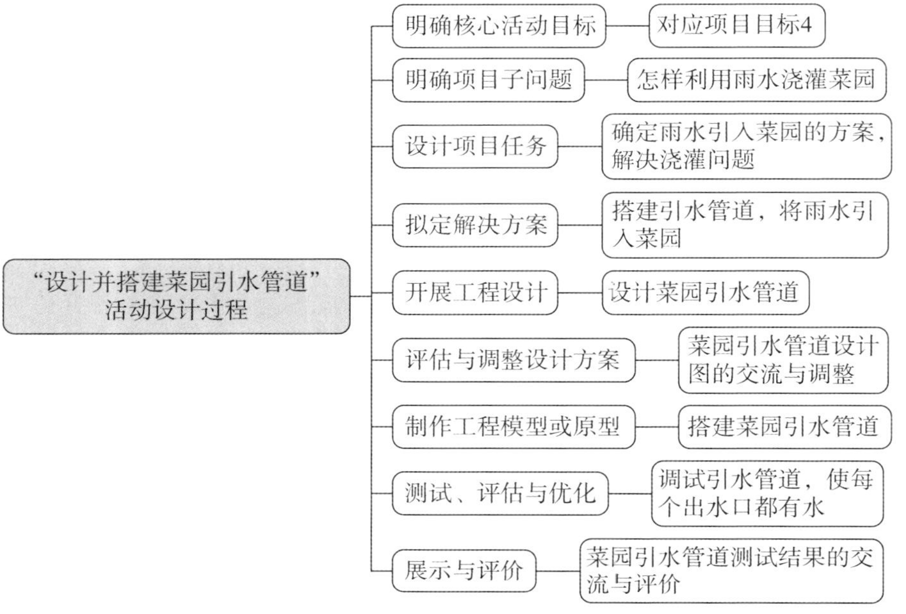

图 3-8 "设计并搭建菜园引水管道"活动设计过程

2. 活动设计说明

在确定了"工程与设计"类型项目核心活动目标、问题和任务后，首先学生要通过小组讨论和组间交流的方式交流、评估将雨水引入菜园的方案，制定出合理可行的问题解决方案。

然后，学生开始设计菜园引水管道。由于二年级学生的绘图能力还不强，教师用磁力贴片取代绘图，采用拼图的方式在菜园模型图上开展管道连接设计。因为磁力贴片之间可以自由组合，学生的设计思维得以释放。每个小组都有各自不同的设计，但设计方案最终能否落实，还需要进一步的评估和调整。教师需要引导学生进一步思考："雨水会不会流经目前设计的每一根管道？"在这一问题的导引下，学生借助核心知识"水从高处流向低处"来评估自己的设计方案并做出合理的调整。

接着，学生要根据自己的设计方案来搭建管道模型。学生利用与磁力贴片数量、形状相对应的塑料管道和接口完成管道的搭建。管道和接口能方便地拼搭和拆解，学生一旦发现管道出水有问题，就可以结合实际问题调整管道的搭建方式，借助扭转、拼接等方式灵活地解决问题，完成管道搭建效果的测试、评估和优化。

最后，在展示与评价阶段，学生根据管道搭建测试结果展开交流与评价，有些小组的管道测试结果发现部分管道中没有水；有些小组则发现水浇灌不均匀；还有小组的管道出现水流过大，把菜苗压坏了等新问题，并且根据出现的问题，结合核心知识“水从高处流向低处”“流动的水有力量”提出了新的想法。

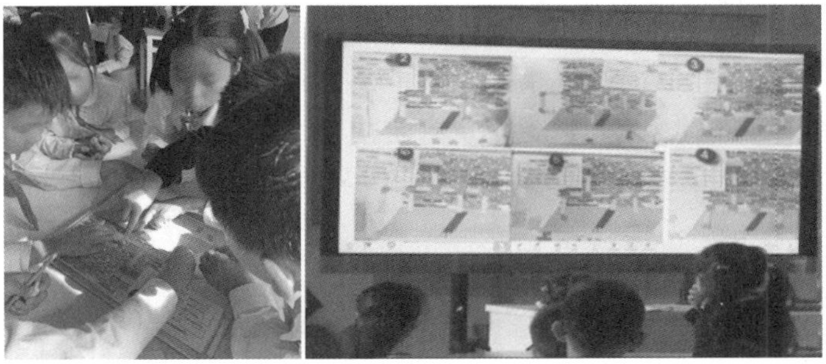

图 3-9　学生在设计、评估管道设计方案

图 3-10　学生在搭建、评估引水管道模型

第四章　技术与工程项目学习评价设计

技术与工程项目学习评价是指对技术与工程项目学习目标达成度的判断，是支持与促进学生发展的评价。技术与工程项目学习评价以促进学生的深度学习为目的，重点关注学生的问题解决能力，可以为学生与教师提供努力的方向。

项目学习目标是整个项目实施的纲领，也是项目活动设计和评价设计的重要依据。根据项目学习目标确定项目任务，设计项目核心活动，将评价融入活动，通过反馈、激励和指引，支持和促进学生的发展。在项目学习中，成果体现了项目学习目标，是项目评价设计的基础，是鉴定整个项目活动是否围绕学科课程标准开展的依据，也反映了学生在项目学习过程中学科核心素养、批判性思维、创造力、问题解决能力、自主和合作学习等技能的提升情况。

技术与工程项目的学习评价伴随着项目始终。在小学科学学习中，主要采用的评价方式有形成性评价和终结性评价两种。评价要关注结果，更要关注和促进有意义的学习过程，关注学生的过程性表现。在项目的实施过程中，从对学生学习全过程的观察中得到信息并及时调整教学。形成性评价是动态的，可以体现在项目学习的不同阶段，是整个项目学习的组成部分。终结性评价是在一个项目或项目某个阶段结束时进行的评价，可以采用多元化的评价方式，用以检验项目学习的成果和诊断出现的问题，为以后的学习积累更多的经验。

第一节　技术与工程项目学习评价设计流程与实施建议

技术与工程项目学习评价应贯穿项目学习的全过程，既要统筹和规划整个项目最终成果的评价，在项目进程中也要就项目实施过程中某一阶段或某一重点活动设计评价。评价设计前首先要思考三个问题：为什么评、怎么评和用什么评，也就是评价目标、评价方式和评价工具。因此，评价设计的一般路径是制定评价目标、选择评价方式和开发评价工具。就技术与工程项目而言，评价设计还应从《课程标准》出发，综合考量学生的学习需求和能力水平。

一、流程图

项目学习评价设计主要包括建构项目评价框架、制定项目评价目标、选择项目评价方式、开发项目评价工具、规划项目评价报告五个主要步骤（见图 4－1）。

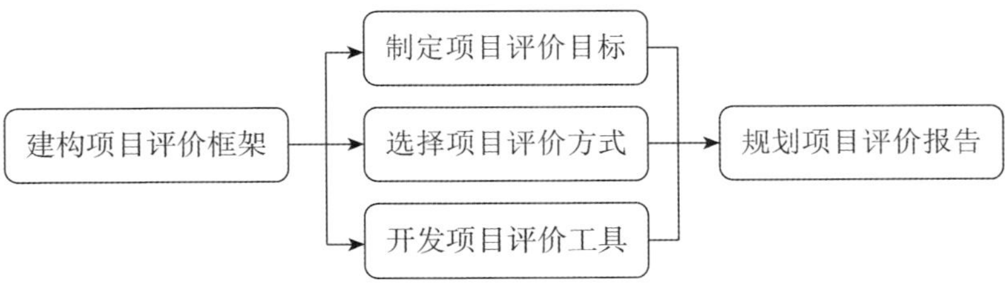

图 4－1　技术与工程项目学习评价设计流程图

二、流程图说明

（一）建构项目评价框架

项目学习评价设计要具有整体性，以始为终。在项目任务和活动设计的基础上，分析学生的内在需求，按项目开展的各个阶段的特征制定项目评价计划表，规划每个阶段中各项任务所需进行的评价活动，并对各项评价活动的评价目标、评价方式和评价工具进行预设计。在项目学习的进程中，要关注学生真实的学习状况，针对学生在学习中产生的问题，对评价框架做进一步的调整和改进。

（二）制定项目评价目标

在技术与工程项目学习中，评价目标指向的不仅仅是教学诊断，还要关注学生在评价活动中能否通过对照检查、同伴交流和自我反思，获得自我发展。有效的项目评价必须建立在评价目标与学习目标的一致性上，将项目学习目标与各个阶段的学习活动建立一一对应，根据不同阶段的学习目标逐一转化为评价目标。在项目学习开始时，通过评价学生已掌握的知识和技能，探知学生的学习需求；在项目学习进程中，用评价检测项目进展情况；在项目学习结束时，评价学生对技术运用、批判质疑、勤于反思和问题解决等的技术与工程学习目标的达成情况。

（三）选择项目评价方式

评价是基于证据的推理，前提是需要采用合适的评价方式收集到有效证据。在技术与工程项目学习中，根据评价目标的不同，评价方式也各不相同。可以设计多样化的评价方式，既要指向学习结果也要体现学生学习的过程。除了传统教学中的练习、测试、提问和讨论等方式外，在项目学习中还可以采用各种表现性评价方式。在项目初期，可以采用测试、问卷调查、观察和讨论等方式进行学情诊断；在项目进程中，可以通过对话、提问、观察和作业等方式及时了解项目学习的进展；在项目结束阶段，可以采用纸笔测试、成果展示和成长记录等方式了解学生理解和掌握的程度。

（四）开发项目评价工具

评价工具是指对评价对象进行测定时所采取的方式和手段，是实施评价的具体载体。确定了评价目标和评价方式之后，就需要选择恰当的、能够反映学生真实学习情况的评价工具。在技术与工程项目学习中，根据不同类型的活动，常用的评价工具有评价表、观察记录表、纸笔测试和双向细目表等，需要创建和使用多种评价工具满足不同的评价需求，科学和有效地对学生的学习进行评估。

（五）规划项目评价报告

在项目学习进程中，根据评价目标，可以通过多样化的评价方式和评价工具收集评价数据，形成评价结论。项目评价报告能促使学生反思整个项目过程和成果，分析得失和提炼经验，思考改进方法。规划项目评价报告可以在项目实施过程中或在项目实施之后进行；可以是综合性的，也可以聚焦项目学习中的某一核心概念和能力；可以是针对某一学生的，也可以是面向全体学生的。

三、技术与工程项目学习评价设计实施建议

（一）重视项目学习的表现性评价

在技术与工程项目的学习中，学生会接触到简单的设计、加工等活动，体验技术的作用、人工世界与自然世界的不同、工具的使用等，并尝试解决实际生活中遇到的问题。建议多采用表现性评价，即通过有组织地收集学生在学习过程中的成果表现，如媒体成果、小制作、科学报告和观察记录等，对学生进行评价。在设计评价时，还需注意评价任务是否安全、可操作，评价目标是否具有综合性、多元化。不仅要关注知识目标，更要着眼于学生理性思维、批判质疑、问题解决以及技术运用等方面。

（二）体现评价的开放性和多元化

在项目学习评价设计时，应当考虑到动态与静态评价、隐性与显性评价、主体与客体评价等诸多因素，建议采用开放性、多元化的评价方式。工程设计是为满足人们生活中的真实需求和解决实际问题而进行的探究活动，具有很强的开放性。在一些设计类的活动中，不仅需要对学生完成任务的过程进行评价，还要及时评价学生在活动过程中科学素养的提升。评价主体和评价方式也可以多元化，像一些设计制作类的活动中，可以针对学生设计制作的作品采用学生互评、自评的方式，还可以邀请其他教师、学生或家长参与评价。另外，也可以让学生参与评价的设计，充分调动学生的学习积极性和提升学生的相关认识。多元化的评价方式能使学生树立信心，也认识到自身的不足，加深对技术与工程的认识。

（三）聚焦课程核心素养的形成

小学科学课程的学习评价主要是为了促进学生科学素养的形成和发展。科

学素养具有丰富的内涵，基于技术与工程领域内容的特点，所涉及的科学素养主要有技术运用、批判质疑、勤于反思和解决问题等。在评价的设计中，一方面要聚焦课程核心素养的形成，关注项目学习中学生科学概念的获得和技能的提升；另一方面，由于技术与工程领域的内容涉及科学、技术、工程和社会等诸多领域，评价设计也要充分凸显技术与工程的能力要素，关注学生自主、合作、探究和创新等能力的养成，强调对多学科知识的整合与转化，强调问题解决能力和综合实践能力的提升。

第二节　技术与工程项目学习评价设计案例

下面以“我是开心菜园浇灌设计师”“香菇种植”“校园连廊的设计与竞标”等项目学习为例，简要说明项目学习评价设计。

一、建构项目评价框架

项目评价框架的建构需要考虑评价目标、评价方式以及评价工具等要素。“我是开心菜园浇灌设计师”项目中的核心活动，较多体现的是小学科学技术与工程项目学习活动的“工程与设计”类型。从本书前一章节的项目活动设计中可以看到，该项目设计了四项任务和七个活动。在分析学生需求的基础上，规划各阶段中所需进行的评价活动，制定评价目标，选择适切的评价方式，开发相应的评价工具，由此建构项目评价框架（见表 4－1）。

表 4－1　“我是开心菜园浇灌设计师”项目评价框架

项目阶段	评价活动	评价目标	评价方式	评价工具
项目实施前	组织前测，确定学生当前认知和理解水平	对水的性质、植物的生长、浇灌方式等概念的已有认知	教师评价	关于菜园植物生存情况的调查问卷

（续表）

项目阶段	评价活动	评价目标	评价方式	评价工具
项目实施中	查看学生过程性学习的记录	认识水的基本性质，学会记录菜园现有浇灌方式存在的问题并提出建议	同伴互评	“菜园浇水情况考察”任务单
	小组对照任务评价量规进行检查	归纳总结菜园现有浇灌方式存在的不足，提出利用雨水浇灌的设想	学生自评	活动评价量规
	小组讨论并绘制路面、屋顶排水图	了解流水的特点，绘制校园路面和屋顶排水情况图，对如何收集雨水产生设想	同伴互评	“校园雨水去哪儿了”考察报告
	对照作品评价量规，进行自评、互评，并对作品进行调整和修改	综合运用科学概念，用提供的材料设计初步的方案，尝试完成装置的搭建并对装置进行初步的测试，提出改进方案的想法	同伴互评	“菜园引水管道”设计方案、浇灌模拟装置、作品评价表
	小组讨论未来的浇灌装置	了解有关古代农业与现代农业的浇灌方式，对未来浇灌装置的改进提出设想	同伴互评 教师评价	活动评价量规
项目实施后	同伴、教师根据项目评价量规给予反馈	通过自评、互评、师评等方式，综合评估在项目学习中概念掌握和技能提升的情况	学生自评 同伴互评 教师评价	项目活动评价量规
	学生反思：学到了什么及有待改进之处	通过整理项目学习过程中的反思日志，促进元认知的发展	教师评价	反思日志

说明：评价框架是项目实施前的预设。在项目学习的进程中，可以通过监测学生的学习状态，关注学生的实际情况，不断分析学生的学习需求，及时对评价框架进行调整与改进。

二、制定项目评价目标

项目学习目标是制定项目评价目标的依据。“我是开心菜园浇灌设计师”项目实施阶段的五条学习目标，都是从行为主体、行为条件、行为表现和表现程度，详细描述了学生在“科学知识与技能”“科学、技术与工程实践”“科学态度与责任”三方面所要达到的具体要求。将学习目标细化，与评价活动一一对应，制定该项目的评价目标(见表 4－2)。

表 4－2　“我是开心菜园浇灌设计师”项目学习目标与评价目标的对应

项目阶段	项目学习目标	评价目标
项目实施中	1. 通过实地考察、体验、交流、分析等活动，知道水是液体，水会流动，没有固定的形状，平静的水面像一面镜子，发现菜园浇水存在的问题，针对问题初步提出合理、可行的建议	在考察菜园的过程中，学会记录菜园现有浇灌方式存在的问题并提出建议
	2. 通过对菜园浇灌用水问题的交流、汇总与讨论等活动，说出菜园浇灌存在的不便，养成从问题出发开展项目研究的习惯，提出利用雨水浇灌菜园的方案，具有合理利用雨水资源和节约用水的意识	在交流、讨论菜园浇灌用水问题等活动中，归纳总结菜园现有浇灌方式存在的不足，提出利用雨水浇灌菜园的设想
	3. 通过观察校园路面和屋顶排水情况、观看视频等活动，知道水会从高处流向低处，流动的水有力量，知道雨天校园路面和屋顶排水的方法，激发解决菜园雨水收集问题的灵感	通过对校园路面、屋顶排水等情况的考察，了解流水的特点，绘制校园路面和屋顶排水情况图，对如何收集雨水提出设想
	4. 通过设计、交流、搭建、调试等工程实践活动，能综合运用“水会流动”“水从高处流向低处”“流动的水有力量”等科学概念，根据实际需求，选择合适的管道和接口磁力贴片进行方案设计与简易管道浇灌装置搭建，尝试对浇灌装置进行初步的测试，提出改进方案的想法，知道工程的核心是设计，提高团队合作、动手实践以及问题解决能力	综合运用相关的科学概念，利用提供的材料设计初步的方案，尝试完成装置的搭建并对装置进行初步的测试，提出改进方案的想法
	5. 通过观察、实验、观看视频等活动，列举水在生产和生活中的一些用途，知道从古至今农业浇灌方式的进步，体会科学技术对人类生产生活带来的影响和我国农业浇灌技术发展的成就	在观察、实验、观看视频等活动中，了解有关古代农业与现代农业的浇灌方式，对未来浇灌装置的改进提出设想

三、选择项目评价方式

根据项目类型的不同，可以设计多样化的项目学习活动形式，培养学生解决实际问题的能力。“我是开心菜园浇灌设计师”项目的学习活动主要包括考察、体验、设计、制作等。采用过程性评价和终结性评价相结合的评价方式，通过教师评价、自我评价和同伴评价来实施。在项目实施前和实施过程中，以过程性评价为主，采用测试、问卷调查、观察和讨论等方式进行学情诊断，通过对话、提问、观察和作业等方式及时了解项目学习的进展。在项目结束阶段，以终结性评价为主，通过纸笔测试、成果展示和成长记录等方式了解学生理解和掌握的程度。

成果展示是技术与工程项目学习最常用的评价方式。该项目的学习成果是设计与搭建“菜园引水管道”模型，学生通过板贴的方式呈现设计思路，运用管道搭建模拟浇灌装置，通过水在管道中的流动模拟菜园的浇灌（见图 4 - 2）。

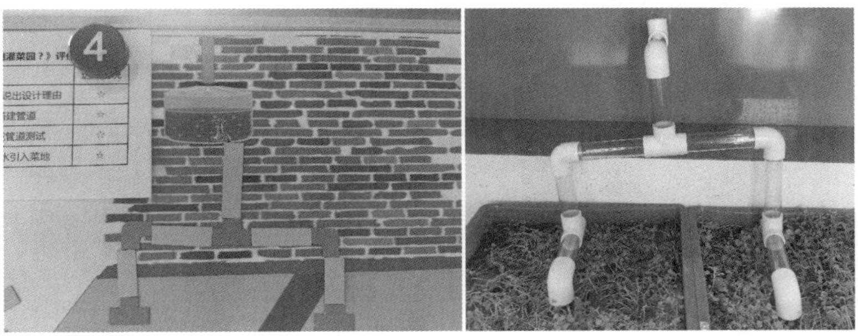

图 4 - 2 “菜园引水管道”设计图与模型

项目学习的成果还可以是学生的观察记录、研究报告和可视化的图表等多种形式。项目成果要在一定范围内，以学生喜欢的多种形式公开展示并结合评价量规给予相应的评价。随着科学技术的不断进步，成果展示的途径也日趋多样化。除了传统的展示方式外，借助网络平台还可以将学习成果展示分享给更多人。这样做一方面可以提高学生的自信心；另一方面也可以得到来自不同人群的建议，为后续的总结积累素材。如在佳禾小学设计的“香菇种植”项目中，依托网络平台，学生用学习日志的形式将项目成果完整地呈现，展现香菇种植过程中的收获以及发现的问题（见图 4 - 3）。

图 4-3 “香菇种植”学习日志

四、开发项目评价工具

在制定项目评价目标和选择项目评价方式的基础上，需要设计多样化的评价工具来收集评价信息。“我是开心菜园浇灌设计师”项目有五个核心活动，针对每个活动的活动要求，设计了相应的评价工具，如问卷、活动任务单、评价量规和反思日志等。根据项目学习内容的不同，评价工具可以是形式多样的。以下还将结合技术与工程领域的其他实践案例，对多样化的评价工具设计进行补充说明。

(一) 项目实施前：问卷调查

学生在项目学习过程中很大程度会受原有知识、经验和认知结构的影响，因此在项目实施前有必要对学生进行学情诊断，让学生和教师了解项目学习的出发点在哪里。在“我是开心菜园浇灌设计师”项目实施前，教师设计了纸笔测试形式的调查问卷，用以了解学生对水、植物生长、浇灌方式等概念的已有认知。

问题1：你知道水是一种怎样的物质？

问题2：你种植过植物吗？你知道植物的生长需要哪些条件？

问题3：你给植物浇过水吗？你是怎么做的？

问题4：你还知道哪些给植物浇灌的方式？

除了纸笔测试的形式外，学情诊断还有多种方式，采用可视化的图表如思维导图、韦恩图和KWL(Know、Want、Learn)表等，也可以准确地描绘学生学习的出发点，帮助教师得到学情信息，成为组织项目化学习的有效参考。在项目学习中，可以设计KWL表并贯穿项目学习的全过程，如项目实施前利用KWL表帮助学生厘清自己对所学内容的已知、欲知以及学习途径，项目实施后也可以作为检验和展示学生学习成果的一种方式(见表4-3)。

表4-3　“我是开心菜园浇灌设计师”项目KWL表

关于“菜园浇灌”，我们知道什么？	关于“菜园浇灌”，我们想知道什么？	我们可以通过哪些途径去了解浇灌知识？	通过项目学习，我们对“菜园浇灌”有了哪些新的认识？

思维导图是一种将思维形象化的方法，是表达发散性思维的有效图形思维工具。在项目实施前，对所学内容让学生单独或分组绘制思维导图，有助于他们清晰地表达自己的想法，也可以通过思维导图探知学生对概念以及概念之间关系的认识和理解程度。思维导图也可以用于学生学习成果的展示，如“校园连廊的设计与竞标”项目中，采用思维导图的方式完整地呈现学生项目学习的过程和结果（见图 4－4）。

图 4－4　项目实施前后学生对“校园连廊”认识的思维导图

（二）项目实施中：“任务单＋评价量规”

任务单结合评价量规对学生学习进行评价是学科教师常用的评价工具。在“我是开心菜园浇灌设计师”项目中，也较多采用了此类评价工具。“菜园引水管道设计与搭建”是该项目的核心活动，这个活动需要学生在前期学习的基础上，根据实际需求用提供的材料初步设计引水管道方案，尝试完成装置的搭建并对装置进行初步的测试，提出改进方案的想法。该活动涉及“构思与设计”“操作与加工”“测试与优化”等多项能力，对二年级学生来说要求是比较高的。为了降低难度，教师在活动材料的选择和任务单的设计上都充分考虑到了这一点。方案设计的任务单采用图画的形式，以虚拟的菜园环境为背景，标注了水箱的位置以及水管的不同形状，便于学生理解和操作（见图 4－5）。

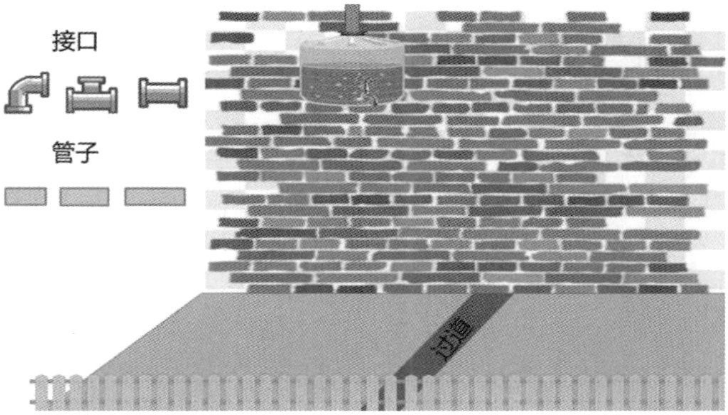

要求：根据雨水收集箱的位置，用拼一拼的方式在菜园平面图上设计管道装置，让雨水流进菜园。

图 4－5　“菜园引水管道设计与搭建”任务单

在方案设计的基础上引导学生搭建装置以及完成测试，把评价指标和活动要求相结合，既融入了技术与工程领域的不同能力要求，又是活动的指导，对于检测学生的学习进程也起到关键性作用。考虑到二年级学生的能力水平，采用单一等第标准，简单明了易操作(见表 4－4)。

表 4－4　“菜园引水管道设计与搭建”评价表

活动要求	达成情况
能拼出管道设计图，并说出设计理由	☆
根据设计图合力搭建管道	☆
组内分工明确，完成管道测试	☆
能多次调试管道，将水引入菜地	☆

任务单除了呈现学生的构思与设计外，技术与工程中关于装置的测试与优化同样可以通过任务的形式呈现。“校园连廊的设计与竞标”项目以“怎样为校园增添一些连廊”为驱动性问题，以设计、搭建校园连廊模型为探究任务，经历探究、调查、实践、审美、调控、社会六大实践，获得检测结构稳定性、抗风等性能的知识技能，最终创造性地解决校园实际问题。在完成了为连廊模型设计并制作了自动化功能后，引导学生进行检测和优化，从而体会到工程设计要经历不断测

试和调整，才能满足人类的需要。鉴于五年级学生的能力水平，设计了检测报告的形式，呈现学生检测和优化的过程（见图 4－6）。

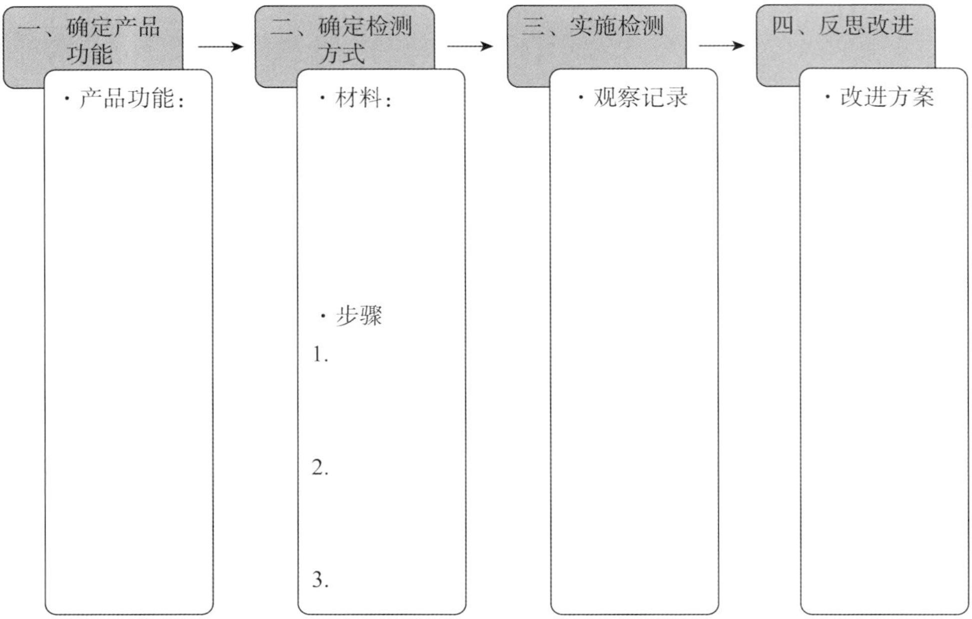

图 4－6 “连廊自动化检测”活动任务单

针对活动要求设计活动评价表，评价指标涵盖了“测试”“记录”“材料”以及“合作”等多个维度，采用三级等第评价标准，具体描述了每一等第所达到的能力水平，便于学生对照并进行评价（见表 4－5）。

表 4－5 “连廊自动化检测”评价表

评价内容	评价要求			达成情况
	☆	☆☆	☆☆☆	
测试	至少完成 1 次产品功能测试	完成 2 次产品功能测试	完成 3 次或以上产品功能测试	____☆
记录	完成“实施检测”和“反思改进”中的一项记录工作	完成“实施检测”和“反思改进”的记录工作，但记录比较简略	详细记录“实施检测”和“反思改进”板块	____☆

（续表）

评价内容	评价要求			达成情况
	☆	☆☆	☆☆☆	
材料	选择部分合适的材料，检测时器材时常需要修复	选择合适的材料，较合理地使用，检测时器材偶尔需要修复	选择合适的材料，完全合理地使用，检测时器材保护完好	——☆
合作	小组同学有分工意识，但实践中未完全履行职责	小组同学能分工明确，部分同学较好地执行分工职责	小组同学分工明确，所有同学都能很好地执行分工职责	——☆
附加☆：拍视频，清晰记录检测过程（20 秒以内）				

（三）项目实施后：反思日志

项目实施后的评价侧重检测学生的学习成果，可以通过传统的纸笔测试来实现。项目学习评价强调的是促进学生学习，因此更倾向学生对项目学习的反思和改进，前面提到的 KWL 表是呈现学生学习成果的一种形式，而且利用表格中呈现的内容也便于学生比较。另外，学习日志也是项目学习中常用的评价工具，在项目实施后可以采用问题提示的方式引导学生进行思考，促进元认知的发展。

在技术与工程项目学习中，借助网络平台进行项目学习的评价也是一种有效的方式。在项目实施后，也可以引导学生在网络平台（如本书教学实践案例中使用的“青浦教育·轻学自然”学科平台）上，将自己在项目学习中的反思和收获与他人分享。在“香菇种植”项目中，一位学生从“我知道了”“我学会了”“我体会到”三个角度分享了自己参与项目学习活动的收获，相较于传统的以问题引领的反思日志，更加生动、真实地反映了学生参与项目学习的情况（见图 4－7）。

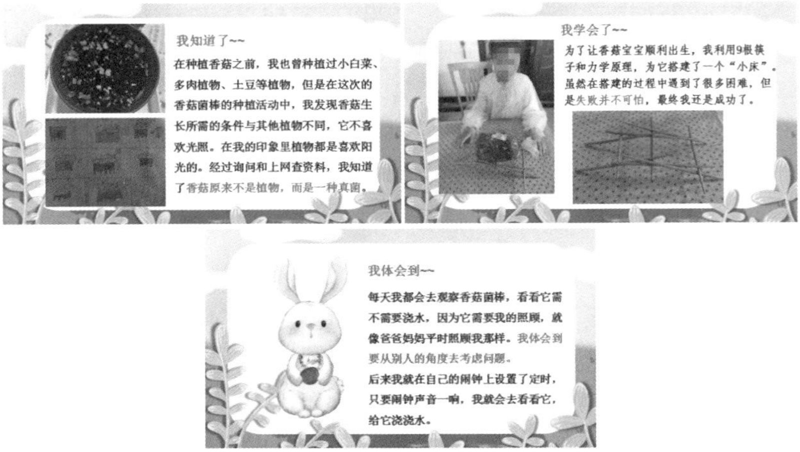

图 4－7 “香菇种植”项目反思日志

五、规划项目评价报告

项目评价报告是基于项目学习成果的总结与反思，评价主体可以是教师也可以是学生。规划和撰写评价报告，对教师来说有助于反思项目设计是否合理、指导是否恰当和计划是否需要调整，对学生而言有助于反思自己在项目学习中的优势和不足。项目评价报告可以是针对学生个体的，也可以是全体学生的。“我是开心菜园浇灌设计师”项目中针对学生个体学习成果的评价报告，对照各项评价指标通过自评、互评和师评，真实反映了学生在项目学习中的达成情况（见表 4－6）。

表 4－6 “我是开心菜园浇灌设计师”项目评价报告

评价内容	活动要求	达成情况		
		自评	互评	师评
考察	能积极参与小组讨论，为改善菜园浇水的不便提出建议			
	能认真考察校园路面和屋顶雨水的去向，完成考察报告			
设计	能积极参与管道设计的讨论，表达自己的想法			
	能合理运用磁性贴片开展管道设计			

（续表）

<table>
<tr><th rowspan="2">评价内容</th><th rowspan="2">活动要求</th><th colspan="3">达成情况</th></tr>
<tr><th>自评</th><th>互评</th><th>师评</th></tr>
<tr><td rowspan="2">操作</td><td>能在搭建活动中认真完成自己的工作任务</td><td></td><td></td><td></td></tr>
<tr><td>能根据设计方案完成管道的搭建</td><td></td><td></td><td></td></tr>
<tr><td rowspan="2">测试</td><td>能运用搭建的管道模型完成菜园浇灌的测试</td><td></td><td></td><td></td></tr>
<tr><td>能根据测试结果调整管道的搭建</td><td></td><td></td><td></td></tr>
<tr><td rowspan="2">展示</td><td>能表达管道设计的意图</td><td></td><td></td><td></td></tr>
<tr><td>能发现并交流管道装置存在的问题</td><td></td><td></td><td></td></tr>
<tr><td colspan="5">我的反思日志：
问题 1：在这个项目中，我学到了哪些知识？
问题 2：我觉得这个项目中最有趣的活动是什么？
问题 3：我对自己小组搭建的浇灌装置满意吗？是否有进一步改进的想法？</td></tr>
<tr><td colspan="5">老师的话：</td></tr>
</table>

通过收集学生个人的评价报告信息，可以聚焦某一项评价指标，如技术与工程领域的能力要素，对照不同年段学生所要达到的能力要求，规划撰写针对整个项目化学习的综合评价报告（见表 4－7）。

表 4－7 “我是开心菜园浇灌设计师”项目评价报告

评价内容	评价结果	综合评价
考察	汇总达成情况	分析数据，用文字描述，体现反思与建议
设计		
操作		
测试		
展示		

第五章　技术与工程项目学习资源设计

技术与工程项目学习资源是指在项目实施的过程中，为了达成项目学习目标和有效开展项目学习活动所提供的各种可利用资源的总和。技术与工程项目学习资源的设计就是基于《课程标准》和《教学基本要求》，结合教材和学生认知规律，以项目学习活动为单位，依据项目环节和可为路径，以提高活动有效性为目的，运用多种技术和手段，从线上和线下、校内和校外等途径收集、整合、开发各种资源的过程。

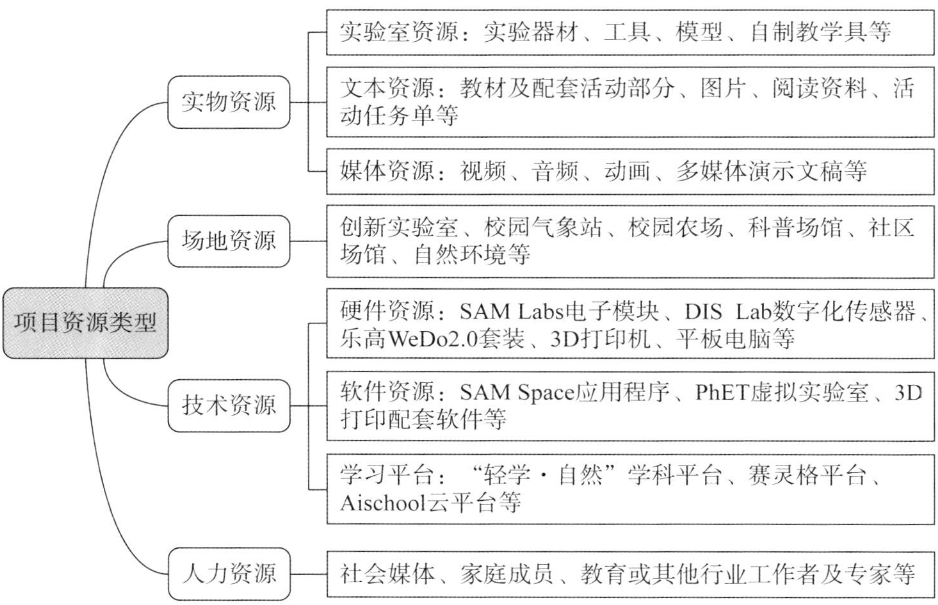

图 5-1　技术与工程项目资源类型

技术与工程项目学习活动的实施需要丰富的资源支持。通常情况下，项目学习资源主要包括实物资源（如实验器材、工具、自制教学工具）、场地资源（如创新实验室、校园气象站、科普场馆）、技术资源（如数字化应用配套的软件和硬件、各类学习平台）和人力资源（如社会媒体、家庭成员、教育或其他行业工作者及专家）。技术与工程项目资源类型见图 5－1。

在技术与工程项目学习活动中，工程实践活动涉及的资源类型最为丰富，需要综合利用和开发各类资源。尽可能开发有可视化作品呈现的资源（如模型搭建、产品说明书、工程报告），使项目学习资源的设计凸显技术与工程的特点。

第一节　技术与工程项目学习资源设计流程与实施建议

一、流程图

技术与工程项目学习资源设计一般经历分析资源需求、收集开发资源、调整完善资源三个步骤，具体流程见图 5－2。

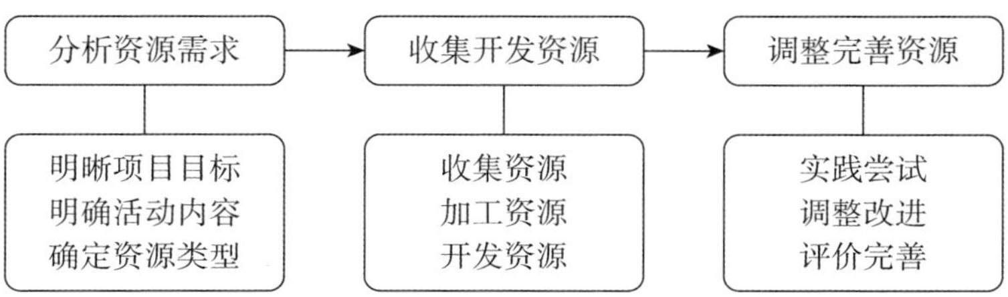

图 5－2　技术与工程项目学习资源设计流程图

二、流程图说明

（一）分析资源需求

根据技术与工程项目学习目标，以及设计好的项目活动内容，确定每个项目活动开展过程中所需的资源类型。如：阅读类活动需要准备图片、视频等媒体资源，观察类活动需要准备相配套的实验资源，工程实践类活动需要对现有资源进行加工或开发。在初步分析每个项目活动所需资源的基础上，要明确这些资源的使用目的。

（二）收集开发资源

（1）考虑教师专业技能水平、学生的年龄特点和使用资源的能力、学校所具备的资源等客观因素，对客观因素进行逐一分析，有助于之后收集和开发合适的资源。（2）根据不同的资源需求，应选择不同的资源收集方式，从而提高收集开发资源的效率。（3）可以利用网络资源收集相关视频、动画和图片等多媒体资源，可以对实验室的器材进行加工利用，也可以自主开发教学工具等。（4）在收集和开发资源时，应尽可能地收集和运用现成的资源，比如实验室配备的实验器材，这样可以节省时间、精力和费用；当现有的资源不适合教学活动时，可以先考虑对现有资源进行改进加工，以满足教学需要；如果收集、加工的资源都不合适，则需要设计和开发符合教学活动要求的教学资源或学习资源。收集开发资源过程见图 5－3，通过收集、加工和开发，初步确定使用的资源。

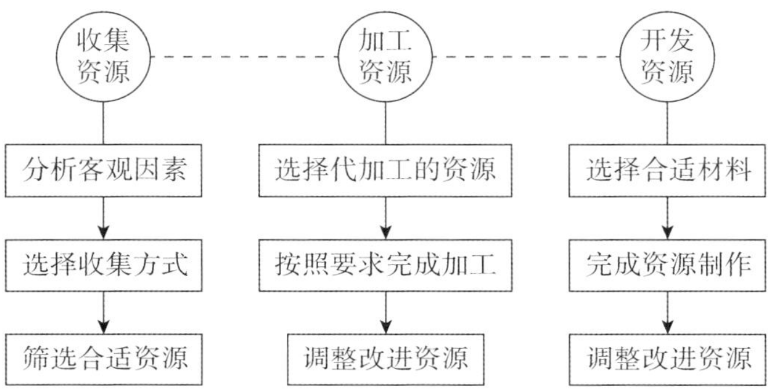

图 5－3　收集开发资源过程

（三）调整完善资源

（1）要对各种确定使用的资源进行调整，保障资源在教学过程中顺利运行。（2）需要关注资源的安全性、资源的可操作性和资源的合理性等纵向设计要素，以及活动设计、活动任务单、活动评价等横向关联要素。(3)围绕资源使用与目标的匹配度、资源使用的实效等维度进行评价。通过评价资源,发现资源存在的不足,以便改进和优化,同时,思考并拟定学生使用资源的要求以及使用的注意事项,确保资源在教学实践中能正确使用,促进活动有效实施。如果在资源调整完善的过程中,所使用的活动资源很难达成预期的活动目标,那就要重新进入分析资源需求的阶段。

三、技术与工程项目学习资源设计实施建议

(一) 合理利用校外资源,丰富学生的学习经历

校外的技术与工程项目资源十分丰富,可以关注并经常利用的校外资源主要有:自然环境、科普场馆以及专业人员。

技术与工程项目学习的一个重要任务就是通过组织学生对日常生活难题和自然事物的探究和改造,让学生积累经验、增长见识、提升能力。这离不开对周围自然环境资源的开发和利用。要从学生身边熟悉的自然环境入手,引导学生细致观察、持续观察,同时也要充分挖掘当地丰富的自然资源为教学所用,如服装的设计、建筑物的建造、工具的发明等。

各类科普场馆是技术与工程项目学习重要的场地资源。科技馆、博物馆、农业科技园等都是学生学习的场所,可以因地制宜地设立为项目研究基地,并与这些基地建立紧密的联系,方便学生进行参观和学习。

设计师、工程师、各行各业的专业技术人员以及大学理工科学生等,都可以成为项目学习的资源。以上人力资源可以提供教师培训,可以参与或帮助教师开发学习项目和进行教学准备,也可以直接对学生进行科普教育活动。

校外课程资源的利用不能孤立地进行,要与课堂教学内容紧密结合,有机融合,从而丰富学生课内外学习经历。如“追寻福泉山陶器发展史”项目,通常可能会把重点放在实验材料的选择和降低学生实验操作的难度上,确保在课堂实践活动中学生都能制作出自己的作品。而上海市青浦区重固小学的周老

师在多次实地考察学校周边的福泉山遗址的基础上，发现遗址中出土的石器时代陶、玉器等艺术精品是探索中国古代文明起源等问题的重要实物例证，因此将福泉山遗址资源作为项目活动实施的有力支撑。于是，周老师设计了以陶器的材料演变发展史和陶器加工方式的演变发展史为线索的项目学习活动，利用校外的场馆资源为学生搭建学习的支架，组织学生进行一系列的观察、体验、考察等项目实践活动。相较于传统的图片和视频资源，场馆资源的选择和利用使学生能对福泉山的陶器有一个初步的感性认识，也为后面的制陶活动打下坚实的基础。

在项目学习资源设计时，合理利用各种校外资源，使活动形式更多样，学习经历更丰富，学习效率更高效，从而达成活动目标。

（二）合理设计开发教学工具，使学生体会“做”的乐趣

技术与工程项目学习强调学生的体验和实践，尤其是工程实践类活动，通常以建立模型的方式开展活动。教材所配套的材料如果不能完全满足教学的活动需要，项目学习活动的开展就需要开发教学工具。

教学工具的设计和开发，在遵循项目资源设计流程的基础上，选择合适的方案，在制作材料的选择方面应就地取材，采用安全、低成本材料；在教学工具的制作方面应加工简单、方便；在教学工具的使用方面应操作方便，效果显著，能有可视化作品的呈现。需要保证学生在解决问题和制作产品的过程中，创造性地运用所学的各方面知识，在设计、制作、修改、再完善等一系列过程中，锻炼和提升动手动脑的能力，养成通过“动手做”解决问题的习惯。

如“设计会排水的滑滑梯”项目的核心活动是设计并改进会排水的滑滑梯。如何将学生设计的滑滑梯模型方案变成真实的模型作品，并能使学生在模型上进行修改，这是项目资源设计中的一个难题。教师在网络上收集、筛选滑滑梯模型的相关资料后，没有找到适合二年级学生操作的相关资源，于是选择身边的材料自主进行教学工具的开发。滑滑梯模型的制作清单见表 5 - 1。

表 5－1　滑滑梯模型的制作清单

材料工具	一次性泡沫塑料饭盒 1 个、双面胶、剪刀、直尺、美工刀
制作过程	1. 利用直尺测量，在饭盒的三分之一处做好标记。 2. 使用美工刀截去标记部分，将该部分作为滑滑梯的支架，其余作为滑滑板。 3. 使用剪刀在滑滑板一端剪出椭圆的形状。 4. 使用双面胶将截去的部分与滑滑板粘住。
效果图示	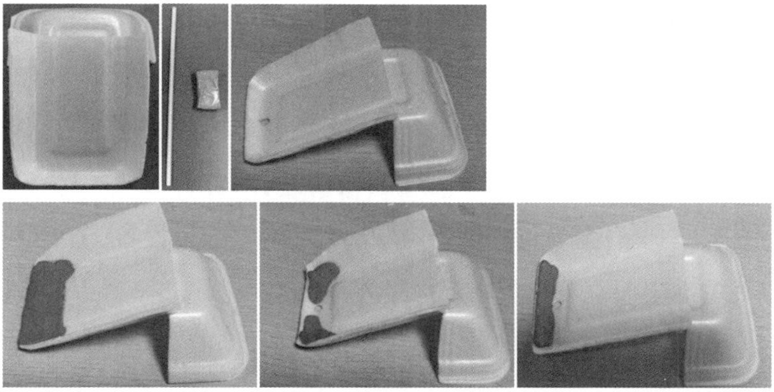

在活动中，学生能按照自己设计出的滑滑梯改进方案（如填补法和开孔法），利用橡皮泥或塑料吸管对滑滑梯模型进行改进。用吸管可以给滑滑梯开孔，用橡皮泥可以填补滑滑梯的凹槽，模型改进的操作简单、方便又安全。在活动的展示环节，学生能将自己的想法通过各种滑滑梯模型作品一一表达出来，很好地达到了项目学习活动的目标。

滑滑梯模型资源开发与设计，能结合学生的年龄特点和活动资源的特点，利用身边常见的材料，为学生创造了工程实践活动的资源。而且活动资源的操作简单、安全，实验效果显著，学生能在实践活动中真正体会到制作过程中的乐趣和作品完成后的喜悦。

（三）合理使用技术资源，突破传统教学形式

各种技术资源，如利用 DIS Lab 数字化传感器、SAM Labs 电子模块、3D 打印软件及设备等，可以为科学探究、设计制作等服务。在数据的收集和分析、实

验的模拟和验证、模型的设计和制作等证据搜集方面，技术资源提供了有力的保障。项目活动经常会以建模的方式来解决现实生活中的真实问题，因此在设计资源的过程中，需要发挥信息技术资源的优势，而且也不应忽视真实情境和直接经验对学生的重要作用。利用传统器材和工具开展实验、制作，与进行信息化实验的感觉差异很大，具有不同的意义。

1. 技术资源在活动中的应用实例 1

利用 SAM Labs 电子元件以及 SAM Space 应用程序帮助学生设计并搭建"火灾警报器"模型，解决技术性问题。

SAM Labs 运用了蓝牙技术，学生只要在平板电脑的屏幕上简单地拖拽、连线虚拟模块，就可以让虚拟模块与实物模块进行交互。这些模块包括按钮、灯、滑轮、电机、马达、传感器等。SAM Labs 对那些对电子设备、工程学及技术等方面感兴趣的学生而言是一个非常实用的启蒙工具。

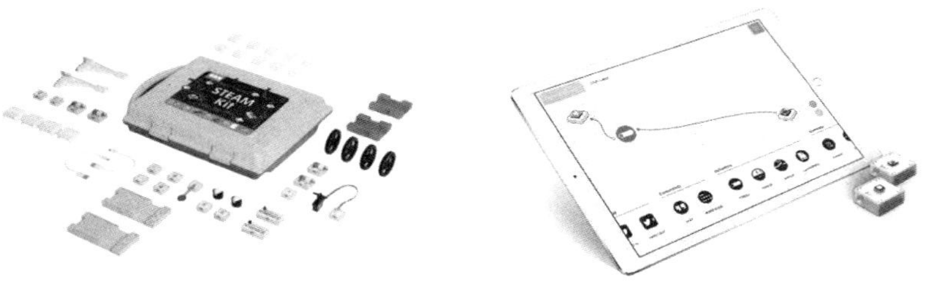

图 5-4　SAM Labs 电子元件和 SAM Space 应用程序界面

为了达成"知道能的转化在生活中是一种常见的现象"的项目学习目标，设计了"制作火灾警报器"的项目核心活动。火灾警报器是常见预防火灾的警报装置，学生并不陌生，但并不清楚警报器的工作原理。如果让学生拆卸和制作一个实物警报器，资源成本比较高，学生的操作难度比较大。于是，教师在深入研究 SAM Labs 的基础上，指导学生利用热传感器、光传感器、蜂鸣器和 RGB 灯设计一个火灾警报器，并利用 SAM Space 的虚拟程序拼搭出火灾警报器的工作原理，然后利用燃烧的蜡烛及温度感应器等元件，根据蜡烛产生的热能调试火灾警报器，最后得到能按照要求来预报火灾的警报器。SAM Labs 在课堂实践中的应用见图 5-5。

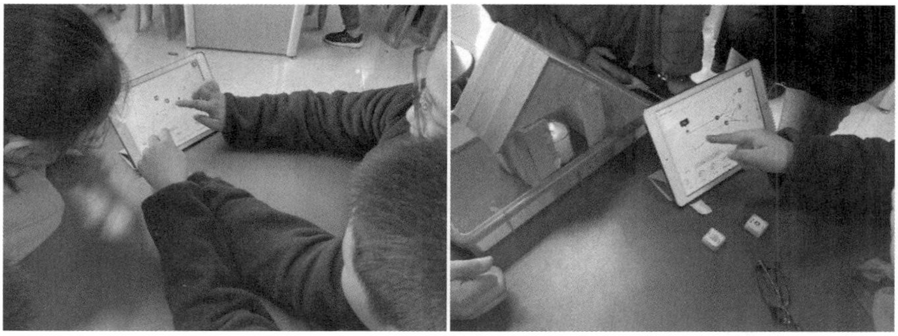

图 5-5　SAM Labs 在课堂实践中的应用

SAM Space 应用程序可以把学生的设计想法充分呈现出来，SAM Labs 可以把学生的虚拟设计方案用电子模块实时展示出来，而且 SAM Labs 的操作简单方便，作品的呈现直观显著。这种虚实结合的方式可以帮助学生在活动过程中有效搜集相关证据，验证自己的猜想，得到最终的解释。

其实像这样的数字化技术资源还有很多，比如"制作减少噪声的隔板"项目实践案例中用到的 DIS Lab 数字化传感器，"小池塘的新发现——福寿螺"项目实践案例中用到的赛灵格平台。在使用这类资源时，一定要对资源进行深入的分析和研究，确保资源在活动中有的放矢。

2. 技术资源在活动中的应用实例 2

利用 3D 打印笔帮助学生体验自制塑料玩具。

3D 打印笔是利用 PLA、ABS 等材料，可以在任何表面"书写"，甚至可以直接在空气中作画的一支笔（见图 5-6）。它基于 3D 打印，挤出热融的塑料，然后在空气中迅速冷却，最后固化成稳定的状态。不用电脑或电脑软件支持，只要把它插上电，稍作等待，就可以开始你的奇妙创作。

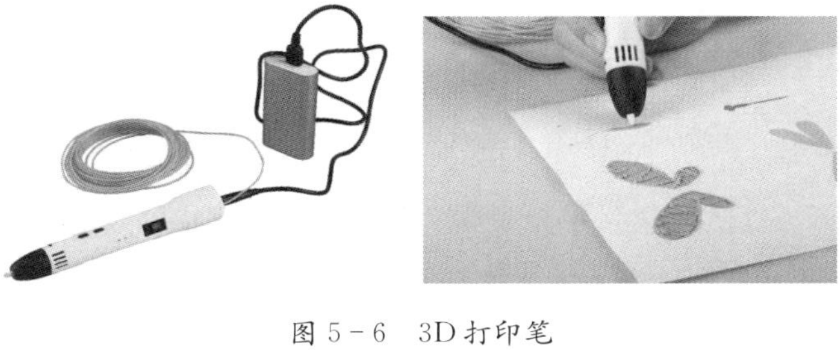

图 5-6　3D 打印笔

为了使一年级学生全面认识塑料的特点，在"定制卡通塑料玩具"项目活动中设计了多个设计制作类活动。在活动资源的设计中，借助学校的3D打印项目和教师的技术特长，将当前流行的3D打印技术应用到课堂中，指导学生利用3D打印笔体验塑料玩具的制作过程。学生先要在卡纸上设计自己的塑料玩具，然后用3D打印笔将平面图案转化为3D立体模型。资源的使用操作简单，效果显著，学生在活动中能够发现原本硬的塑料经过3D打印笔的加热变软了，而且这些经过加热的塑料能够任意弯曲、折叠形成各种形状。学生不仅在活动中搜集了有效的证据，还体验到“做”的成功和乐趣，印象深刻。3D打印技术使虚拟世界与真实世界有机结合，使学生在创新能力和动手实践能力上得到训练，将学生的创意、想象变为现实。这些信息技术资源的优势都是其他传统资源所无法代替的。

3. 技术资源在活动中的应用实例3

在“菇菇‘产房’”项目中利用“轻学·自然”学科平台，为学生搭建展示成果和分享经验的互动舞台。

图5-7 “轻学·自然”学科平台e展示栏目页面

利用“轻学·自然”学科平台资源，让原本枯燥乏味的观察记录变得更为有趣，指导学生使用图文并茂的方式展示自己的观察记录。在菌菇种植的过程中，学生使用拍照的方式随时记录自己的发现，将筛选后的图片上传到平台并编辑简单的文字介绍，分享自己的观察日记，并与同学和老师互动交流。

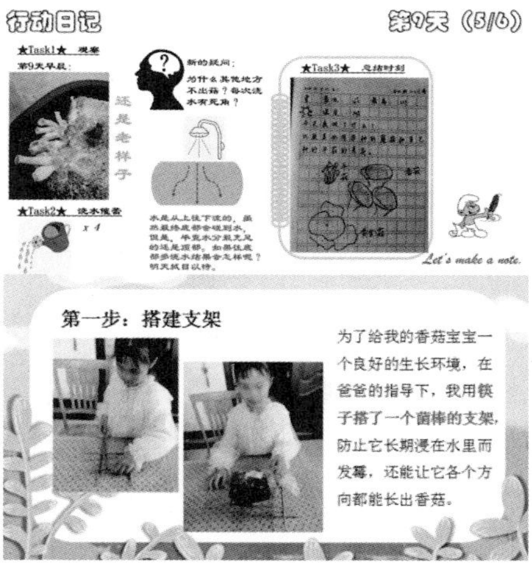

图 5－8　学生在菌菇种植过程中的观察记录

在活动过程中，通过分析项目学习中学生在平台上分享的内容，以学生在种植活动过程中产生的真实问题为项目背景，围绕核心问题“如何模拟构建适合香菇生长的人工环境”，帮助学生在一系列的项目学习活动中解决问题。正是信息技术资源的助推，为学校和家庭搭建了一座无形的桥梁，线下线上的学习，家长与孩子的参与，课堂课外的延伸，让学习时间、学习空间、学习对象不断地拓展，再拓展……

新技术不断涌现，带来更多的选择和机遇。然而，技术不是越新越好，也不是越多越好，只有恰当地使用，才能真正促进科学探究活动的开展。任何技术只有用在需要的地方和需要的时候，才是有价值的。

第二节　技术与工程项目学习资源设计案例

下面以“让走马灯转起来”项目学习为例，借助项目学习资源设计流程图，简要说明该项目的学习资源设计过程。

一、分析资源需求

根据第三章和第四章相关内容要求，按照不同的活动类型，分析相配套的资源需求。

一是阅读类活动。本项目阅读的方式主要是观察图片和观看视频，比如“认识走马灯的历史文化”“认识孔明灯”等，需要教师准备相关活动内容的图片或者视频资源，为学生交流发现、认识事物、理解概念等提供帮助。

二是观察类活动。观察类活动主要是教师的演示实验，如“让走马灯转起来”“模拟热气球”等，可以根据实验要求和内容，选择与实验相关的配套资源。需要课前准备好实验材料并进行多次实验的尝试，保证实验的安全和效果的显著。

三是工程实践类活动。本项目主要包括设计类活动、制作类活动和实验类活动等。设计类活动，如“设计走马灯的叶片”“设计走马灯的灯筒”等，需要准备有设计对象的实物和一份精心设计的活动任务单，这样能为学生搭建学习支架，方便学生在任务单上有目的地进行设计、分享和改进，从而降低活动难度。制作类活动，如“制作走马灯的叶片”“制作走马灯的灯筒”等，需要准备多种制作材料供学生挑选，并且保证所提供的材料和工具操作安全、制作方便、效果显著。实验类活动，如“探究走马灯叶片的倾斜方向与转动方向的关系”“探究影响走马灯转动快慢的因素”等，需要准备足够的实验配套材料，如果一些实验找不到配套的材料，比如本项目中角度大小不同的走马灯叶片，则需要教师自己设计开发活动资源。

二、收集开发资源

需要根据资源分析的需求和学校实验室材料储备现状的分析，来开展资源的收集和开发工作。

一是收集资源。根据不同的活动类型，选择不同的资源收集方式。阅读类活动资源，可以选择日常生活中的照片、视频，也可以上网筛选符合活动内容的图文、视频、动画等，比如“认识走马灯”的活动资源，就是在视频网站上直接搜索、筛选、下载得到的。观察类活动、工程实践类活动资源，可以选择实验室里的实验材料和制作工具，也可以选择身边常见的安全材料。要注意资源的多样性，在设计和制作类活动中，尽量给学生提供可选择的多种资源。比如“制作走马灯的灯筒”的活动资源，教师给学生提供了一次性纸杯、彩铅、蜡烛、点火枪、剪刀等制作资源，学生能够选择自己所需的资源进行制作，这些资源都是实验室和生活中常见的材料，资源的收集并不困难。

二是加工资源。需要对收集到的不能直接使用的资源进行加工，主要包括视频素材和实验材料等资源。上网收集的视频资源很多需要进行编辑加工，比如“走进走马灯传人”的视频资源，可以将与走马灯无关的内容裁剪掉，并且调整播放速度，适当减少视频时间。视频的加工能够为学生提供针对性的学习资源，提高视频学习的效率。除了加工视频资源外，为了提高实践活动的有效性，可以对实验器材进行加工。比如“设计走马灯的叶片”活动中的走马灯是网上购买的，为了让学生发现走马灯转动的原因，可以对走马灯的叶片进行加工，使走马灯的叶片能够上下调节，在调试的过程中要注意实验的可行性。

三是开发资源。技术与工程项目学习资源通常情况下都需要教师自主设计开发。比如本项目中“探究叶片的角度与走马灯转动快慢的关系”的学生实践活动，纸质走马灯叶片在转动的过程中叶片角度会发生变化，会对实验的结果产生很大的影响。要收集符合要求的走马灯，很难通过直接收集或对现有资源进行加工来得到。这时，可以利用学校特色或发挥个人特长，自主开发符合要求的资源。为了解决项目资源设计过程中遇到的问题，可以使用 3D 打印技术分别打印叶片角度为 45°、60°、90°的塑料叶片，并进行实验调试，确保实验的科学性后，再提供给学生进行自主探究。

三、调整完善资源

在试用调整资源时，需要注意活动过程中学生使用资源的可操作性、安全性和合理性。比如在“制作走马灯灯筒”的活动调试过程中，起初使用铅画纸制作走马灯的灯筒，虽然绘画、裁剪、粘贴比较方便，但是在实践活动中，自制灯筒很难转起来，学生的体验感很差。于是将纸杯替换原本的铅画纸，教师和学生经过多次的尝试，终于达到了预期的效果。另外，此项学生活动是明火实验，所以为了保证实验的安全性，在每组活动桌上摆放一盆水，以防纸杯燃烧，造成危险。在调整过程中，也要注意活动资源数量的分配，思考小组原本是一份材料的，能否提供两份材料，甚至小组每人一份材料。在所有资源调整完后，需要在活动要求的讲解、活动任务单和活动评价单的设计中涉及相应的资源使用说明，从而保障活动的有效实施。如果在资源调整的过程中，所使用的资源很难达到预期的活动目标，那就要重新分析资源需求。

资源经过课堂实践应用后，需要对各类资源的使用效果进行反思与评价。对于能达成活动目标的项目资源设计，还需要设计资源使用的注意事项。比如“制作走马灯的灯筒”，教师需要指导学生使用制作工具的方法，强调点火枪的规范使用等，从而保证活动的安全。对于达成活动目标比较困难的项目资源设计，需要继续对资源进行改进和完善。

经过上述项目资源的设计过程，最终形成整个项目学习资源设计汇总表，见表 5－2(项目学习目标和活动名称等具体内容详见实践案例“让走马灯转起来”)。

表 5－2 “让走马灯转起来”项目学习资源设计汇总表

项目目标	项目任务	活动名称	活动类型	活动资源	资源来源	注意事项
1	认识走马灯的工作原理	设计与制作走马灯叶片	设计制作	走马灯套件、点火枪、蜡烛、小水轮、任务单等	采购 加工 实验室	点火枪规范使用 明火实验注意安全
		举例说明热空气会上升在生活中的应用	阅读观察	蜡烛、火柴、废物罐、塑料袋、纸筒、视频、图片等	实验室 网站	明火实验注意安全

（续表）

项目目标	项目任务	活动名称	活动类型	活动资源	资源来源	注意事项
2	发现使走马灯转得更快的方法	探究走马灯叶片的倾斜方向与转动方向的关系	实验	走马灯套件、蜡烛、点火枪等	采购 加工 实验室	点火枪规范使用 明火实验注意安全
		探究影响走马灯转动快慢的因素	实验	自制叶轮、走马灯套件、蜡烛、点火枪等	开发 （3D打印） 实验室	点火枪规范使用 明火实验注意安全
3	制作会“讲故事”的灯筒	设计制作走马灯的灯筒	设计制作	纸杯、彩铅、双面胶、子母扣、底座、蜡烛、点火枪、自制走马灯等	采购 加工 实验室	点火枪规范使用 明火实验注意安全
		认识走马灯民间文化的历史和传承	阅读观察	视频、图片等	开发 网站	无

下篇　实践案例

第六章　低学段实践案例

制作与加工麦芽糖

一、项目概述

本项目对应的《课程标准》工程与技术领域学习内容为“技术的核心是发明，是人们对自然的利用和改造”。

本项目源于远东版《自然》二年级第一学期第三单元“加热”，对应的内容标准为“知道热会使物质的状态发生变化；初步学会利用热进行简单加工与制作并进行展示；感受加热工艺改进给人类生产和生活带来的影响”。

本项目依据《课程标准》并结合教材，对单元部分内容进行重组与拓展。以“如何制作一幅糖画”为核心问题，引导学生用“人们可以采用烘烤、蒸煮等方式进行加热”“热会使物质的状态变化”“人们在生产和生活中利用热来加工和制造东西”等所学知识解决项目的核心问题。

本项目的学习，可以引导学生在体会“加热—熔化—塑形—冷却”这一加工工艺的过程中，将传统工艺和现代工艺相比较，感受工程技术在食品加工业上的演变和发展。

二、项目特色

（一）融入“非遗”文化

糖艺是我国非物质文化遗产之一。借助收集文本资料以及观看加工视频等方式，学生能更加深入地了解吹糖艺人的文化和历史；通过实地走访街边的糖画和吹糖艺人，领略中国非物质文化遗产的独特魅力，感受中华人民的智慧与创造力。

（二）体验加工工艺

学生从种植小麦开始，通过发酵、加热、搅拌和过滤等方式，用传统的工艺完成麦芽糖浆的制作。在绘制糖画的过程中，学生切身体验"加热—熔化—塑形—冷却"的加工过程。

（三）巧用学习手册

为了帮助学生完成"制作糖画"的任务，我们设计了专门的学习手册。在学习手册的引导下，学生可以分阶段完成资料的收集与整合、制作方案的设计、活动过程的记录、最终作品的呈现与交流。在评价方面，我们明确了糖画的评价标准，并且设计了每一个环节的分阶段评价内容，帮助学生更好地设定目标并完成任务目标。

三、项目设计与实施过程

（一）项目目标

1. 通过搜集资料、种植和制作等活动，能利用提供的材料制定熬制方案，初步学会麦芽糖的熬制方法，知道人们能采用烘烤、蒸煮等方式进行加热。

2. 通过设计和体验活动，能有计划地设计并绘制糖画，体验"加热—熔化—塑形—冷却"的加工过程，知道热会使物质的状态发生变化，知道人们在生产和生活中利用热来加工和制造东西，形成细致、严谨的工作态度，提高审美情趣。

3. 通过体验和阅读等活动，能完成绕绕糖的制作，领略中国传统文化的独特魅力，体会技术革新对改善人们生活的重要性。

（二）项目问题与任务

围绕核心问题，形成问题链、分解任务群和设计具体的活动。具体见表 6－1。

表 6-1 项目问题与任务分解一览表

核心问题	子问题	任务	活动	课时安排	活动时空
如何制作一幅糖画	麦芽糖从哪里来	制作麦芽糖	设计简单的制作方案,制作麦芽糖	2 课时	课内外结合,种植活动在课外进行
	怎么制作糖画	制作一幅糖画	设计制作一幅简单的糖画	2 课时	课内外结合,制作活动在课内进行
	麦芽糖还有什么玩法	探索麦芽糖的其他玩法	走访,查找身边其他的麦芽糖制品	1 课时	课外

(三) 项目实施过程

任务一:制作麦芽糖

活动:设计简单的制作方案,制作麦芽糖。

活动目标:通过查找资料、设计、交流和改进“制作麦芽糖”的方案,能逐步完成方案的制定,初步学会麦芽糖的熬制方法,知道人们能采用烘烤、蒸煮等方式进行加热。

活动资源:小麦、米饭、育苗盘、粉碎机、电饭煲、纱布、电磁炉、搅拌器和活动任务单等。

活动设计过程:该活动属于本项目的核心活动之一,可以按照“工程与设计”类核心活动设计过程开展活动设计。过程见图 6-1。

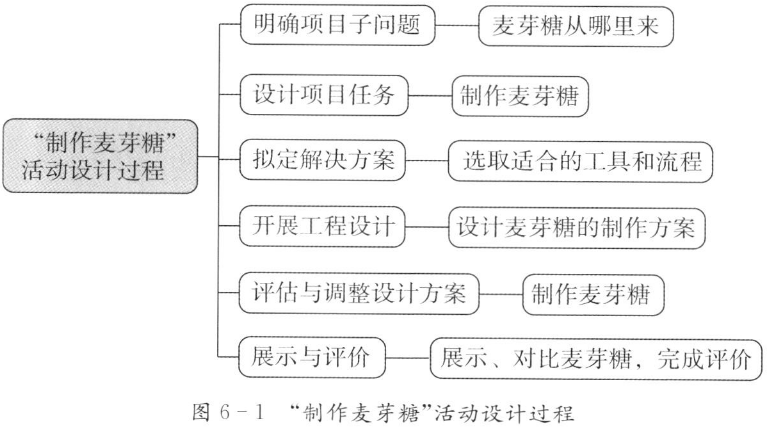

图 6-1 “制作麦芽糖”活动设计过程

活动过程：

(1) 思考与交流：麦芽糖从哪里来。

(2) 交流与讨论：收集、对比、筛选和汇总制作麦芽糖的方法。

(3) 交流与设计：小组讨论，完成制作麦芽糖的活动方案设计。

(4) 实施方案：利用课外种植的麦芽进行发酵(约一周时间)，熬制麦芽糖，观察、记录熬制过程中原材料的变化和遇到的问题。

(5) 对比与交流：对比自己见到或吃过的麦芽糖和这次活动中制作的麦芽糖的不同之处，猜想导致这些不同的可能原因。

(6) 展示与评价：展示小组制作的麦芽糖并对小组活动情况进行评价。

图 6-2 麦芽糖原汁

任务二：制作一幅糖画

活动：设计制作一幅简单的糖画。

活动目标：通过“制作一幅糖画”活动，能运用所学的知识与技能绘制一幅糖画，提高动手能力和团队合作意识，体验“加热—熔化—塑形—冷却”的加工过程，养成细致、严谨的工作态度，提高审美情趣。

活动资源：麦芽糖(糖棒)、燃烧匙、蜡烛、点火枪和活动任务单等。

活动过程：

(1) 交流：想画一幅什么图案的糖画。

(2) 设计：完成糖画的图案设计。

(3) 思考:糖画的图案需要注意哪些方面,如何才能使图案连续。

(4) 修改:完成图案设计的修改。

(5) 制作:根据设计方案,绘制糖画(见图 6-3)。

(6) 展示:糖画作品展示和小组评价。

图 6-3 麦芽糖画作品

任务三:探索麦芽糖的其他玩法

活动:走访,查找身边其他的麦芽糖制品。

活动目标:通过制作"绕绕糖""走访吹糖制作或观看吹糖视频"等活动,领略中国传统文化的独特魅力,体会技术革新对改善人们生活的重要性。

活动资源:麦芽糖、木棍、电脑、书籍、糖艺资料。

活动过程:

(1) 思考与交流:麦芽糖还有什么玩法。

(2) 查找资料:查找其他的麦芽糖制品,了解相关麦芽糖制品的制作步骤、人文历史等。

(3) 实地考察:利用假期,前往朱家角古镇等,找一找当地与麦芽糖有关的食物或故事,观察糖人的制作过程。

四、项目评价

本项目可以小组为单位,采取自评、互评、师评三种评价形式。评价报告见表 6-2。

表 6-2 评价报告

评价内容	活动要求	达成情况		
		自评	互评	师评
考察	能利用好身边各种资源来收集制作麦芽糖和糖画的方法			
	能对比、筛选收集到的信息			

（续表）

评价内容	活动要求	达成情况		
		自评	互评	师评
设计	能根据自家条件进行麦芽糖制作步骤的设计			
	能设计一幅结构合理的麦芽糖图案			
操作	能按照设计完成麦芽糖和糖画的制作			
	能安全操作，并注意卫生			
记录	能完整记录操作步骤和遇到的问题			
	能分工合作完成学生手册的填写			
展示	能美观、全面地展示麦芽糖画			
	能展示收集到的各种麦芽糖制品，并简单介绍其工艺			
我的反思日志： 问题 1：在这个项目中，我学到了哪些知识？ 问题 2：我觉得这个项目中最有趣的活动是什么？ 问题 3：我对自己小组做的糖画满意吗？是否有进一步改进的想法？				
老师的话：				

（注：达成相关活动要求的，可在“自评”“互评”“师评”一栏中填入相应的“☆”）

五、项目实施建议

（一）整合“加热”单元知识点，学习更高效

本项目看似探索麦芽糖的“前世今生”，实则是将“加热”单元中的多个知识点整合在一个项目中进行学习和体验。将加热工艺应用在麦芽糖这一种材料上，再进行延伸拓展，学生更容易将加热工艺的感受和经验迁移到其他有着类似加热工艺的材料制作和加工上，达到举一反三的效果。在其他单元学习中可以借鉴这一做法，由一个整体向多方面拓展延伸，既有整体性，又不显松散，更有利于学生记忆与联系。

（二）对比传统与现代工艺，感受更直观

在本项目中，学生会感受到传统工艺的一些不足之处，如传统麦芽糖制作中熬制麦芽糖这一过程非常耗时费力。在整个项目活动中，学生亲身实践，会感受到熬制一锅麦芽糖的辛苦。在此基础上，教师可以引导学生提出改进或发明工具的需求，以提高效率和便利性。通过提供SAM Labs或其他编程元件，连接其他器材制作一个简易搅拌机，让学生感受“解放双手”的现代技术的优势；也可以趁热打铁，利用网络资源，让学生看一看现代化的制糖工艺，感受工程技术在食品加工业上的优化过程。

（三）拓展麦芽糖的其他使用方法，视野更广阔

通过拓展麦芽糖的其他使用方法，学生对麦芽糖的人文历史产生了浓厚的兴趣，甚至自发在网络中查找中国不同省市地区制作的各类麦芽糖食物以及它们的故事，这也是本项目中紧贴生活，延伸拓展到人文历史领域的一点收获。

（上海市青浦区御澜湾学校　程奕轩 徐莹莹）

制 作 饼 干

一、项目概述

本项目对应的《课程标准》工程与技术领域学习内容为“技术的核心是发明，是人们对自然的利用和改造；工程技术的关键是设计，工程是运用科学和技术进行设计、解决实际问题和制造产品的活动”。

本项目源于远东版《自然》二年级第一学期第三单元“加热”，对应的内容标准为“说出一些加热的方式”“知道热会使物质的状态发生变化”。

本项目依据《课程标准》并结合教材，对单元内容进行重组。以“如何制作饼干”为核心问题，引导学生用“热会使物质的状态发生改变”“人们可以采用烘烤、蒸煮等方式进行加热”“加热的方式和器具越来越多，也越来越便捷”等所学知识

解决项目的核心问题。

本项目的学习，可以引导学生体验加热工艺和技术在生活、生产中的广泛应用，懂得安全使用加热器具的重要性，体会劳动使生活更美好。

二、项目特色

（一）主题符合低龄儿童学习兴趣，加强劳动意识教育

本项目以“制作饼干”为主线，从制作饼干的原材料黄油和麦芽糖的准备开始，到选择正确的饼干加热方式，以及认识烤箱的基本结构，最后以饼干包装的塑封与设计结尾。在每一个环节中，都包含了不同的加热工具与加热方式，由浅入深地学习生活中的常见加热方式以及加热在生活与生产中的实际应用，可以激发学生的学习兴趣，培养参与劳动的意识。

（二）亲历设计制作，注重培养创造性思维

在本项目核心活动“设计并制作一台烤箱模型”中，依托学生自身生活经验，从设计烤箱入手，了解烤箱内部结构和基本功能，并根据所提供的材料，制作一台新型的烤箱模型，可以初步建构学生对技术与工程领域的思维模式，培养学生科学创新与实践的意识，提升动手操作能力。

（三）双师教学与跨学科整合，扬长避短，团结协作

本项目采用双师教学模式，两位教师结合所长，分别指导“蒸”和“烤”的加热方式，在教学设计上逻辑清晰，便于学生理解。鉴于明火操作及安全用电可能存在的隐患，有两位教师共同指导，可以保证实验的安全开展，对学生的指导也更为充分。在设计的环节，结合美术课的特点，进一步提升学生的审美能力。

三、项目设计与实施过程

（一）项目目标

1. 通过观察和实验等活动，能完成饼干的制作，知道热会使物质的颜色、气味和状态等发生改变。

2. 通过阅读和实验等活动，知道人们可以用烘烤、蒸煮等方式进行加热，懂得安全使用加热器具的重要性，感受蒸文化的悠久历史，体会劳动人民的智慧和现代技术的发展。

3. 通过设计、制作和展示等活动，能简要地将烤箱的内部结构及功能相联系，知道加热的方式和器具越来越多，也越来越便捷，提高创新能力和动手能力。

4. 通过体验和设计活动，能说出加热在生活与生产中的应用，体会劳动使生活更美好。

(二) 项目问题与任务

围绕核心问题，形成问题链、分解任务群和设计具体的活动。具体见表6－3。

表6－3　项目问题与任务分解一览表

核心问题	子问题	任务	活动	课时安排	活动时空
如何制作饼干	怎样调制饼干胚	准备制作饼干胚所需的材料	软化黄油，制作饼干面团	1课时	课内
			熔化麦芽糖，制作饼干内馅		
	选择怎样的方式进行加热	认识蒸的加热方式和蒸文化发展史	搭建蒸锅模型并蒸制饼干，观看介绍蒸文化发展史的视频	1课时	课内
	你能设计一台创意烤箱吗	制作创意烤箱模型	观察烤箱内部结构，制作智能烤箱模型	1课时	课内
	如何对饼干进行包装	认识加热的实用工具	用塑封机包装饼干	1课时	课内
			利用热胶枪固定热缩片，美化包装		

(注：有条件的学生可在课外去博物馆搜集相关资源，美化包装的内容可以与美术课结合)

（三）项目实施过程

任务一：准备制作饼干胚所需的材料

活动一：软化黄油，制作饼干面团。

活动目标：通过观察和比较，能说出室温加热后的黄油比较软、冰箱内储存的黄油比较硬，知道热会使物质的状态（软、硬）发生变化。

活动资源：黄油块（软、硬）和视频。

活动过程：

（1）观察：观看饼干胚制作视频，发现制作饼干胚需要软化后的黄油块。

（2）体验：感受冷藏黄油的硬度。

（3）思考与交流：如何将黄油软化？

（4）操作与体验：将冷藏黄油块放置室温一段时间，感受黄油的软硬变化。

（5）交流与归纳：加热是物体温度上升的过程，热会使物质的软硬发生变化。

活动二：熔化麦芽糖，制作饼干内馅。

活动目标：通过加热麦芽糖等内馅材料，能说出内馅经过加热后从固态变成了流动的液态，知道热会使物质的颜色、气味、状态等发生变化。

活动资源：麦芽糖块、黄油块、砂糖、酒精灯、点火枪、燃烧匙和药匙等。

活动过程：

（1）观察并实验：观看饼干内馅制作视频，并将饼干内馅所需材料放入燃烧匙进行加热。

（2）观察：加热过程中内馅的形态变化。

（3）交流与归纳：热会使物质的形态发生变化。

任务二：认识蒸的加热方式和蒸文化发展史

活动：搭建蒸锅模型并蒸制饼干，观看介绍蒸文化发展史的视频。

活动目标：

(1) 通过搭建拼图蒸锅和观察蒸锅结构并体验亲手蒸制饼干，能运用看一看、摸一摸、尝一尝的方式，多角度、多感官比较出饼干蒸制后的变化，知道人们可以采用烘烤、蒸煮的方式进行加热，懂得安全使用加热器具的重要性。

(2) 通过观看介绍上海崧泽遗址出土的陶甗的视频，感受蒸文化的悠久历史，体会劳动人民的智慧和现代技术的发展。

活动资源：自制拼图、小蒸锅、酒精灯、点火枪、饼干生胚、视频和任务单等。

活动设计过程：该活动属于本项目的核心活动之一，可以按照“技术与发明”类核心活动设计过程开展活动设计。过程见图 6－4。

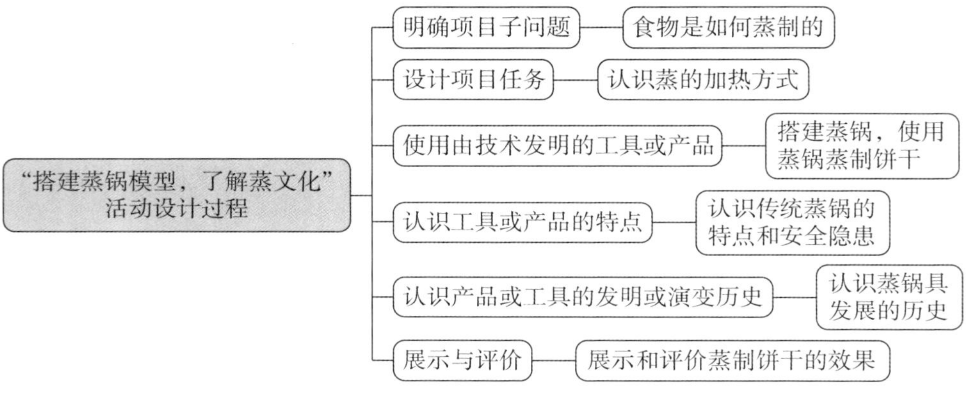

图 6－4 “搭建蒸锅模型，了解蒸文化”活动设计过程

活动过程：

(1) 制作与思考：完成搭建蒸锅模型拼图，猜测食物和水放置的位置。

(2) 观看视频与体验：观看实验演示操作视频，体验蒸制饼干的过程(见图 6－5)。

图 6－5 蒸制饼干

(3) 交流发现：蒸制食物就是将水转化为蒸汽，蒸汽将热量传递给食物，从而使食物变熟。

(4) 观察与比较：观察蒸制后的饼干外观发生

的变化，触摸蒸制后的饼干，感受其湿软。

（5）交流体会：描述蒸制饼干的口感。

（6）观看视频：蒸文化发展史、上海崧泽遗址博物馆出土的陶甗特点。

（7）观看视频：传统蒸锅在无人看管下干烧的严重后果。

（8）观看视频：列举蒸锅的演变进化过程，介绍新型蒸箱的便利性和安全性。

任务三：制作创意烤箱模型

活动：探究烤箱内部结构，制造智能烤箱。

活动目标：

（1）通过观察交流，知道烤箱内部的基础结构和功能。

（2）通过观看视频，知道烘烤发展史，体会技术革新对改善人们生活的重要性。

（3）通过设计与制作，能根据初步设计完成新型烤箱的制作与加工，提高创新思维和动手能力。

活动设计过程：该活动属于本项目的核心活动之一，可以按照“工程与设计”类核心活动设计过程开展活动设计。过程见图 6－6。

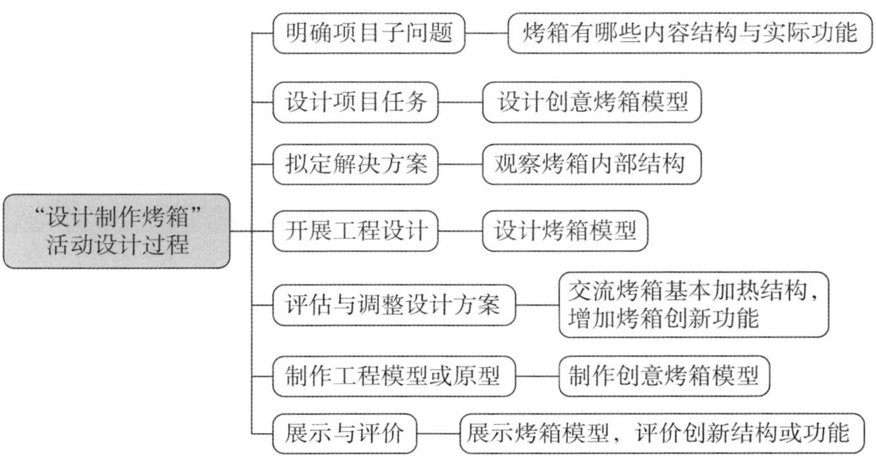

图 6－6　“设计制作烤箱”活动设计过程

活动资源：烤箱、纸箱、小风扇、彩泥、剪刀和学习单等。

活动过程：

（1）观察与交流：观察烤箱实物，并结合生活经验说说烤箱的基本结构和功能。

（2）设计与表达：增加烤箱创意功能。

（3）交流与评价：根据设计完成创意烤箱模型制作（见图 6－7），展示交流并评价。

（4）观看视频：烤箱的发展过程。

（5）观看视频：蒸烤箱的介绍。

图 6－7　自制创意烤箱模型

任务四：认识加热的实用工具

活动目标：通过体验饼干包装与设计的活动，体验加热在生活与生产中的应用，感受加热技术的便捷与发展，体会劳动使生活更美好。

活动资源：饼干包装袋、塑封机、热胶枪、热缩作品等。

活动过程：

（1）体验：用塑封机塑封饼干包装（见图 6－8）。

（2）交流：加热在生活与生产中的应用实例。

（3）美化：用制作好的热缩作品装饰饼干盒。

（4）应用：用热胶枪制作热缩作品。

（5）交流与展示：各组作品展示。

图 6－8　饼干包装作品

四、项目评价

本项目可以小组为单位，采取自评、互评、师评三种评价形式。评价报告见表 6－4。

表 6－4　评价报告

评价内容	活动要求	达成情况		
		自评	互评	师评
认知	知道热会使物质的状态发生改变			
	知道“蒸”的原理和发展史			
	说出烤箱的内部结构和功能			
操作	能制作饼干			
	能正确使用小蒸锅			
	能安全操作，完成分工任务，参与实验活动			
创新	能设计一台新型烤箱			
	能用热缩作品设计装饰饼干盒			
我的反思日志： 问题 1：在这个项目中，我学到了哪些知识？ 问题 2：我对自己小组设计的智能烤箱满意吗？是否有进一步改进的想法？				
老师的话：				

（注：达成相关活动要求的，可在“自评”“互评”“师评”一栏中填入相应的“☆”）

五、项目实施建议

（一）加热实验温度高，安全措施很重要

本项目涉及明火加热实验，经过加热后的药匙和蒸锅温度很高，为了确保实验安全，课前要对教学工具进行特殊加工与处理。例如药匙跟蒸锅的把手部分应用医用绑带缠绕防烫；桌面以及材料盘内需各摆放一条湿毛巾，用于摆放温度升高后的器材，保证实验安全。考虑到该学段学生学情特征，加热实验需拍摄演示视频，并在教师的指导下开展实验。

（二）劳动教育进课堂，家校联动促成长

为了培养学生的实践能力与创新精神，提高学生参与家务劳动的积极性，可以将家务劳动带进课堂，让学生在课堂上学会一项生活小技能。如当学生学会制作饼干后，提倡有条件的学生可以与家长配合在家中动手操作，进一步培养学

生劳动意识，提高学生劳动技能。

(三) 双科教师齐引领，自然与美术共进步

本项目涉及跨学科教师协作，需要各学科教师之间进行充分沟通与交流，通力合作，以确保项目得以顺利开展。例如在制作热缩片时，由于热缩片和纸质材料特性不同，自然学科教师需从材料特性、操作可行性方面进行教学设计，美术教师需要从图案设计、颜色搭配等多方面进行指导，实现科学与审美相结合，保证作品的科技感与美观度。

（上海市青浦区徐泾第一小学　王超君 唐敏洁）

我是开心菜园浇灌设计师

一、项目概述

本项目对应的《课程标准》工程与技术领域学习内容为“工程技术的关键是设计，工程是科学和技术进行设计、解决实际问题和创造产品的活动”。

本项目源于远东版《自然》二年级第一学期第四单元“水会流动”，对应的内容标准为“知道水会从高处流向低处，流动的水有力量”。

本项目依据《课程标准》并结合教材，对教材原有内容进行重组，以“如何使菜园浇灌更方便”为核心问题，引导学生用“水会从高处流向低处”“流动的水有力量”等所学知识解决项目的核心问题。

本项目的学习，可以加深学生对单元核心知识的理解，提高团队合作、动手实践以及问题解决能力，并体会科学技术对人类生产与生活的影响，以及我国农业灌溉技术发展的成就。

二、项目特色

(一) 开展基于真实问题解决的项目学习

在经历菜园浇水困难、提出雨水浇灌的建议和动手收集雨水等活动的基础

上，学生动脑设计方案，动手搭建简易浇灌管道。这样的学习方式使学生在解决真实问题的过程中掌握并运用单元核心知识，也让他们真正地像设计师、工程师那样进行思考与实践，在与真实世界的碰撞中进行决策和思考。

（二）强化评价对项目学习的促进作用

本项目的几个重要活动都设计了相应的评价单来促进学生完成项目任务。例如在“设计与搭建菜园引水管道”活动中，针对“工程与设计”项目活动的特点设计了四个评价指标：“能拼出管道设计图，并说出设计理由”“根据设计图合力搭建管道”“组内分工明确，完成管道测试”“能多次调试管道，将水引入菜地”，引导学生经历设计方案、说说原理、搭建模型、测试调整、解决问题等阶段，同时把核心素养之一“合作”融入评价指标。

（三）选择易于操作和改变的材料

低年级学生的绘图能力不是很强，因此可以选用磁力贴片取代绘图来开展管道设计。磁力贴片之间可以自由组合，能很好地释放学生的设计思维。利用与磁力贴片数量、形状相对应的塑料管道和接口，学生可以完成管道的搭建，可以结合实际问题调整管道的搭建方式，灵活地解决问题。活动材料的易操作和易改变，使学生迸发出各种想法并付诸实践。

三、项目设计与实施过程

（一）项目目标

1. 通过考察和体验活动，知道水会流动，发现菜园浇灌存在的问题，针对问题提出合理、可行的建议。

2. 通过考察和阅读活动，知道水会从高处流向低处，流动的水有力量，解决菜园浇灌用水问题，具有合理利用雨水资源和节约用水的意识。

3. 通过设计、制作和测试等活动，能综合运用科学概念，并根据实际需求选择合适的材料进行方案设计，搭建和测试简易管道灌溉装置，提出改进方案的想法，提高团队合作、动手实践以及问题解决能力。

4. 通过观察、实验和阅读等活动，说出水在生产和生活中的一些用途，体会科学技术对人类生产与生活的影响，以及我国农业灌溉技术发展的成就。

（二）项目问题与任务

围绕核心问题，形成问题链、分解任务群和设计具体的活动。具体见表6－5。

表6－5　项目问题与任务分解一览表

核心问题	子问题	任务	活动	课时安排	活动时空
如何使菜园浇灌更方便省力	菜园浇灌中存在哪些不便	收集菜园浇水存在的问题	考察菜园，为菜园浇水	1课时	课内
	浇灌菜园的水从哪儿来	确定菜园浇灌用水方案	交流与汇总菜园浇灌问题	1课时	课内
			讨论菜园浇灌用水问题		
	如何为菜园收集雨水	确定雨水收集方案	考察校园路面和屋顶雨水的去向	1课时	课内
	怎样利用雨水浇灌菜园	确定雨水引入菜园的方案，解决浇灌问题	设计并搭建菜园引水管道	2课时	课内
			了解古代和现代农业浇灌方式		

（三）项目实施过程

任务一：收集菜园浇水存在的问题

活动：考察菜园，为菜园浇水。

活动目标：

（1）通过体验用洒水桶为菜园浇水的过程，知道水会流动，并且倾斜水桶，使水面高于出水口的位置时，水会流出来。

（2）通过体验菜园浇水的完整过程，发现并记录菜园浇水存在的问题，并针对问题初步提出合理可行的建议。

活动资源:水桶和菜园考察任务单。

活动过程:

(1) 实践体验:从“取水—拎水—浇水”几个环节,体验开心菜园浇水的完整过程。

(2) 演示与交流:使用洒水桶浇水的经验。

(3) 观察与交流:水会流动,把洒水桶倾斜,使水面高于出水口位置时,水会流出水桶。

(4) 讨论与交流:交流菜园浇水的体会。

(5) 讨论并记录:讨论菜园浇水存在的问题并提出可行的建议。

任务二:确定菜园浇灌用水方案

活动一:交流与汇总菜园浇灌问题。

活动目标:通过交流与汇总菜园浇灌问题,知道菜园浇灌存在的不便。

活动资源:菜园考察任务单。

活动过程:

(1) 考察与交流:交流菜园浇水存在的不便。

(2) 浇灌问题汇总:附近没水源;水桶太重,提不动;浪费自来水;菜园通道太窄,易踩踏蔬菜;菜地中间浇不到……

活动二:讨论菜园浇灌用水问题。

活动目标:通过讨论菜园浇灌用水问题,提出利用雨水浇灌菜园的方案,具有节约水资源的意识。

活动资源:菜园考察评价单。

活动过程:

(1) 交流与讨论:解决菜园用水问题的方法。

(2) 确定用水方案:收集雨水取代自来水,用于浇灌菜园。

任务三:确定雨水收集方案

活动:考察校园路面和屋顶雨水的去向。

活动目标：

（1）通过观察校园路面和屋顶排水的情况，知道水的流动方向是从高处流向低处，流动的水有力量。

（2）通过校园实地考察以及借助视频资料，知道雨天校园路面和屋顶排水的方法，激发解决菜园雨水收集问题的灵感。

活动资源：水桶和“校园雨水去了哪儿”考察报告。

活动过程：

（1）思考与交流：雨后，校园路面和屋顶上的雨水去了哪里。

（2）观察与交流：利用水桶在校园路面上洒水，观察水流经过的路线。观察教学楼四周管道以及下水道排布的情况（见图 6－9）。

（3）观看视频：观看雨天教学楼屋顶排水视频。

（4）记录：完成“校园雨水去了哪儿”考察报告。

（5）交流与讨论：讨论雨天校园路面和屋顶排水方法。

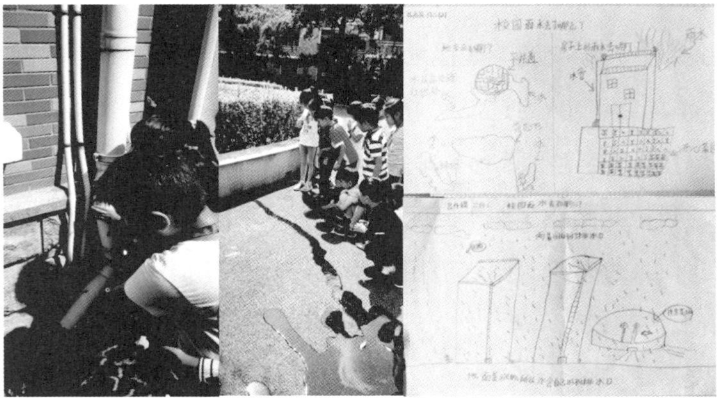

图 6－9　学生考察校园水流经过的路线

任务四：确定雨水引入菜园的方案，解决浇灌问题

活动一：设计并搭建菜园引水管道。

活动目标：

(1) 通过项目回顾，围绕“怎样利用雨水浇灌菜园”展开设想，养成从问题出发开展项目研究的习惯，有合理利用雨水资源的意识。

(2) 通过设计、交流和搭建等工程实践活动，综合运用“水会流动”“水从高处流向低处”“流动的水有力量”等科学概念，并根据实际需求，选择合适的管道和接口磁力贴片进行方案设计，搭建简易管道浇灌装置，提高团队合作、动手实践能力。

(3) 通过调试菜园引水管道、交流和分析等活动，提出改进方案，提高问题解决能力。

活动资源：储水桶、透明塑料管、弯头、三通接头、沙盘、菜园平面图、管道拼图、磁性小白板、活动评价单、演示文稿等。

活动设计过程：该活动属于本项目的核心活动之一，可以按照“工程与设计”类核心活动设计过程开展活动设计。过程见图 6－10。

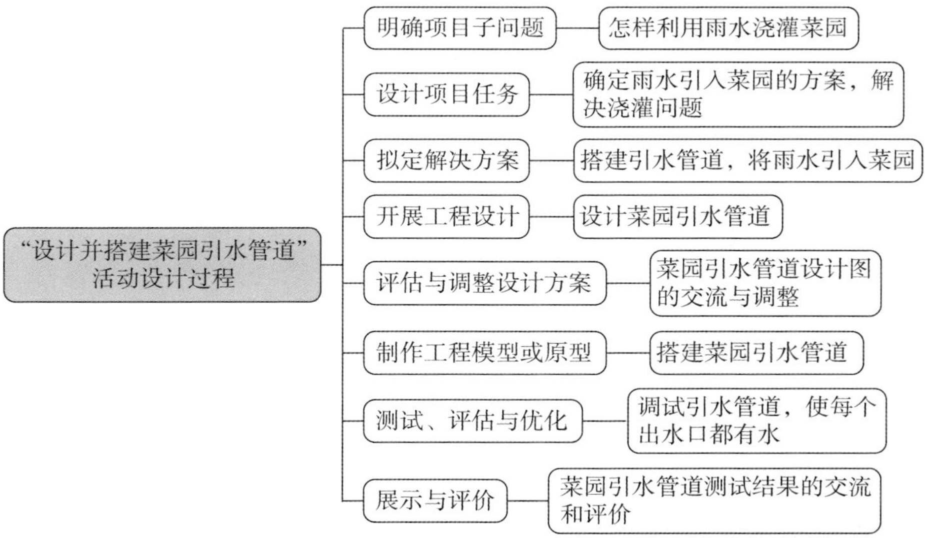

图 6－10　“设计并搭建菜园引水管道”活动设计过程

活动过程：

(1) 项目回顾：菜园浇水存在的问题、校园雨水考察和收集情况回顾。

(2) 思考与交流:根据开心菜园的环境特点,怎样利用收集箱内的雨水浇灌菜园?

(3) 讨论与确定可实行的方案:搭建引水管道。

(4) 讨论与设计:讨论简易管道浇灌装置。

(5) 交流与改进:简易管道浇灌装置设计方案,并对方案进行完善。

(6) 搭建:搭建简易管道浇灌装置。

(7) 测试与改进:测试简易管道浇灌装置的浇水效果并改进(见图 6-11)。

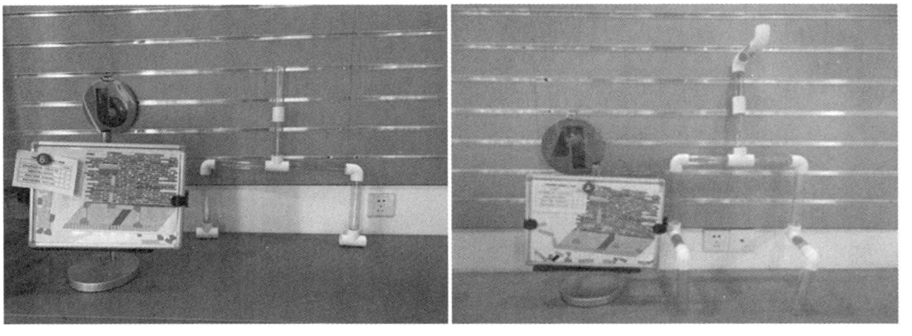

图 6-11 学生搭建的简易管道浇灌装置并改进

活动二:了解古代和现代农业灌溉方式。

活动目标:通过观看视频,体会科学技术对人类生产和生活的影响,以及我国农业灌溉技术发展的成就。

活动资源:古代和现代农业浇灌方式的图片和视频。

活动过程:

(1) 观察图片和观看视频:了解古代农业和现代农业浇灌的方式。

(2) 思考与交流:作为开心菜园灌溉设计师,你认为未来开心菜园的浇灌装置应该如何改进。

四、项目评价

本项目可以小组为单位,采取自评、互评、师评三种评价形式。评价报告见表 6-6。

表 6-6　评价报告

评价内容	活动要求	达成情况		
		自评	互评	师评
考察	能积极参与小组讨论,为改善菜园浇水的不便提出建议			
	能认真考察校园路面和屋顶雨水的去向,完成考察报告			
设计	能积极参与管道设计的讨论,表达自己的想法			
	能合理运用磁性贴片开展管道设计			
操作	能在搭建活动中认真完成自己的工作任务			
	能根据设计方案完成管道的搭建			
测试	能运用搭建的管道模型完成菜园浇灌的测试			
	能根据测试结果调整管道的搭建			
展示	能表达管道设计的意图			
	能发现并交流管道装置存在的问题			
我的反思日志： 问题 1:在这个项目中,我学到了哪些知识? 问题 2:我觉得这个项目中最有趣的活动是什么? 问题 3:我对自己小组搭建的浇灌装置满意吗? 是否有进一步改进的想法?				
老师的话：				

(注:达成相关活动要求的,可在“自评”“互评”“师评”一栏中填入相应的“☆”)

五、项目实施建议

(一) 鼓励学生亲实践和多表达,提升方案可行性

本项目的实施过程是学生解决与菜园浇灌有关的一系列问题的过程,需要有一连串方案的形成,如菜园用水方案、雨水收集方案以及雨水引入方案。方案的最终确定是需要学生经历实地的考察、资料的收集、组内和组间的讨论等一系列活动。所以,在过程当中要尽可能让学生亲身经历、积极表达和多番讨论,以达成学生自身认可并可实行的方案。

(二) 利用信息技术手段,将学生的设计思维可视化

每个组的设计方案都是不一样的,小组的设计方案有各自的亮点和不足,为

了达到最佳的交流效果，可以借助希沃授课助手将小组间的设计思维可视化，把全班所有小组的设计图一并展现在大屏幕上，学生通过分析各个小组的设计图，可以优化自己的设计方案。

（上海市青浦瀚文小学　顾玲梅）

制作一艘会漂浮、能行进的小船

一、项目概述

本项目对应的《课程标准》工程与技术领域学习内容为“人们为了使生产和生活更加便利、快捷、舒适，创造了丰富多彩的人工世界”。

本项目源于远东版《自然》二年级第一学期第五单元“漂浮和下沉”及第七单元“能量”中的“制作会动的玩具”，对应的内容标准为“知道物体在水中有沉有浮”“知道密封充气圈的作用”“知道改变物体沉浮状态的方法”“知道能量使物体运动”。

本项目依据《课程标准》并结合教材，对教材前后关联的内容进行重组，以“如何制作一艘会漂浮、能行进的小船”为核心问题，引导学生用“物体在水中有的沉有的浮”“充气圈能帮助漂浮”“改变物体形状能改变它的沉浮状态”等所学知识解决项目的核心问题。

本项目的学习，可以引导学生体会身边真实问题的解决过程，综合应用学科知识与技能进行新实践，体会科学技术对生活和生产的作用，领略我国船舶工业发展的成就。

二、项目特色

（一）项目问题源于学生的主动发现

本项目创设“帮助‘小花狗’过河”的情境，引出“如何制作一艘会漂浮、能行进的小船”问题。首先，选择做小船的材料；其次，解决小船载重和安全的问题；最后，研究小船如何行进。围绕核心问题形成问题链，激发学生从船的材料、结构、安全性和动力等角度，去思考如何制作一艘会漂浮、能行进的小船。在解决问题的同时，学生开展综合学习并应用科学概念，提高创造性解决问题的能力。

(二) 项目资源有利于学生的深入探究

对低年级学生而言，活动中的任务难度可以降低，但在观察、思考、猜想和实践等环节上的要求不能减弱。在解决问题的过程中，可以选用或再利用易于获取和易于操作的材料，如用橡皮泥改变形状进行沉浮测试，用玻璃管制成水密隔舱增加安全性测试，用塑料纸制成帆或用废旧马达和螺旋桨增加行进动力的探索等。多种材料的选择更有利于呈现学生的思维，易于学生发现问题，分析、思考并解决问题。

(三) 项目过程有益于学生的态度养成

在项目的活动过程中，可以尝试让学生感受船舶的发展过程，从最初只要求制作会漂浮的简易小船，到防止小船进水以增加船的载重本领，再到增加船的安全性以及动力。在整个过程中，学生开展设计、制作和调试，并在调试的过程中发现问题，并再优化与调试，学生认真、细致、严谨的科学态度得以形成。

三、项目设计与实施过程

(一) 项目目标

1. 通过实验等活动，知道不同材料在水中有沉有浮，应选择合适的材料制作简易小船。

2. 通过模拟、观察和实验等活动，知道改变物体形状可以改变它的沉和浮，密封的空气能够帮助漂浮，体会科学技术对人类生产和生活的作用。

3. 通过设计、制作和测试等活动，能综合应用科学概念，利用废旧物品制作会漂浮、能行进的小船，知道小船的行驶需要能量，提高动手实践与创造性解决问题的能力。

4. 通过实验和阅读等活动，知道船舶的发展史，知道密封防水舱可以提高船舶的安全性，感受我国古代人民在船舶设计上的智慧和成就。

(二) 项目问题与任务

围绕核心问题，形成问题链、分解任务群和设计具体的活动。具体见

表 6－7。

表 6－7 项目问题与任务分解一览表

核心问题	子问题	任务	活动	课时安排	活动时空
如何制作一艘会漂浮、能行进的小船	用什么材料制作会漂浮的简易小船	寻找适合做船的材料	选择合适的材料做简易小船	1 课时	课内
	如何增加会漂浮的小船的载重本领	制作一艘会漂浮、能载重的小船	设计制作一艘载重本领强的漂浮小船	2 课时	课内外结合
	如何帮助船安全漂浮	认识水密隔舱的作用	测试自制防水舱的作用	1 课时	课内
			了解船舶的发展和演变		
	如何为漂浮的船增加动力	增加动力，让小船行进	为漂浮的小船增加动力	2 课时	课内外结合

（注：制作活动在课外进行）

（三）项目实施过程

任务一：寻找适合做船的材料

活动：选择合适的材料做简易小船。

活动目标：通过猜想和验证不同材料在水中沉浮的活动，知道不同的材料在水中有沉有浮，初步学会选择合适的材料做简易小船。

活动资源：塑料板、铁片、橡皮泥、木板、泡沫塑料、玻璃、铅笔、小狗玩偶、水盆、水等物品，自制课件。

活动过程：

（1） 观察与交流：如何帮助"小花狗"过河。

（2） 思考与交流：如果制作简易小船，你会选择怎样的材料。

（3） 猜想与验证：了解不同材料在水中的沉浮情况。

(4) 讨论与实验：尝试选择合适的材料制作简易小船，帮助“小花狗”过河。

(5) 观察与交流：制作的简易小船有什么不足之处？

(6) 初次尝试，问题梳理：如何增加小船的载重本领呢？

任务二：制作一艘会漂浮、能载重的小船

活动：设计制作一艘载重本领强的漂浮小船。

活动目标：

(1) 通过模拟实验“尝试让橡皮泥漂浮在水面上”的活动，知道改变物体的形状可以改变它原来的沉浮状态，密封的空气能够帮助漂浮。

(2) 通过“设计与制作小船”活动，初步学会选择合理的材料和应用所学科学概念来制作小船，提高小船的载重能力。

活动资源：图片、视频、橡皮泥、水盆、水、塑料瓶、木块、纸、纸板、塑料板、水槽、抹布和活动任务单等。

活动设计过程：该活动属于本项目的核心活动之一，可以按照“工程与设计”类核心活动设计过程开展活动设计。过程见图 6 - 12。

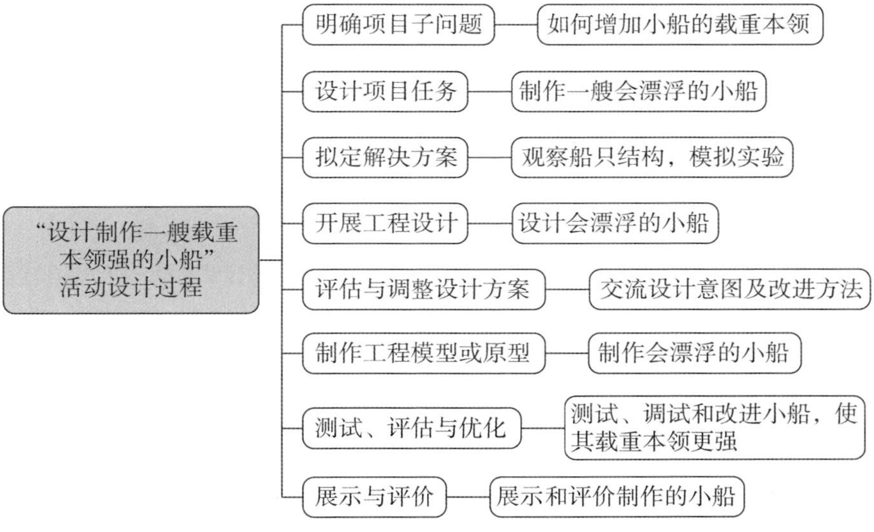

图 6 - 12 “设计制作一艘载重本领强的小船”活动设计过程

活动过程：

（1）明确任务，制定解决方案

① 项目回顾：上节课制作的简易小船出现了问题，接下来要解决的问题是"如何增加小船的载重本领"。

② 观察与交流：你在生活中见过或乘过哪些船，这些船是如何增加载重本领的。

③ 问题梳理：如何让下沉的材料漂浮起来，船舱是否可以帮助漂浮。

④ 模拟实验：如何让橡皮泥漂浮在水面上。

⑤ 观察与比较：制作的能漂浮的"橡皮泥船"与真实的船之间有什么相似之处。

⑥ 交流发现：将橡皮泥做成船舱的样子，能改变橡皮泥的沉浮状态。类似地，改变铁块的形状也能改变铁块的沉浮状态，所以轮船可以漂浮起来。

⑦ 观察、讨论：把橡皮泥做成空心的样子，比较吹满气和不吹气时放在水里的情况。

（2）设计、制作、调试、优化会漂浮的小船的载重本领

① 观察与设计：观察不同材质的材料，选择能漂浮的材料进行设计，并将设计图画下来。

② 交流：交流设计意图及改进方法。

③ 制作：制作会漂浮的小船。

④ 展示与交流：比一比谁做的船载重本领更强。

⑤ 改进：使船的载重本领更强。

⑥ 展示与交流：改进的方法及改进前后载重情况的比较(见图 6－13)。

图 6－13　改进前后载重本领的比较

任务三：认识水密隔舱的作用

活动一：测试自制防水舱的效果。

活动目标：通过观看"水密隔舱"视频，知道密封防水舱可以提高船舶的安全性，感受我国古代人民在船舶设计上的智慧和成就，体会生活中的科技产品给人们带来的舒适和安全。

活动资源：视频、试管、橡皮塞和水缸等。

活动过程：

(1) 思考与交流：在尝试橡皮泥浮起来的过程中，失败的原因是什么。

(2) 提出问题：橡皮泥出现漏水现象就会下沉，大轮船漏水应该怎么办。

(3) 观看模拟实验：了解自制防水舱的不同舱中进水时的沉浮状态。

(4) 观看视频并思考：什么是水密隔舱，水密隔舱的重要作用是什么。

图 6-14　水密隔舱实验

活动二：了解船的发展和演变。

活动目标：观看"船舶的发展"视频，认识船舶的发展史，体会科学技术对生活和生产的作用，领略我国船舶工业发展的成就。

活动资源：视频。

活动过程：

(1) 回顾：在模拟船起源的过程中，从一支铅笔到一排铅笔，从橡皮泥船舱到一排防水舱，感受船舶技术的发展过程。

(2) 观看视频并思考：船舶的发展过程中，哪些方面发生了显著的变化。

(3) 交流汇报：船舶在大小、航行动力和载重本领等方面发生了很大的变化。船舶的发展史也是人类利用大自然的历程,科技进步促进了船舶的发展。

任务四:增加动力,让小船行进

活动:为漂浮的小船增加动力。

活动目标:通过利用废旧零件对小船进行改进,知道小船行驶需要能量,提高动手实践与创造性解决问题的能力。

活动资源:废旧材料或零件。

活动设计过程:该活动属于本项目的核心活动之一,可以按照"工程与设计"类核心活动设计过程开展活动设计。过程见图 6-15。

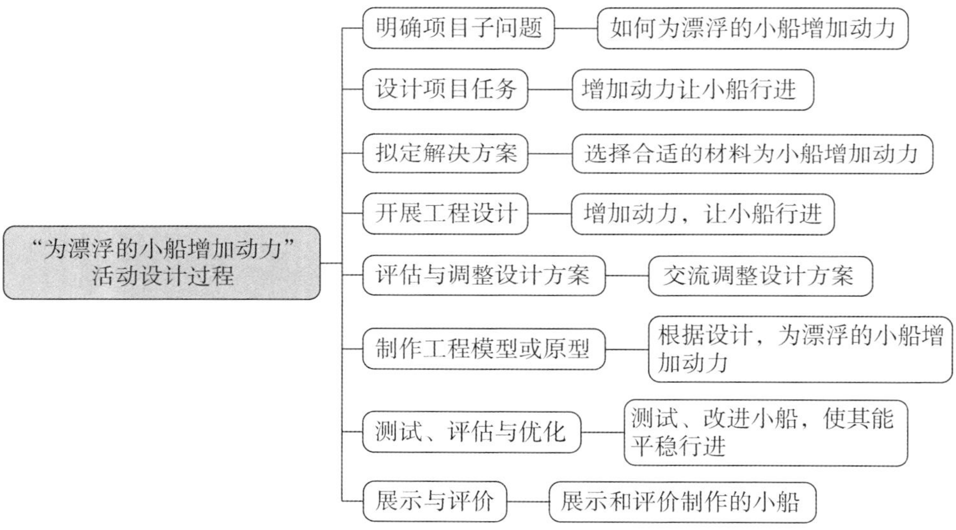

图 6-15 "为漂浮的小船增加动力"活动设计过程

活动过程:

(1) 复习交流:在行进的过程中,船舶用到了哪些动力,你能否在自己制作的小船上增加动力,让它自己行进。

(2) 讨论与交流:为小船增加什么动力,用什么来制作。

(3) 设计与交流:交流设计意图及改进方法。

(4) 制作:根据设计图为漂浮的小船增加动力。

（5）展示与交流：小船上增加了什么动力，效果如何。

（6）改进：根据小船的行进效果进行调试改进。

四、项目评价

本项目可以小组为单位，采取自评、互评、师评三种评价形式。评价报告见表 6-8。

表 6-8　评价报告

评价内容	活动要求			达成情况		
	☆	☆☆	☆☆☆	自评	互评	师评
材料选择	选用 1 至 2 种材料	选用多种材料	选用多种材料，体现废旧物利用			
整体造型	材料选择恰当，结构合理	材料选择恰当，结构合理，造型美观	结构合理，造型美观，构思新颖			
漂浮能力	能漂浮在水面上	能平稳漂浮在水面上	能长时间平稳漂浮在水面上			
载重本领	能承受一个钩码	能承受两个钩码	能承受两个以上的钩码			
动力装置	能让小船行进	能让小船平稳地行驶在水面上	能让小船平稳、快速地行驶在水面上			
我的反思日志： 问题 1：在这个项目中，我学到了哪些知识？ 问题 2：在这个项目中，我提高了哪些能力？ 问题 3：我们小组制作的小船能平稳、快速地行驶在水面上吗？还能改进和优化吗？						
老师的话：						

（注：达成相关活动要求的，可在“自评”“互评”“师评”一栏中填入相应的“☆”）

五、项目实施建议

（一）建议跨年级联合研究，项目研究更深入

本项目实施主体是二年级学生，研究的内容比较浅显。建议可以在学习五年级第一学期第五单元“平衡、压强和浮力”时，以“船”为载体继续深入研究，如制作“潜水艇”，研究其浮力与重力之间的关系。

（二）鼓励项目研究多时空，项目成果更多元

在项目学习的过程中，制作小船没有统一的规格要求，只要符合会漂浮且能行进要求的都可以。可以鼓励学生采用废旧材料进行设计与制作，提升废旧物品再利用的环保意识。此外，制作活动是在课外进行的，教师可通过任务单和评价表进行指导。建议下发项目意愿书和进程表，鼓励家庭开展亲子制作活动。

（三）注重解决问题多方式，工程思维巧介入

在项目学习的过程中，学生会不断发现问题，譬如“如何解决小船的载重本领”“如何解决小船的动力问题”等。对于学生的问题，要积极引导学生通过设计方案、实验、制作、调试、验证和优化等方法经历项目学习的过程，以上过程包含了观察、分析、综合、表达和内化的过程，是一个动手实践的过程，更是一个需要工程思维积极介入的过程。

（上海市青浦佳禾小学　陆志红）

让走马灯转起来

一、项目概述

本项目对应的《课程标准》工程与技术领域学习内容为“技术的核心是发明，是人们对自然的利用和改造；工程技术的关键是设计，工程是运用科学和技术进行设计、解决实际问题和制造产品的活动”。

本项目源于远东版《自然》二年级第二学期第五单元“温度和温度计”，对应

的内容标准为“知道空气受热会上升,说出生活中利用热空气上升的一些实例”。

本项目依据《课程标准》并结合教材,对教材单元部分内容进行重组与拓展。以“如何制作一盏会‘讲故事’的走马灯”为核心问题,引导学生用“热空气上升能提供走马灯转起来的动力”“叶片的倾斜程度会影响走马灯的转速”等所学知识解决项目的核心问题。

本项目的学习,可以引导学生体会身边真实问题的解决过程,感受“做”的成功和乐趣,并养成通过“动手做”解决问题的习惯,领略走马灯的艺术魅力。

二、项目特色

(一) 挖掘教学素材,融入传统文化

为了让学生全面认识走马灯,本项目不仅设计了实践类活动,使学生掌握基础知识和技能;还深入挖掘走马灯的人文素材,帮助学生认识走马灯的历史发展和现代传承。在制作走马灯的灯筒、分享走马灯的故事和观看“走进走马灯传人”视频等活动中,学生不仅能体验工程实践的乐趣,还能感受到走马灯这一传统文化的魅力。

(二) 自制教学资源,搜集有效证据

制作合适的教学工具,不仅能有效达成活动目标,还能丰富学生的学习经历。当现有资源无法满足学生的实践时,就需要自制活动资源。比如:探究影响走马灯转动快慢因素的活动,纸质走马灯套件受热后,叶片的角度容易发生改变,影响实验的公平性。利用学校3D打印社团资源,分别打印出叶片角度为45°、60°、90°的塑料叶轮。相较于纸质的叶轮,塑料叶片的角度受热不易发生改变,学生能搜集有效的证据,大大提高了活动效率。

(三) 亲历工程实践,注重思维培养

从最初的设计到改进叶轮上的叶片,使走马灯转起来,再到制作会“讲故事”的走马灯,学生运用所学的知识设计和改进方案,不断对“产品”进行优化和测试。同时,学生不断完善自己原有的认知,把知识与技能融入过程和方法中,解

决制作过程中遇到的问题，真正经历工程实践活动的完整过程，工程思维得到显著提升。

三、项目设计与实施过程

（一）项目目标

1. 通过设计、制作和测试等活动，能有计划地设计和改进走马灯的叶片，知道上升的热空气能提供走马灯转起来的动力，说出热空气会上升在日常生活中应用的一些实例，体会科学技术对人类生产和生活的作用。

2. 通过实验、阅读活动，说出叶片的倾斜方向与走马灯转动方向有关，知道使走马灯转动得更快的方法，养成认真、细致、严谨的科学态度。

3. 通过设计、制作和测试等活动，能用提供的材料完成初步的设计和制作，并能讲述灯筒上所绘图案的故事，领略走马灯民间文化的历史和传承，增强民族自豪感。

（二）项目问题与任务

围绕核心问题，形成问题链、分解任务群和设计具体的活动。具体见表6－9。

表6－9 项目问题与任务分解一览表

核心问题	子问题	任务	活动	课时安排	活动时空
如何制作一盏会“讲故事”的走马灯	走马灯是如何转起来的	知道走马灯的工作原理	设计与制作走马灯叶片	1课时	课内
			举例说明热空气会上升在生活中的应用		
	如何使走马灯转得更快	发现使走马灯转得更快的方法	探究走马灯叶片的倾斜方向与转动方向的关系	1课时	课内
			探究影响走马灯转动快慢的因素		

（续表）

核心问题	子问题	任务	活动	课时安排	活动时空
	如何使走马灯能“讲故事”	制作会“讲故事”的灯筒	设计制作走马灯的灯筒	1课时	课内
			认识走马灯民间文化的历史和传承		

（三）项目实施过程

任务一：知道走马灯的工作原理

活动一：设计与制作走马灯叶片。

活动目标：通过设计、交流和改进“使走马灯转起来”的方案，能逐步完成方案的设计、制作、测试和改进，经历工程设计的一般过程，知道上升的热空气能提供走马灯转起来的动力。

活动资源：走马灯套件、点火枪、蜡烛、小水轮和任务单等。

活动设计过程：该活动属于本项目的核心活动之一，可以按照“工程与设计”类核心活动设计过程开展活动设计。过程见图6－16。

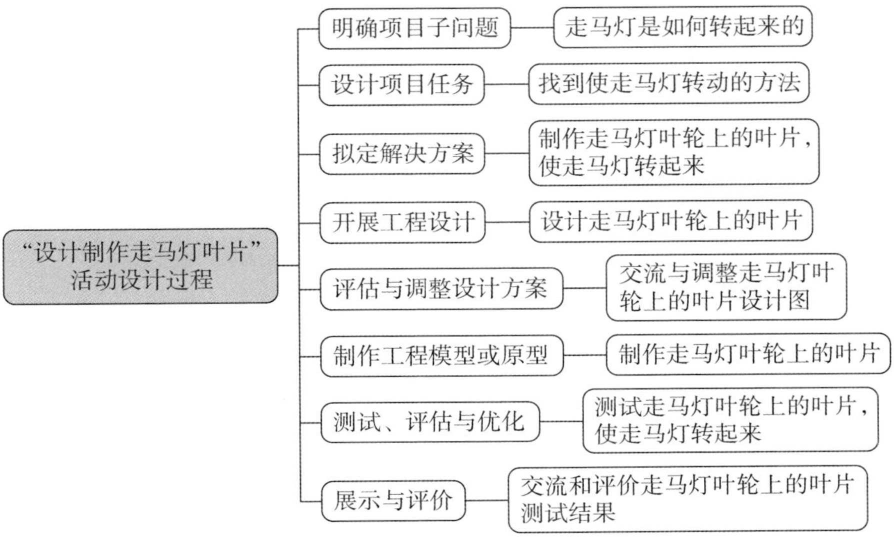

图6－16　“设计制作走马灯叶片”活动设计过程

活动过程：

（1）观察与交流：交流走马灯的主要组成部分。

（2）观察与猜想：如何使走马灯转起来。

（3）设计与交流：对走马灯叶轮上的叶片进行设计（如：叶片平贴、斜贴或竖贴在叶轮上），并交流设计意图及改进方法。

（4）制作与测试：对小组方案进行修改，按照改进后的方案完成制作并进行测试。

（5）展示并交流：只有倾斜的叶片才能使走马灯转起来。

（6）观察与比较：比较小水轮的叶轮和走马灯的叶轮。

（7）交流与归纳：走马灯上有平放的叶轮，叶轮上有许多叶片，下有点燃的蜡烛，热空气上升带动叶轮上的叶片旋转，走马灯就转起来了。

活动记录单

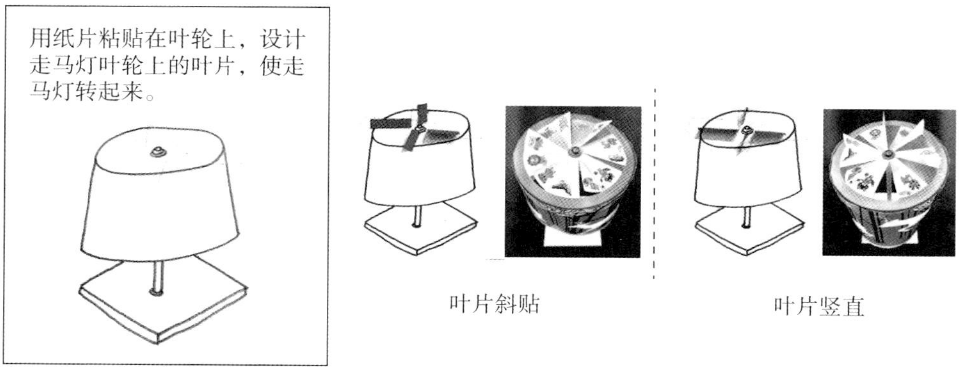

图 6-17　走马灯叶片实验

活动二：举例说明热空气会上升在生活中的应用。

活动目标：通过模拟热气球升空的实验，观看“孔明灯”和“火力发电”的视频，能说出热空气会上升在日常生活中应用的一些实例，体会科学技术对人类生产和生活的作用。

活动资源：蜡烛、火柴、废物罐、简易热气球（超薄塑料袋）、纸筒、视频和图片等。

活动过程：

（1）观察与猜想：热气球如何升空。

（2）实验与交流：动手使塑料袋飘起来，并交流发现。

（3）观看视频并交流：了解孔明灯的工作原理。

（4）观看视频并交流：在火力发电的过程中，汽轮机是如何转起来的。

（5）思考与交流：热空气上升在生活中还有哪些应用。

任务二：发现使走马灯转得更快的方法

活动一：探究走马灯叶片的倾斜方向与转动方向的关系。

活动目标：通过探究走马灯转动方向的活动，说出叶轮上叶片的倾斜方向与走马灯转动方向有关。

活动资源：走马灯套件、蜡烛、点火枪等。

活动过程：

（1）观察与猜想：思考两盏走马灯转动方向不同的原因。

（2）设计与交流：根据实验材料设计实验方案。

（3）观察与实验：改变叶轮上叶片的倾斜方向，观察走马灯的转动方向。

（4）交流发现：走马灯叶片的倾斜方向影响其转动方向，叶片向左倾斜，走马灯向左转；叶片向右倾斜，走马灯就向右转。

活动二：探究影响走马灯转动快慢的因素。

活动目标：通过探究影响走马灯转动快慢因素的活动，知道叶片角度的大小、热量的多少与走马灯转动快慢有关，养成认真、细致、严谨的科学态度。

活动资源：自制叶轮、走马灯套件、蜡烛、点火枪等。

活动过程：

（1）观察与猜想：有什么方法可以使走马灯转得快些。

（2）交流与设计：设计使走马灯转得更快的实验方案。

（3）观察与实验：选择研究对象（叶片角度的大小或热量），按照实验方案，搜集证据。

（4）交流发现：走马灯叶片角度的大小与转动快慢有关。当叶片的角度在

60°时，走马灯转得较快；蜡烛提供的热量越多，走马灯转得越快。

任务三：制作会“讲故事”的灯筒

活动一：设计制作走马灯的灯筒。

活动目标：通过“设计制作走马灯的灯筒”的活动，能运用所学知识设计制作符合要求的走马灯灯筒，提高动手能力和提升团队合作意识。

活动资源：纸杯、彩铅、双面胶、子母扣、底座、蜡烛、点火枪、自制走马灯等。

活动设计过程：该活动属于本项目的核心活动之一，可以按照“工程与设计”类核心活动设计过程开展活动设计。过程见图 6-18。

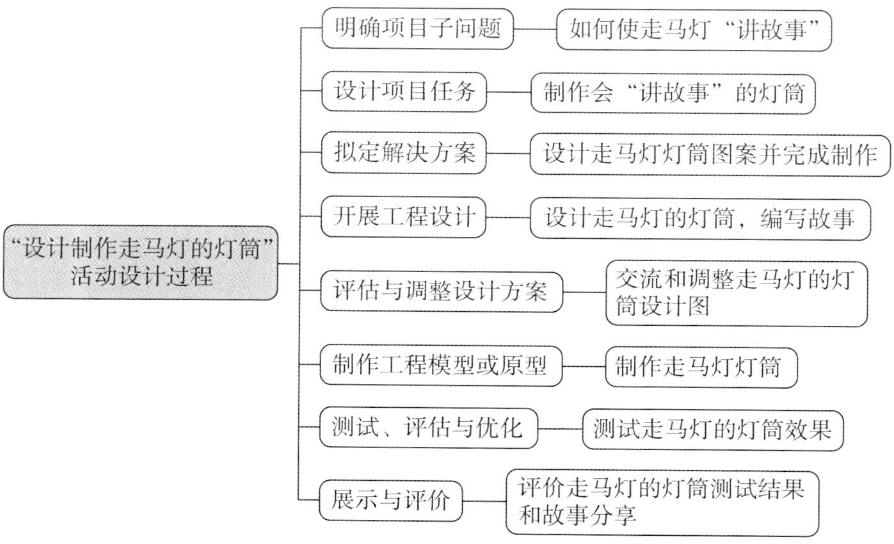

图 6-18 “设计制作走马灯的灯筒”活动设计过程

活动过程：

(1) 观察与交流：走马灯转起来后，原本静止的“小鹿”看起来像在奔跑的原因。

(2) 观察与猜想：思考“小鹿奔跑”现象背后的原因。

（3）交流与设计：绘画走马灯灯筒图案，编写相关故事。

（4）展示与分享：展示小组灯筒图案，其他小组提出改进建议。

（5）制作与测试：根据设计方案，完成走马灯灯筒的制作（见 6－19）。

（6）展示与交流：介绍小组走马灯灯筒上图案的相关故事，其他小组给予评价。

图 6－19　走马灯灯筒实验

活动二：认识走马灯民间文化的历史和传承。

活动目标：通过观看“走进走马灯传人”等视频和民间走马灯的图片，说说走马灯的历史来源，领略走马灯民间艺术的魅力。

活动资源：视频、图片等。

活动过程：

（1）观看视频并交流：了解走马灯的历史来源和发展历程。

（2）观察图片并交流：了解走马灯灯筒上隐藏的故事。

（3）思考与交流：如何改进走马灯的灯筒，形成作品的特色。

四、项目评价

本项目可以小组为单位，采取自评、互评、师评三种评价形式。评价报告见表 6－10。

表 6-10　评价报告

<table>
<tr><td rowspan="2">评价内容</td><td colspan="3">活动要求</td><td colspan="3">达成情况</td></tr>
<tr><td>☆</td><td>☆☆</td><td>☆☆☆</td><td>自评</td><td>互评</td><td>师评</td></tr>
<tr><td>设计</td><td>根据要求,完成叶片、灯筒的方案设计</td><td>介绍方案的设计意图,对他人的方案提出改进建议或给予评价</td><td>根据他人的建议,对自己的方案进行修改</td><td></td><td></td><td></td></tr>
<tr><td>制作</td><td>完成叶片或灯筒的制作</td><td>完成叶片和灯筒的制作,且走马灯能转起来</td><td>对灯筒进行具有故事情节的创意绘画</td><td></td><td></td><td></td></tr>
<tr><td>展演</td><td>描述走马灯灯筒上的图案</td><td>对灯筒上的图案进行故事创编</td><td>根据创编的故事进行表演</td><td></td><td></td><td></td></tr>
<tr><td colspan="7">我的反思日志:
问题 1:在这个项目中,我学到了哪些知识?
问题 2:我对自己小组制作的走马灯满意吗?是否有进一步改进的想法?</td></tr>
<tr><td colspan="7">老师的话:</td></tr>
</table>

(注:达成相关活动要求的,可在“自评”“互评”“师评”一栏中填入相应的“☆”)

五、项目实施建议

(一) 明火实验需谨慎,安全措施不可少

本项目会涉及使用明火,可以通过以下举措来保障学生操作的安全:(1)精心设计活动任务单和评价单,帮助学生明确活动要求,提高活动的效率和安全;(2)选择安全性更高的材料,如在探究影响走马灯转动快慢因素的活动中,可以利用电吹风或电风扇来代替蜡烛,防止自制的塑料叶片在长时间加热过程中受损;(3)在实验桌上准备一些灭火工具或材料,如摆放一盆水、一块湿毛巾或者一盆沙子等。

(二) 活动材料种类多,成果作品更丰富

应尽量准备多种活动材料,保证自主探究活动的开展,以及作品的多样化。

如探究影响走马灯转动快慢因素的活动，可以提前准备多种实验材料：不同的转轴、角度大小不同的叶片、不同的蜡烛等。再如制作走马灯灯筒的活动，除了提供铅画纸外，还可以准备其他材质的纸，也可以自制其他材质的灯筒，使成果多样化。

（三）线上资源需开发，家长资源可利用

在设计“制作会‘讲故事’的走马灯”活动时，可以借助线上平台，鼓励家长参与亲子活动。教师通过平台发布任务单和评价表，进行实时指导和互动交流，指导学生在平台上发布设计图和走马灯作品，上传亲子制作的过程图片或视频，并给予一定的评价、建议和鼓励等。可以将部分实践活动从学校实验室搬进学生的家中，弥补常规课堂学生活动在时间、空间上的不足。

（上海市青浦佳禾小学　朱磊）

第七章　中学段实践案例

搭建“高塔”

一、项目概述

本项目对应的《课程标准》工程与技术领域学习内容为“工程技术的关键是设计，工程是运用科学和技术进行设计、解决实际问题和制造产品的活动”。

本项目源于远东版《自然》二年级第二学期第八单元“平衡”、三年级第一学期第四单元“身边的力”中的“物体的形状和结构”，对应的内容标准为“知道高度与底座大小会影响物体的稳定，并说出一些实例”“知道材料、结构不同，物体的抗压能力不同”。

本项目依据《课程标准》并结合教材，对教学内容进行重组，以“如何利用提供的材料，搭建一座又高又稳的塔”为核心问题，引导学生用“越高越不稳”“宽大的底座有助于物体稳定”“材料、结构不同，物体的抗压能力不同”等所学知识解决项目的核心问题。

本项目的学习旨在引导学生综合运用科学知识和方法，寻找解决身边真实问题的方法，领会科学、技术的发展对推动社会进步的重要作用，领略我国建筑工业的发展与成就。

二、项目特色

（一）整合教材内容，建立渐进的学习坡度

本项目跨越了低、中学段，因而在确定项目任务时，根据学生认知规律和能力水平的差异，划分了不同层次的学习要求，以材料的变化增加挑战任务的难度，建立循序渐进的学习坡度。如二年级的任务是用 14 块积木设计与搭建一座又高又稳的“塔”，三年级的任务则是用尽可能少的彩泥球和彩棒设计与搭建一座又高又稳的“塔”。

（二）聚焦问题研究，提高问题解决能力

本项目有意识地将学生置于问题解决的真实情境中，由地震后房屋的受损情况不同引发思考，在探究物体的稳定性与其高度、底座大小及形状和结构关系的基础上，学生将这些科学与技术原理创造性地运用到“搭建‘高塔’”的任务中，建立起知识技能和经验之间的关联，从而提高解决实际问题的能力。

（三）强化测试过程，养成工程思维习惯

本项目为学生提供了多种测试方法与机会，如撞击测试、承重测试、压力测试和振动测试等，从而不断完善优化设计和改建“高塔”，这一循环往复过程帮助学生养成工程思维习惯，即确定问题、设计方案、落实方案、测试方案、改进方案和迭代升级，探求最佳方案。

三、项目设计与实施过程

（一）项目目标

1. 通过体验、设计和实验等活动，知道高度与底座大小会影响物体的稳定，说出物体越高越不稳、宽大的底座有助于物体稳定的一些实例，提高安全意识。

2. 通过设计、制作和测试等活动，能根据设计图完成搭建和根据测试结果提出改进想法，知道搭建时需要平衡物体高度和底座的大小，体会工程技术的关键是设计。

3. 通过设计、制作和测试等活动，知道结构不同物体的抗压能力不同，能在

工程设计时有综合考虑结构与功能、成本控制等因素的意识，能按照设计方案将自己的构思设计转化为模型，能根据测试的结果分析倒塌的原因并对作品进行优化。

4. 通过考察和展示活动，能借助各种渠道了解家乡的塔，激发对工程设计的兴趣，领略我国古代劳动人民的智慧与创造，感悟技术与工程的发展与革新。

（二）项目问题与任务

围绕核心问题，形成问题链、分解任务群和设计具体的活动。具体见表7-1。

表7-1 项目问题与任务分解一览表

<table>
<tr><th>核心问题</th><th>子问题</th><th>任务</th><th>活动</th><th>实施年级</th><th>课时安排</th></tr>
<tr><td rowspan="7">如何利用提供的材料，搭建一座又高又稳的“塔”</td><td rowspan="3">物体的稳定性与其高度、底座大小之间有怎样的关系</td><td rowspan="3">用积木设计并搭建一座又高又稳的“塔”</td><td>探究物体稳定性与其高度的关系</td><td rowspan="3">二年级</td><td>课内
1课时</td></tr>
<tr><td>探究物体稳定性与其底座大小的关系</td><td rowspan="2">课内
1课时</td></tr>
<tr><td>用积木搭“高塔”</td></tr>
<tr><td rowspan="4">物体的稳定性是否与其结构有关</td><td rowspan="4">用彩泥球和彩棒设计并搭建一座又高又稳的“塔”</td><td>探究物体的稳定性（承重能力、抗压能力）与其形状和结构的关系</td><td rowspan="4">三年级</td><td rowspan="4">课内外结合
4课时</td></tr>
<tr><td>利用SAM Labs编程软件制作一个振动测试平台</td></tr>
<tr><td>用彩泥球和彩棒搭“高塔”</td></tr>
<tr><td>展示家乡的塔</td></tr>
</table>

（三）项目实施过程

任务一：用积木设计并搭建一座又高又稳的“塔”

活动一：探究物体稳定性与其高度的关系。

活动目标：(1) 通过“棋子叠高”“吸管竖立”等活动，发现物体的稳定性与高度有关。

（2）通过猜想与验证“两个高低不同的塑料瓶的稳定性”的活动，知道物体越高越不稳。

（3）通过观察生活中物体越高越不稳的图片和“踩高跷”的体验活动，说出物体越高越不稳的一些实例，激发深入探究身边物体的兴趣。

活动资源：棋子、吸管、剪刀、小风扇、直尺、塑料瓶和自制简易高跷等。

活动过程：

（1）观察并思考：地震发生时，房屋受损情况不同，猜测可能相关的因素。

（2）游戏与交流：①棋子叠高。小心地将棋子一个一个依次往上叠；边叠边数，记下棋子倒下时所叠棋子的数量，说说活动过程中的发现。②吸管竖立。尝试将吸管竖立在桌上，如果不行，逐段剪去吸管，直到能够将吸管竖立在桌面上。能够竖立用“”表示；不能竖立用“”表示。可参考表 7－2。

表 7－2　游戏与交流表

段数		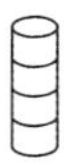	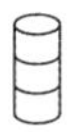	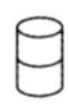	
	5 段	4 段	3 段	2 段	1 段
能否竖立在桌面上					

（3）猜想：思考物体的稳定性与什么有关。

（4）设计与交流：比较高度不同的塑料瓶的稳定性，交流用什么方法判断哪个塑料瓶更容易倒，用“塑料瓶”“小风扇”和“直尺”能否证明你的猜想。

（5）实验验证：小风扇在不同距离（30 cm、20 cm、10 cm）处分别吹两个高度不同的塑料瓶，观察塑料瓶有没有倒下，汇总并分析各组实验数据，验证猜想。

（6） 体验与交流：分组、分次进行“踩高跷”活动（两组高度不同的高跷）。说一说：两次“踩高跷”的感觉有什么不同？

（7） 观察与思考：比较不同高度的鞋子、自行车的稳定性。

活动二：探究物体稳定性与其底座大小的关系。

活动目标：

（1） 通过探究底座大小对物体稳定性的影响，知道底座宽大有助于物体稳定。

（2） 通过观察生活中增大底座来保持稳定的图片，说说宽大的底座有助于物体稳定的实例。

活动资源：小风扇、直尺和塑料瓶等。

活动过程：

（1） 观察与思考：东方明珠电视塔的塔高约 468 米，为什么它能稳稳地矗立在黄浦江畔。

（2） 设计与实验：用“塑料瓶”“小风扇”“直尺”能否证明你的猜想。将同一塑料瓶正放和倒放，在不同的距离用风扇吹，比较稳定性，汇总并分析各组实验数据，验证猜想。

（3） 解释：说说东方明珠塔稳稳矗立的原因。

（4） 交流：说说生活中宽大底座有助于物体稳定的实例。

活动三：用积木搭“高塔”。

活动目标：

（1） 通过用规定数量的积木搭建稳定性更好的“高塔”，能综合应用所学的科学概念进行设计，并根据设计图完成搭建，体会工程技术的关键是设计。

（2） 通过撞击测试“高塔”稳定性，能提出改进想法，知道搭建时需平衡高度和底座大小。

活动资源：积木、轨道和铁球等。

活动设计过程：该活动属于本项目的核心活动之一，可以按照“工程与设计”类核心活动设计过程开展活动设计。过程见图 7－1。

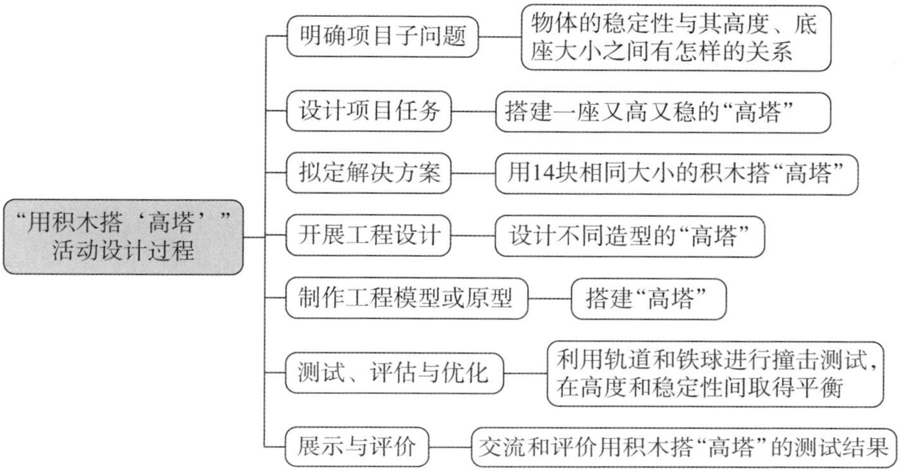

图 7-1 "用积木搭'高塔'"活动设计过程

活动过程：

(1) 设计与搭建：用 14 块积木设计、搭建"高塔"，"塔"要搭得又高又稳(见图 7-2)。

(2) 介绍与比较：说说搭建的"高塔"的特点。

(3) 撞击测试：用铁球撞击的方法测试三个"高塔"的稳定性。

(4) 交流发现：在材料数量规定的情况下，"塔"要搭得又高又稳，必须同时考虑高度和底座两个因素。

图 7-2 用积木搭建"高塔"模型

任务二：用彩泥球和彩棒设计并搭建一座又高又稳的"塔"

活动一：探究物体的稳定性与其形状和结构的关系。

活动目标:

(1) 通过设计、加固四边形等活动,知道形状不同,物体的抗压能力不同。

(2) 通过加固长方体等活动,知道在结构中增加斜杆形成三角形结构能提高物体抗压能力。

(3) 通过交流等活动,举例说明三角形结构在实际生活中的应用。

活动资源:木质三角形和四边形、3D 打印底座、吸管、词典等。

活动过程:

(1) 体验与交流:通过拉、扭、压等方式,比较木质三角形和四边形的稳固程度。

(2) 思考与设计:如何让木质四边形更稳固,将自己的设计画在活动单上。

(3) 体验与思考:感受改进后的四边形的抗压能力。加固后的四边形有哪些共同的特点。

(4) 设计与交流:利用四根吸管,设计加固长方体结构的方法,并把它画在设计图上。

(5) 测试与观察:在长方体结构上,逐步增加词典本数,以测试结构加固后的承重能力。

(6) 交流发现:在结构中增加斜杆,形成三角形结构能提高物体的抗压能力。

(7) 阅读与交流:阅读材料《奇妙的三角形》,举例说明三角形结构在生产生活中的应用。

活动二:利用 SAM Labs 编程软件制作一个振动测试平台。

活动目标:通过设计、制作等活动,学会利用 SAM Labs 编程软件制作振动测试平台。

活动资源:SAM Labs 编程软件、平板电脑、KT 板等。

活动过程:

(1) 讨论:可以用哪些方法来测试一座建筑是否稳定。

(2) 思考与交流:如果利用 SAM Labs 来制作一个振动测试平台,可以选取哪些模块和配件？

（3）设计：分组在平板电脑上利用虚拟模块进行设计。

（4）制作：根据确定的设计方案，利用 SAM Labs 编程软件和 KT 板制作统一规格的振动测试平台。

（5）讨论与改进：测试时的变量控制，统一振动时间与幅度的参数。

活动三：用彩泥球和彩棒搭“高塔”。

活动目标：

（1）通过测试、改进“高塔”等活动，知道结构不同，物体的抗压能力不同。能根据测试的结果，分析倒塌的原因，并对作品进行优化。

（2）通过设计、搭建、测试与改进“高塔”等活动，经历工程设计与实施的一般过程，形成工程设计的意识及团队分工合作的良好习惯。

活动资源：彩泥球、彩棒、SAM Labs 编程软件、平板电脑、KT 板等。

活动设计过程：该活动属于本项目的核心活动之一，可以按照“工程与设计”类核心活动设计过程开展活动设计。过程见图 7－3。

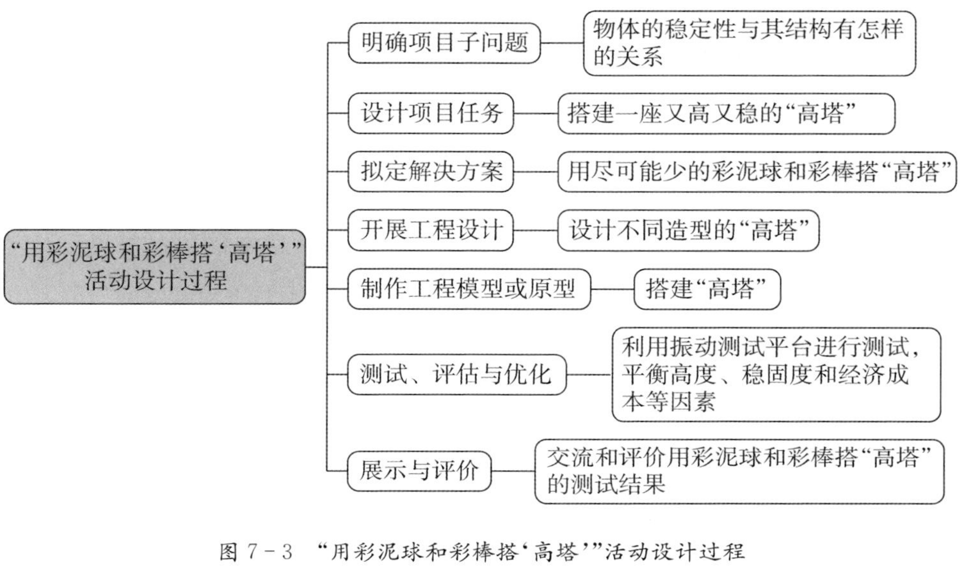

图 7－3　“用彩泥球和彩棒搭‘高塔’”活动设计过程

活动过程：

（1）交流：现实生活中，如果要建造一座塔，需要考虑哪些因素。

（2）设计与搭建：画设计图并完成搭建，记录“塔”的高度及耗费的彩泥球、彩棒数量。

（3）测试1与交流：仔细观察“塔”的变化，分析“塔”倒塌的原因，思考加固的方法。

（4）改进与测试2：改进设计图并按照设计图加固，测试“高塔”。

（5）交流：分析加固成功和失败的案例，寻找失败的原因。

（6）改进与测试3：继续向上搭建，并测试。

（7）交流：汇报各组搭建的“塔”的高度及所耗费的材料。

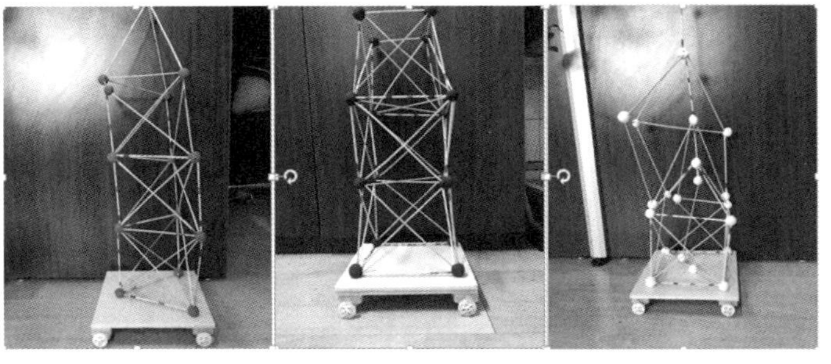

图7-4　测试用彩泥球和彩棒搭建的“高塔”模型

活动四：展示家乡的塔。

活动目标：通过课后实地考察、查阅资料等活动，展示家乡的塔，激发对工程设计的兴趣，领略我国古代劳动人民的智慧与创造，感悟技术与工程的发展与革新。

活动资源：学生自制的幻灯片。

活动过程：

（1）交流与展示：各组通过幻灯片展示，交流课外调查的家乡的塔。

（2）互动与交流：每组介绍完后，可就相关内容提问与回答。

（3）评价：每组介绍完成后，其他小组借助赛灵格平台进行评价。

（4）交流：说说认识了家乡的塔的发展历程后的感受。

四、项目评价

本项目可以小组为单位，采取自评、互评、师评三种评价形式。评价报告见表 7－3。

表 7－3　评价报告

评价内容	活动要求	达成情况		
		自评	互评	师评
构思与设计	设计时能统筹考虑到影响“高塔”稳定性的相关因素			
	能严格控制材料成本			
操作与加工	严格按照设计图搭建所有结构			
	搭建时能尽量降低材料的耗损			
测试与优化	能找出导致“高塔”倾斜或倒下的因素			
	能根据测试结果，科学合理加固结构			
反思与评估	塔高达到相应的要求			
	能从结构、成本控制等方面对自己的设计方案作品提出完善的建议			
我的反思日志： 问题 1：在这个项目中，我学到了哪些知识？ 问题 2：我觉得这个项目中最有趣的活动是什么？ 问题 3：我对自己小组搭建的“高塔”满意吗？是否有进一步改进的想法？				
老师的话：				

（注：达成相关活动要求的，可在“自评”“互评”“师评”一栏中填入相应的“☆”）

五、项目实施建议

（一）利用信息技术，助力学生的自主学习

本项目中，学生利用 SAM Labs 编程软件，设计并制作一个标准化的振动测试平台来模拟地震，用以测试“高塔”的稳定性。未配备 SAM Labs 的学校，亦可

使用其他设备和软件服务于课堂教学与学生的自主探究学习。

(二) 建构实物模型,培养学生的工程思维

"搭建'高塔'"项目需要学生利用材料将头脑中的设计物化,经历反复设计、制作、测试与迭代实物模型的学习过程。需始终以设计、制作为主线,强调操作性和实用性,引导学生对照评价指标进行反思,努力在工程设计与制作中培育学生的工程思维。

(上海市青浦区实验小学　何蔚然/上海市毓秀学校　陈智伟)

制作减少噪声的隔板

一、项目概述

本项目对应的《课程标准》工程与技术领域学习内容为"工程技术的关键是设计,工程是运用科学和技术进行设计、解决实际问题和制造产品的活动"。

本项目源于远东版《自然》三年级第一学期第五单元"无处不在的声音",对应的内容标准为"知道噪声是一种污染,说出一些减少噪声的方法"。

本项目依据《课程标准》并结合教材,对教材单元部分内容进行重组与拓展,以"如何制作减噪隔板"为核心问题,引导学生用"有些材料可以减少噪声""不同材料吸收声音的能力不同"等所学知识解决项目的核心问题。

本项目的学习,通过设计、建模和实验等活动提高学生解决问题的能力,同时将学生的实践体验与现代隔音技术进行对接,激发学生对声音学习的兴趣与探究动力,有主动减少噪声污染的意识。

二、项目特色

(一) 引用生活问题提出建议,激发探究兴趣

本项目针对学校周边新建社区产生噪声困扰的问题,通过设计、动手搭建、调试、测量和比较,最终提出有效减少噪声的建议。这样的学习方式不仅使学生

在解决真实问题的过程中掌握并运用单元核心知识，也让他们真正地像设计师、工程师那样进行思考、决策与实践，在与真实世界的碰撞中进行决策、思考。

（二）自主选择材料、技术加持，转化抽象概念

在项目活动的过程中，采用数字化信息系统（DIS）中的声级计和数据显示模块来作为测量工具和数据来源。把抽象的概念转化为具象的数字，通过体会“刺耳的声音会让人感到不舒服”，继而思考“怎样减少蜂鸣器的噪声”。通过分析，发现材料的多少以及填埋方式的不同，也对减少噪声的效果有影响。通过自主选择材料、动手铺设，学生尝试说出解决问题所用方法的意图，并能正确利用DIS中的声级计进行分贝的测量。

（三）建立具体模型，突出工程技术的改进与优化

在项目活动的过程中，突出技术与工程领域中的“构思与设计”“操作与加工”能力培养。在初步筛选的基础上，学生能够从材料、结构、功能等方面提出自己的构思，能根据设计图完成作品的制作与加工，完成相应的测试后对作品进行优化。在活动的过程中，渗透工程思维，通过设计实验、搭建模型来提高问题解决能力，同时将实践体验与现代隔音技术进行对接，认识噪声的危害，从自身做到减少噪声。

三、项目设计与实施过程

（一）项目目标

1. 通过观察、实验和体验等活动，知道噪声是一种污染，说出一些减少噪声的方法，有主动减少噪声污染的意识。

2. 通过实验活动，学会选择吸音和隔音的材料来减少声音的方法，知道有些材料可以减少噪声、不同材料吸收声音的能力不同，提高解决实际问题的能力。

3. 通过设计、制作和测试等活动，初步学会将自己的构思设计转化为产品，能根据问题与需求，对作品进行相应的测试并优化，说出一些现代隔音技术，体会科学技术对生活的作用。

(二) 项目问题与任务

围绕核心问题,形成问题链、分解任务群和设计具体的活动。具体见表7-4。

表7-4 项目问题与任务分解一览表

核心问题	子问题	任务	活动	课时安排	活动时空
如何制作减噪隔板	什么是噪声	认识噪声及其危害	听声音、说感受并测量分贝数	1课时	课内
	如何减少噪声	寻找减少噪声的方法	如何减少蜂鸣器发出的声音	1课时	课内
	如何制作一块减噪隔板	认识减噪隔板的作用	设计、制作减噪隔板	1课时	课内外结合,制作活动在课外进行

(三) 项目实施过程

任务一:认识噪声及其危害

活动:听声音、说感受并测量分贝数。

活动目标:

(1) 通过"回忆生活情境,交流噪声困扰"活动,知道噪声是一种污染,说出一些减少噪声的办法,有主动减少噪声污染的意识。

(2) 通过"测试安静时教室中的分贝数"活动,学会使用测量仪器来检测声音分贝。

活动资源:演示文稿、DIS中的声级计和数据显示模块、自制蜂鸣器等。

活动过程:

(1) 观看视频并思考:噪声给我们什么感觉。

(2) 交流与发现:噪声会危害人的健康。

(3) 阅读与交流:说说表示声音强弱的单位以及测量的方法。

(4) 观察与实验:测试安静时教室中的分贝数。

(5) 交流与发现:对比蜂鸣器的分贝数与噪声的感受。

（6）观察与交流：学校周围的建筑工地在施工时，怎么做可以减少噪声对我们的影响。

（7）思考与讨论：在生活中，我们怎么减少噪声。

任务二：寻找减少噪声的方法

活动：如何减少蜂鸣器发出的声音。

活动目标：通过“减少蜂鸣器声音”活动，初步学会选择吸音和隔音的材料来减少声音，知道有些材料可以减少噪声、不同材料吸收声音的能力不同，有主动减少噪声污染的意识，提高解决实际问题的能力。

活动资源：自制蜂鸣器、毯子、毛巾、报纸、密封袋、演示文稿和DIS中的声级计等。

活动过程：

（1）思考与交流：如何减小蜂鸣器发出的声音。

（2）观察与实验：用不同的材料把蜂鸣器盖起来，观察不同材料减少声音的情况。

（3）交流与发现：说说不同材料隔开空气减少噪声的情况。

（4）讨论与交流：在生活中，怎么用隔音方法减少噪声。

（5）观看视频并交流：隔音、消音、吸音等方法能减少噪声。

（6）实验与交流：用不同的方法来减少蜂鸣器发出的声音。

（7）交流与发现：吸音和隔音的材料能减少声音。

（8）阅读与交流：在噪声环境中有哪些自我保护的方法。

（9）观看视频并思考：如何减少噪声的产生。

（10）交流：生活中有哪些减少噪声产生的方法。

任务三：认识减噪隔板的作用

活动：设计、制作减噪隔板。

活动目标：通过设计、制作和测试等活动，初步学会将自己的构思设计转化为产品，能根据问题与需求对作品进行相应的测试并优化，认识现代隔音技术，体会科学技术对生活的作用。

活动资源：房屋模型、双层塑料卡、太空棉、毛巾、DIS 中的声级计和数据显示模块等。

活动设计过程：该活动属于本项目的核心活动之一，可以按照“工程与设计”类核心活动设计过程开展活动设计。过程见图 7－5。

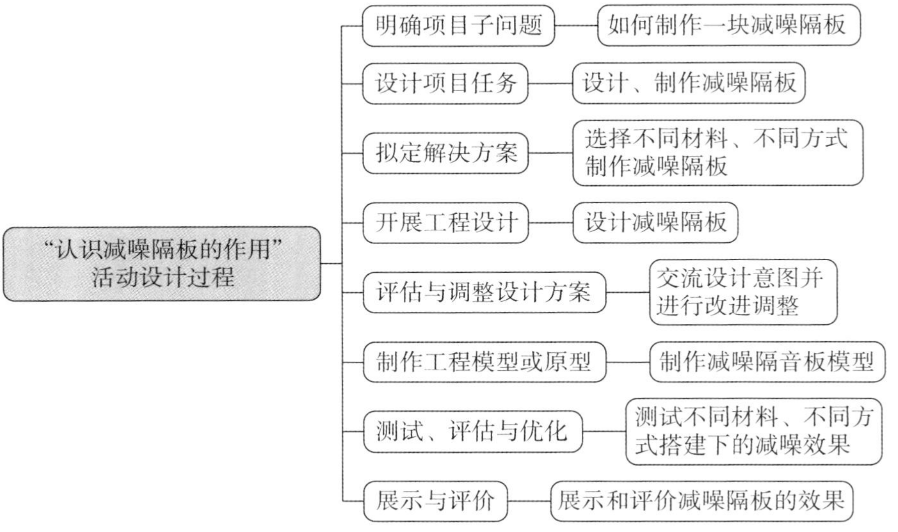

图 7－5 “认识减噪隔板的作用”活动设计过程

活动过程：

（1） 观察与思考：如何减少房屋内的噪声。

（2） 交流与讨论：如何选择窗户与门的制作材料。

（3） 交流与讨论：如何制作减噪隔板，是把材料放进卡盒夹层还是包在卡盒外。

（4） 观察与设计：选择不同材料制作减噪隔板。

（5） 制作与测试：制作减少噪音的隔板。

（6） 展示与交流：展示自制减噪隔板，其他小组提出改进建议。

（7） 观察与思考：减噪隔板作为窗户是否会影响采光，如何在不影响采光的基础上减噪。

（8） 观看视频并交流：双层中空玻璃在生活中是如何应用的。

(9) 改进:根据建议进一步改进隔板,进行多次测试减噪效果(见图 7-6)。

(10) 展示与交流:分享经验,总结方法。

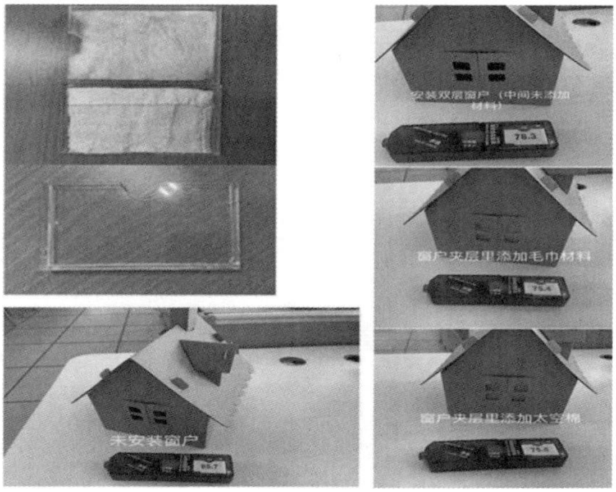

图 7-6　测试减噪隔板的效果

四、项目评价

本项目可以小组为单位,采取自评、互评、师评三种评价形式。评价报告见表 7-5。

表 7-5　评价报告

评价内容	活动要求			达成情况		
	☆	☆☆	☆☆☆	自评	互评	师评
方法选择	能采用一种方法减少噪声	能采用多种方法减少噪声	能采用多种方法减少噪声,并说出其原理			
减噪能力	能减少 0 至 5 分贝噪声	能减少 5 至 10 分贝噪声	能减少 10 分贝以上噪声			
展示设计	能简单地介绍自己的作品	能熟练地介绍自己的作品	语言表达能力好,能熟练、自信地介绍自己的设计及作品			

（续表）

我的反思日志： 问题 1：在这个项目中，我学到了哪些知识？ 问题 2：我对自己小组制作的减噪隔板满意吗？能否改进？可以从哪些方面改进？
老师的话：

（注：达成相关活动要求的，可在“自评”“互评”“师评”一栏中填入相应的“☆”）

五、项目实施建议

（一）测量活动多地点，学生体会更深刻

本项目任务一中应尽可能多地让学生联系生活实际，思考哪些声音很轻但是却让人感到不适，哪些声音优美但是在某些场合却让人烦躁，以便学生更好地完善认识，知道怎样的声音是噪声。教师也可以带领学生在校园不同场合检测声音的大小，比较哪些区域是安静的，哪些区域是喧闹的；什么时间是安静的，什么时间是喧闹的。

（二）数据搜集受影响，调整方法更科学

在开展“减小蜂鸣器的声音”实验时，受到分贝测量仪器精确度、稳定性等各方面的影响，测量得出的数值可能不够明显，也可能一直在某个区域跳动，可引导学生记录声音的范围，不必拘泥于某一个数值。在进行数值的对比时，可以对数值的范围进行对比。

（三）材料准备需丰富，亲子活动更欢乐

本项目中的“制作房屋模型”是教师提前准备的纸模型，有条件的话也可以让学生在课前自行设计房屋模型，材料不局限于硬纸板。此外，本项目中的制作活动在课外进行，教师可以通过任务单和评价表进行指导。建议下发项目意愿书和进程表，鼓励家庭开展亲子活动。

（上海市青浦区嵩华小学　赵一沛）

追寻福泉山陶器发展史

一、项目概述

本项目对应的《课程标准》工程与技术领域学习内容为“人们为了使生产和生活更加便利、快捷、舒适，创造了丰富多彩的人工世界”。

本项目源于远东版《自然》三年级第一学期第三单元“随处可见的材料”中的“黏土和陶器”，对应的内容标准为“说出一些常见材料的来源、特点和用途，知道人类会根据需求选择材料”“知道人类的需求不断促进材料的发明与发展”。

本项目依据《课程标准》，并结合教材、学校的办学特色和属地场馆资源，对单元部分内容进行拓展，以“福泉山陶器经历了怎样的演变过程”为核心问题，引导学生用“黏土的来源、特点和用途”“陶器的加工制作与演变”等所学知识解决项目的核心问题。

本项目的学习可以引导学生体会身边真实问题的解决过程，学习使用工具对材料进行简单加工，领会我国制陶技术发展历史的悠久，感悟我国古代劳动人民的智慧，增强对家乡文化的热爱。

二、项目特色

（一）依托福泉山陶器，利用发展史引导探究

本项目以家乡福泉山古陶器发展史为线索，以陶器为载体，引导学生跟随古人的脚步，逐步了解黏土的特性，以及陶器的选材（普通土壤—黏土—陶土）及加工方式（简单捏制，泥条盘筑，慢轮修整、快轮制陶，阴干—简单烧制—烧窑）的演变过程。通过追溯福泉山陶器史及欣赏精美的陶器艺术品，感受福泉山悠久的历史文化及古上海劳动人民的智慧，增强对家乡文化的热爱。在福泉山古陶器

发展史中记载着人类探索事物、发明创造的过程，有利于学生掌握科学方法，是培养学生科学态度和正确价值观的良好素材。

（二）借助博物馆资源，延伸探究，拓宽视野

博物馆作为校外学习资源的重要组成部分，对于支持科学探究活动有着重要作用。本项目的活动借助了校外博物馆资源，通过考察福泉山遗址和上海市青浦博物馆，帮助学生对所探究的内容有了铺垫和拓展。

（三）跨学科整合教学，感受家乡文化

本项目的核心科学知识涉及三年级自然学科“黏土与陶器”和道德与法治学科“请到我的家乡来”中的内容，融合两门学科的特点，配合体验、实验、制作、考察、讲解等学习方式，丰富学习经历，在全面感受历史积淀的基础上表达对家乡文化的热爱。

三、项目设计与实施过程

（一）项目目标

1. 通过实地考察、搜集资料、观察和交流等活动，知道福泉山陶器的演变历程，感受福泉山悠久的历史文化，领略家乡文化的魅力。

2. 通过实验、观察、阅读和观看视频等活动，知道黏土颗粒小、黏性强的特点，知道黏土经过烧制后会变得坚固并且不会再还原成黏土，能从材料、结构等方面提出自己的构思，懂得陶器的发明和制陶技术给人类社会发展带来的影响和变化。

3. 通过观看视频、制作和交流等活动，知道陶器的加工方式和生产过程，能仿照福泉山陶器图片，完成陶器的制作与加工，并对自己和他人的作品提出改进的意见，感悟古上海劳动人民的智慧，增强对家乡文化的热爱。

（二）项目问题与任务

围绕核心问题，形成问题链、分解任务群和设计具体的活动。具体见表7-6。

表 7－6 项目问题与任务分解一览表

核心问题	子问题	任务	活动	课时安排	活动时空
福泉山陶器经历了怎样的演变过程	福泉山出土了哪些陶器	考察福泉山遗址	参观福泉山遗址，观察并记录福泉山陶器的特点	2 课时	课内外结合
	黏土是如何成为陶器的	探究黏土的特点，了解制陶的过程	烧制黏土球	2 课时	课内
	如何制作一个福泉山陶器	仿制福泉山陶器	用陶土模仿制作一个福泉山陶器	1 课时	课内
	博物馆里有哪些来自福泉山的陶器	考察青浦博物馆中的福泉山陶器	寻找青浦博物馆中的福泉山陶器	2 课时	课内外结合

（注：参观和考察活动在课外进行）

（三）项目实施过程

任务一：考察福泉山遗址

活动：参观福泉山遗址，观察并记录福泉山陶器的特点。

活动目标：

（1）通过考察福泉山遗址，感受福泉山悠久的历史文化，领略家乡文化的魅力。

（2）通过分享和交流福泉山陶器资料，知道福泉山陶器的演变历程和福泉山陶器的特点。

活动资源：文件夹板、任务单、水笔、蜡笔或彩铅等。

活动过程：

（1）考察：在重固小学“福泉小导游社”“小导游”的带领下，考察福泉山遗址。

（2）参观：参观福泉山遗址内博物馆，倾听“小导游”介绍福泉山出土文物。

(3) 观察与记录:选择自己最喜欢的福泉山陶器,进行观察、记录,完成学习单。

(4) 交流:学做“小导游”,介绍自己观察的福泉山陶器,交流任务单内容。

任务二:探究黏土的特点,了解制陶的过程

活动:烧制黏土球。

活动目标:

(1) 通过制作、观察和交流等活动,知道黏土颗粒小、黏性强的特点,能从材料、结构等方面提出自己的构思。

(2) 通过实验、观察、交流和观看视频等活动,知道黏土经过烧制后会变得坚固并且不会再还原成黏土,懂得陶器的发明和制陶技术给人类社会发展带来的影响和变化。

活动资源:酒精灯、火柴、废料缸、分别装有黏土和校园土壤样本的培养皿、湿黏土球、阴干的黏土球(提前穿在一半数量的烧烤钢签上)、烧烤钢签、自制三脚架、湿抹布、有水的烧杯和护目镜等。

活动设计过程:该活动属于本项目的核心活动之一,可以按照“技术与发明”类核心活动设计过程开展活动设计。过程见图 7-7。

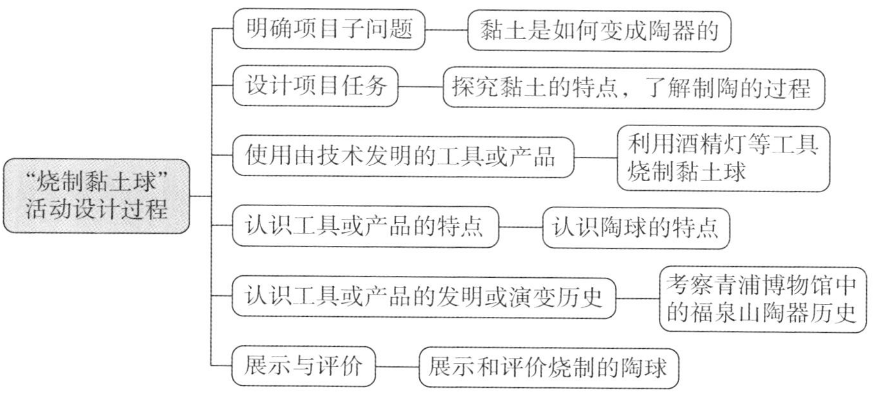

图 7-7 “烧制黏土球”活动设计过程

活动过程：

（1）思考与交流：观察石器时代泥碗，思考并交流制作这些泥碗的材料是什么。

（2）交流与讨论：观察课前用校园土壤制作的泥碗，交流制作过程中遇到的问题，并讨论如何改善这些问题。

（3）观察与比较：观察、比较两份土壤样本，交流样本特点，猜测福泉山陶器的原料，说出黏土的特点。

（4）思考与交流：思考“黏土是如何变成陶器的”，根据猜测进行实验。

（5）观察与交流：观察阴干的黏土球，并放入水中进行观察，交流观察结果。

（6）实验：烧制黏土球，观察黏土球在烧制过程中的变化（同组中烧制湿黏土球和阴干的黏土球，以便比较差异，为之后认识制陶步骤“阴干”作铺垫），完成评价单。

（7）展示与交流：展示实验结果，交流陶球的特点。

（8）观看视频：观看陶器的制作视频，明确制陶的基本过程。

（9）明确任务：欣赏各大博物馆中的福泉山陶器，明确博物馆“寻宝”任务。

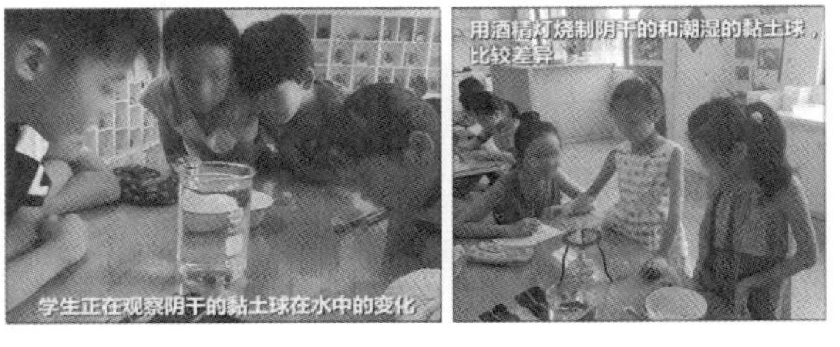

图 7－8　比较黏土球的烧制变化实验

任务三：仿制福泉山陶器

活动：用陶土模仿制作一个福泉山陶器。

活动目标：通过观看视频和制作福泉山陶器，知道陶器的制作过程与加工方式；能根据福泉山陶器图片，完成陶器的制作与加工，并对自己和他人的作品提出改进的意见；感悟劳动人民的智慧。

活动资源：黏土、转盘、抹布、“考察福泉山遗址”学习单、制陶工具和视频资源等。

活动过程：

（1）交流：复习制陶过程。

（2）观看视频：认识泥条盘筑、快轮制陶等制陶基本方法。

（3）制作：用陶土仿制福泉山陶器（可参考任务一中“考察福泉山遗址”学习单上自己绘制的图片进行制作）。

（4）展示与评价：展示、介绍自己的作品并进行评价。

图 7－9　体验制作陶器

任务四：考察青浦博物馆中的福泉山陶器

活动：寻找青浦博物馆中的福泉山陶器。

活动目标：通过青浦博物馆“寻宝”活动和欣赏福泉山陶器，感受福泉山悠久的历史文化，领略家乡文化的魅力。

活动资源：文件夹板、任务单、笔等。

活动过程：

（1）考察：明确任务，分组进行活动，寻找青浦博物馆中的福泉山文物。

（2）展示与交流：汇总、交流资料。

（3）交流与评价：发表活动感想。

图 7－10　学生在博物馆考察

四、项目评价

本项目可以小组为单位，采取自评、互评、师评三种评价形式。评价报告见表 7－7。

表 7－7　评价报告

<table>
<tr><td rowspan="2">评价内容</td><td rowspan="2">活动要求</td><td colspan="3">达成情况</td></tr>
<tr><td>自评</td><td>互评</td><td>师评</td></tr>
<tr><td rowspan="4">学习表现</td><td>能认真参与福泉山遗址参观活动，并完成学习单</td><td></td><td></td><td></td></tr>
<tr><td>能规范操作，完成分工任务，参与实验活动</td><td></td><td></td><td></td></tr>
<tr><td>能根据要求，用黏土成功地制作出福泉山陶器</td><td></td><td></td><td></td></tr>
<tr><td>在青浦博物馆中，能成功找到任务单上的福泉山陶器</td><td></td><td></td><td></td></tr>
<tr><td rowspan="2">学习动力</td><td>喜欢了解有关福泉山陶器的知识</td><td></td><td></td><td></td></tr>
<tr><td>课后会从网上、书籍中了解更多有关福泉山陶器的知识</td><td></td><td></td><td></td></tr>
<tr><td colspan="5">我的反思日志：
问题 1：在这个项目中，我学到了哪些知识？
问题 2：我觉得这个项目中最有趣的活动是什么？
问题 3：如果再次参加项目学习，我会改进哪些方面？</td></tr>
<tr><td colspan="5">老师的话：</td></tr>
</table>

（注：达成相关活动要求的，可在“自评”“互评”“师评”一栏中填入相应的“☆”）

五、项目实施建议

（一）发挥各学科教师作用，保障项目活动顺利实施

本项目涉及跨学科学习，需要各学科教师相互配合以提高学生学习实效并保障项目活动顺利实施。在项目前期的活动中，涉及福泉山遗址的参观考察以及道德与法治课程的相关教学，需要班主任和相关教师进行带队与教学。在后期参观青浦博物馆，以亲子活动的形式进行，需要班主任做好通知工作，提前下发告家长书和“寻宝”任务单，并及时回收学生和家长的反馈内容。在参观考察福泉山遗址时，需要学校“福泉小导游社”“小导游”的配合，学生在参观时一边倾听“小导游”的介绍，一边结合任务单的记录，可以事半功倍。在学生尝试仿制福

泉山陶器的活动时，可以请美术教师进行专业指导，使得成果更美观，学生也更有成就感。

（二）做好实验准备保障工作，确保探究活动安全有效

在项目核心活动“探究黏土与陶器”中，涉及多个科学实验，需要做好实验的准备和保障工作，确保实验活动安全和有效地进行。

在实验前，需要提前准备好足够数量阴干的黏土球，阴干需要一到两天的时间，用于学生观察阴干的黏土球在水中的变化；为了让学生发现阴干的和晒干的黏土的区别，需要提前五天左右的时间准备一个阴干的和一个晒干的黏土碗；课上用于观察的黏土和校园土壤样本也需提前准备，提前晒干校园土壤，黏土则需要磨碎并用细筛提前筛好，才能让学生观察到颗粒小的特点；在“烧制黏土球”的活动中，由于学生不清楚“阴干”这一制陶步骤的作用，因此也需要提前准备好湿黏土球和阴干的黏土球两种对比材料以供烧制，由于黏土球一旦阴干就会太硬而无法穿到烧烤钢签上，因此需在黏土球未干时提前穿在钢签上再阴干，而湿黏土球则需提前用保鲜膜包好，以防其在实验前变干。

实验时需要使用酒精灯，因此一定要强调实验中的安全注意事项，可以先播放实验演示视频并结合安全注意事项讲解。教师也需在实验过程中巡视指导，及时发现并提醒学生的不当操作。

（上海市青浦区重固小学　周枞）

探秘火锅

一、项目概述

本项目对应的《课程标准》工程与技术领域学习内容为“人们为了使生产和生活更加便利、快捷、舒适，创造了丰富多彩的人工世界”。

本项目源于远东版《自然》二年级第二学期第五单元“温度和温度计”中的“热空气会上升”、三年级第二学期第六单元“液体、气体和固体”中的“氧气和二

氧化碳”，对应的内容标准为“说出生活中利用热空气上升的一些实例”。

本项目依据《课程标准》，并结合教材、学校的陶艺工坊和场馆资源，对单元部分内容进行重组和拓展。以“传统火锅为什么长这样”为核心问题，引导学生用“传统火锅的构造有助于空气流动”“氧气支持燃烧”等所学知识解决项目的核心问题。

本项目的学习可以引导学生了解火锅技艺的革新与发展，体会古人的智慧，感受火锅的发明和加工技术给生活带来的便利，提高学生独立思考和分析问题、动手实验的能力。

二、项目特色

（一）基于真实问题，引发项目学习需求

传统火锅至今仍在一些地方使用。学生都对学校崧泽文化陈列馆里的传统火锅这个老物件很感兴趣，于是将探秘火锅确定为本项目的学习内容。本项目可以让学生将所学的知识应用到实际生活中，设计、制作一款自己喜欢的火锅并进行成果展示。

（二）基于结构与功能，促进项目实践认知

学校的烧窑设备成为学生自制学具——陶艺传统火锅实物的脚手架。学生通过观察陶艺传统火锅，知道了它的结构，了解了各部分的作用；通过观察火锅的构造，认识底座、火座、锅身和锅盖等各部分组成。在探究火座与底座功能的过程中，引发学生思考两者的作用，由猜想到实验验证，知道传统火锅的构造就是帮助氧气支持燃烧的一种应用。

（三）基于自制实验材料，支撑项目原理探究

本项目实验材料为传统火锅原理探究提供强有力的支撑。典型、安全与高效的自制实验材料，可以帮助学生更好地完成项目学习，提供认识传统火锅原理的物质支撑。利用学校的陶艺特色，自制陶艺火锅，轻巧、方便和真实。同时，采用固体酒精和自制的烟道等材料，可操作性强，在安全得到保障的同时，便于学生在实验过程中发现技术原理。

三、项目设计与实施过程

（一）项目目标

1. 通过观察活动，知道火锅的组成，激发探秘传统火锅的兴趣。

2. 通过观察、实验活动，知道传统火锅的构造有助于空气流动、让氧气支持燃烧，体会火锅的发明和技术会给人类生活带来影响和变化。

3. 通过考察和阅读等活动，能展示炊煮器具的演变过程，说出炊煮器具与传统火锅的共同点，体会古人的智慧及技术的进步，增强民族自豪感。

（二）项目问题与任务

围绕核心问题，形成问题链、分解任务群和设计具体的活动。具体见表7－8。

表7－8 项目问题与任务分解一览表

<table>
<tr><th>核心问题</th><th>子问题</th><th>任务</th><th>活动</th><th>课时安排</th><th>活动时空</th></tr>
<tr><td rowspan="3">传统火锅为什么长这样</td><td>传统火锅由哪些部分组成</td><td>认识传统火锅的基本组成</td><td>观察自制陶泥传统火锅，将火锅组成部分连线</td><td>1课时</td><td>课内</td></tr>
<tr><td>传统火锅各部分有哪些作用</td><td rowspan="2">认识传统火锅各部分的作用及炊煮器具的演变</td><td rowspan="2">探究火锅各部分的作用，展示炊煮器具的演变</td><td rowspan="2">3课时</td><td rowspan="2">课内外结合</td></tr>
<tr><td>炊煮器具如何演变与改良</td></tr>
</table>

（注：考察活动在课外进行）

（三）项目实施过程

任务一：认识传统火锅的基本组成

活动：观察自制陶泥传统火锅，将火锅组成部分连线。

活动目标：通过观察自制陶泥传统火锅和连线传统火锅组成部分等活动，认识传统火锅的基本组成有底座、火座、锅身和锅盖等，激发探秘传统火锅的兴趣。

活动资源：自制陶泥传统火锅、学习单、铅笔、橡皮、尺和传统火锅组成部分模拟板贴等。

活动过程：

（1）观察与提问：说说对传统火锅有哪些疑问。

（2）猜测与交流：传统火锅由哪些部分组成。

（3）观察与填写：连一连传统火锅的组成部分。

（4）归纳与小结：传统火锅由火座、锅盖、锅身、底座等组成。

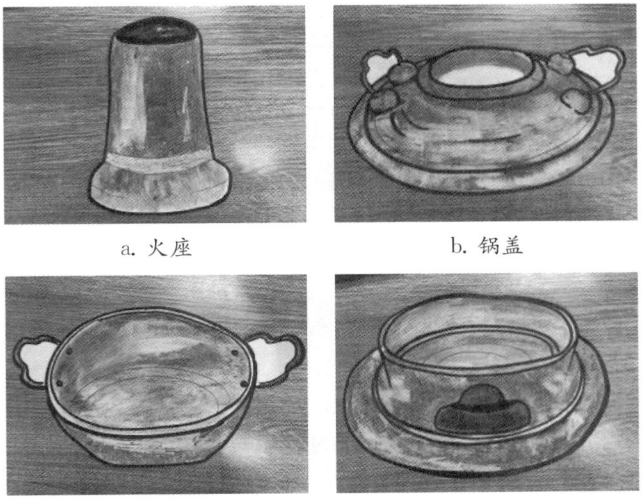

a. 火座　b. 锅盖　c. 锅身　d. 底座

图 7－11　传统火锅的组成部分模拟板贴

任务二：认识传统火锅各部分的作用及炊煮器具的演变

活动：探究火锅各部分的作用，展示炊煮器具的演变。

活动目标：

（1）通过猜想火锅各部分的作用，观察木炭摆放的位置和“小风车转起来”实验等活动，知道传统火锅的构造有助于空气流动和让氧气支持燃烧，体会火锅的发明和技术会给人类生活带来影响和变化。

（2）通过实地考察和网络查询等方式，能仔细观察陶釜、陶灶、土灶与三星堆出土的“陶三足炊器”，说出传统火锅的不足之处，体会炊煮器具的技术发展，感受古人的智慧，激发设计火锅的兴趣。

活动资源：固体酒精、檀香若干、自制陶泥传统火锅、点火器、PVC 管子、陶泥、小风车、文件夹板、时间轴板贴和活动任务单等。

活动设计过程：该活动属于本项目的核心活动之一，可以按照“技术与发明”类核心活动设计过程开展活动设计。过程见图 7－12。

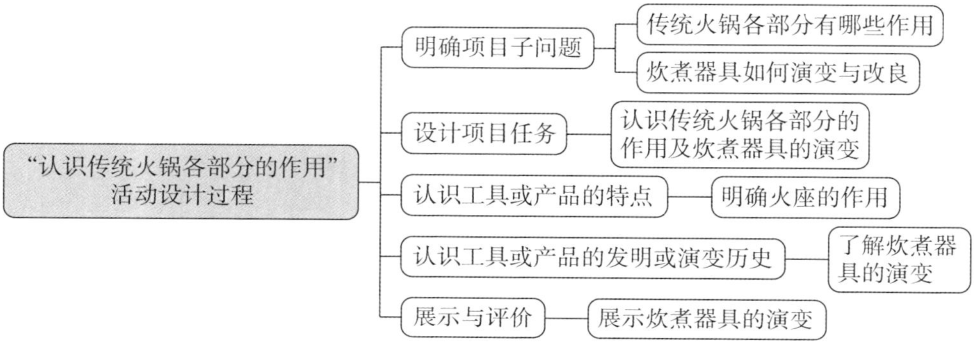

图 7－12　“认识传统火锅各部分的作用”活动设计过程

活动过程：

（1）观察与猜想：传统火锅各部分的作用是什么。

（2）观察与交流：讨论木炭放置的位置，明确火座的作用。

（3）观察与实验 1：空气受热会上升。

（4）操作与评价：小组实验。

（5）交流与归纳：讨论实验现象与实验原理。

（6）观察与实验 2：空气流动形成风。运用陶泥堵住底座的进风口，观察未堵住前和堵住后檀香烟雾的变化并思考原因，完成活动任务单。

（7）观察与实验 3：将小风车放在火座上端，观察小风车的变化。

（8）交流与归纳：火座中的木炭加热空气，空气受热从火座中上升，冷空气从底座的进风口流入。传统火锅的构造有助于空气流动，让氧气支持燃烧。

（9）考察与体验：了解崧泽遗址博物馆的陶釜、陶灶、农家乐土灶等。

（10）网络搜索：查阅有关三星堆出土的“陶三足炊器”的信息。

(11) 汇总与交流:说说它们与传统火锅结构上的共同点,谈谈考察与体验的收获。

(12) 展示与交流:展示炊煮器具的演变过程(见图 7-13)。

(13) 反思与改进:说说传统火锅的不足之处,畅想智能火锅的设计。

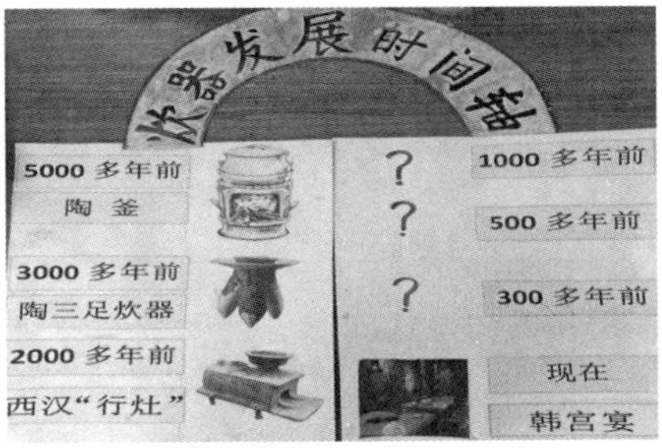

图 7-13 炊器发展时间轴

四、活动评价

本项目可以小组为单位,采取自评、互评、师评三种评价形式。评价报告见表 7-9。

表 7-9 评价报告

评价内容	活动要求	达成情况		
		自评	互评	师评
操作	实验前,组内分工			
	明确实验步骤与要求			
	正确使用点火枪			
	完成实验,保鲜袋上升			
	收拾好实验器材			
	交流实验现象			
考察	能积极参与考察任务,至少完成一种炊煮器具的考察,并完成考察任务单			
	能通过网络查找有关“陶三足炊器”的信息			
展示	能积极展示考察的结果,并畅想智能火锅的设计			

（续表）

我的反思日志： 问题 1：我在小组合作实验中学会了什么？ 问题 2：在这个项目中，我知道了哪些科学原理？ 问题 3：通过考察，我能否尝试设计一款智能火锅？
老师的话：

（注：达成相关活动要求的，可在“自评”“互评”“师评”一栏中填入相应的“☆”）

五、实施建议

（一）用固体酒精作燃料，实验操作安全便捷

在“小风车转起来”实验中，建议使用固体酒精。因其使用、运输和携带方便，燃烧时对环境的污染较少，与液体酒精相比较为安全，实验效果更为明显，可为学生完成实验助一臂之力。

（二）塑料 PVC 管子连接火座，实验效果安全直观

在做“小风车转起来”实验时，由于自制陶艺传统火锅比较矮小，火座部分也不可能做到像烟囱一样高出锅身很多，建议可利用塑料 PVC 管来弥补不足。一方面，可以避免学生做实验时被烫伤的安全隐患；另一方面，使用后实验效果更加显而易见，可谓锦上添花。

（三）结合信息搜集，开展实地考察，设计活动任务单并进行缜密指导

本项目炊煮器具的发展部分的内容可采取多渠道、多方式开展学习，要充分利用活动任务单引导学生完成课外考察和信息搜集任务。鼓励学生在家长陪伴下考察上海崧泽遗址博物馆，观察和体验使用土灶的乡土资源，丰富学生的学习经历。针对实地考察有困难的学生，也可以指导学生上网查找资料，做好信息的整理，丰富对火锅发展的认识。

（上海市青浦区崧泽学校　周小晴）

从养蚕到缫丝

一、项目概述

本项目对应的《课程标准》工程与技术领域学习内容为“技术的核心是发明，是人们对自然的利用和改造”。

本项目源于远东版《自然》二年级第二学期第三单元“卵生的动物”中的“昆虫”、三年级第一学期第三单元“随处可见的材料”中的“蚕丝”，对应的内容标准为“说出一些卵生动物在不同生长阶段的变化”“说出一些常见材料的来源、特点和用途，知道人类会根据需求选择材料”“知道人类的需求不断促进材料的发明与发展”。

本项目依据《课程标准》，并结合教材、学校的办学特色，对教材单元部分内容进行重组与拓展。以“蚕丝是怎么来的”为核心问题，用“蚕靠产卵繁殖后代，一生经历四个生命阶段”“蚕丝是一种又长又不容易断的天然纤维”“人类的需求不断促进抽丝机的改造与缫丝技术的发展”等所学知识解决项目的核心问题。

本项目的学习可以通过养蚕和缫丝的经历，帮助学生总结劳动经验，对劳动工具提出改进意见，提升学生发现和解决问题的能力以及创新设计的能力。

二、项目特色

（一）跨年级整合教材内容，对科学知识理解更系统、完整

本项目的核心科学知识涉及二年级“昆虫”和三年级“蚕丝”中的内容，将这两个内容结合，可以串联起不同年级的教学内容，使学生对动物生命周期和简单机械及应用等科学知识的认识更系统、完整。

（二）融合长周期探究项目学习，使探究活动时间更充分

本项目的实施结合学校“慧观察”办学特色，融合了长周期探究和项目学习方式，并以项目问题解决的任务形式推进，采取课内外结合，班集体共同养殖、观察和记录的方法，使得学生的探究时间更加充分。

三、项目设计与实施过程

（一）项目目标

1. 通过饲养、观察和搜集资料等活动，经历蚕的饲养过程，知道蚕靠产卵繁殖后代和一生经历卵、幼虫、蛹、成虫四个阶段，提高观察与记录能力。

2. 通过阅读和体验活动，经历抽取蚕丝的过程，发现蚕丝是一种又长又不容易断的天然纤维，说出蚕丝在生活中的应用，知道我国是世界上最早养蚕和制作丝绸的国家，体会到中国古代劳动人民的智慧和勤劳，树立民族自豪感。

3. 通过设计和展示活动，能结合使用经验，用简单的文字、图画等方式对需求提出改进设想，建立简单机械结构与功能之间的联系，提高发现问题和解决问题的能力。

（二）项目问题与任务

围绕核心问题，形成问题链、分解任务群和设计具体的活动。具体见表7－10。

表7－10　项目问题与任务分解一览表

核心问题	子问题	任务	活动	课时安排	活动时空
蚕丝是怎么来的	如何养好蚕	找到科学养蚕的方法	收集养蚕资料，交流养蚕方法	1课时	课内外结合
		养殖蚕宝宝，举办交流会	养殖蚕宝宝，交流观察报告	1课时	课内外结合
	蚕茧如何变成蚕丝	获取蚕丝，发现其特点	体验缫丝	1课时	课内
	蚕丝是一种怎样的材料				
	怎样高效地抽取蚕丝	畅想工作高效的抽丝机	设计改造手动抽丝机的方案	1课时	课内外结合

（三）项目实施过程

任务一：找到科学养蚕的方法

活动：收集养蚕资料，交流养蚕方法。

活动目标:

（1）通过多途径查阅养蚕的资料,知道科学养蚕的方法,提高收集和整理资料的能力。

（2）通过分享和交流养蚕资料,知道科学养蚕的方法,根据养蚕需求展开材料准备和任务分工,具有明确任务、合理分工、计划先行的意识。

活动资源:电脑、书籍、养蚕资料。

活动过程:

（1）收集资料:通过搜索网络和阅读书籍等方式开展养蚕资料的收集。

（2）处理资料:将有用信息进行整理,以演示文稿形式呈现。

（3）分享与交流:与班级同伴分享养蚕小知识。

（4）讨论:确定养蚕所需的材料。

（5）制订计划:制订养蚕计划,包括养殖员、记录员的任务分工和排班。

任务二:养殖蚕宝宝,举办交流会

活动:养殖蚕宝宝,交流观察报告。

活动目标:

（1）通过养殖蚕宝宝和记录蚕的生长过程等活动,知道蚕靠产卵繁殖后代,提升观察记录、养殖和照顾小动物的能力。

（2）通过观察记录、交流和对比等活动,知道蚕靠产卵繁殖后代和一生经历卵、幼虫、蛹、成虫四个阶段,提升观察比较和经验总结的能力。

活动资源:饲养盒、蚁蚕、桑叶、放大镜、干湿温度计、记录本、养殖观察报告等。

活动过程:

（1）准备材料:包括饲养盒、蚕宝宝、桑叶、放大镜、干湿温度计和记录本等。

（2）任务分工:分组并选择承担的任务,如饲养员、清洁员和记录员等。

（3）养殖:根据蚕的生长需求喂食桑叶和清理饲养盒,关注饲养盒内的温度和湿度。在蚕结茧的阶段,为蚕准备合适的茧房。

（4）记录:蚕的生长变化,包括温度、湿度、体长、外形、进食情况和发现的问题等。

（5）交流:讨论蚕的养殖和生长情况。

（6）问题反馈：讨论养蚕过程中遇到的问题。

（7）交流总结：养蚕经验总结交流。

任务三：获取蚕丝，发现其特点

活动：体验缫丝。

活动目标：

（1）通过体验缫丝，经历抽取蚕丝的过程，知道蚕丝是一种又长又不容易断的天然纤维。

（2）通过交流蚕丝的用途、观看丝绸发展历史视频、了解丝绸加工工艺以及丝绸之路的意义，说出蚕丝在生活中的应用，知道我国是世界上最早养蚕和制作丝绸的国家，增强民族自豪感。

活动资源：工业灭活蚕茧、手动抽丝机、烧杯、任务单、评价单、视频资源等。

活动设计过程：该活动属于本项目的核心活动之一，可以按照“设计与发明”类核心活动设计过程开展活动设计。过程见图 7－14。

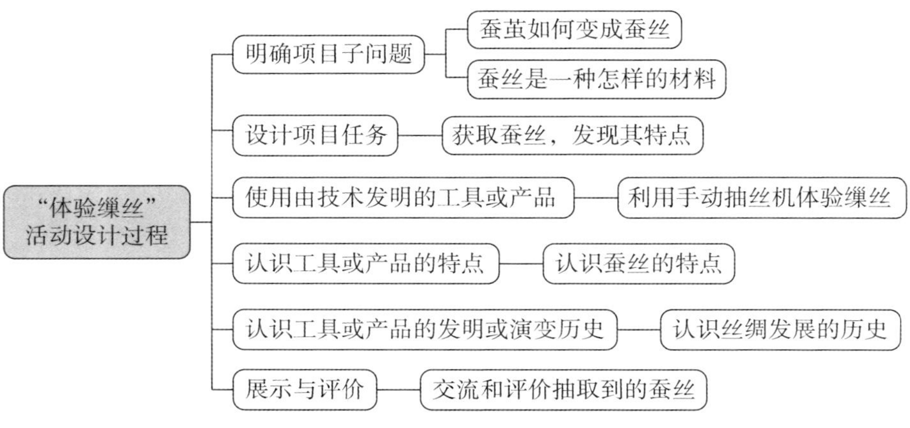

图 7－14　“体验缫丝”活动设计过程

活动过程：

（1）思考与交流：蚕丝是一种怎样的材料，如何从蚕茧中获取蚕丝。

（2）体验与交流：用手抽取蚕茧中的丝并说说体会。

（3）观察与排序：观看缫丝方法的视频，在任务单上将抽丝步骤进行排序。

（4）交流：讨论缫丝方法和注意事项。

（5）观看讲解视频：进一步了解寻找蚕茧丝头的方法。

（6）明确活动要求：阅读缫丝评价单。

（7）体验：小组合作体验缫丝（见图 7－15）。

图 7－15　学生体验缫丝活动

（8）观察与交流：观察蚕丝，交流蚕丝的特点。

（9）形成结论：蚕丝是一种又长又不容易断的天然纤维。

（10）交流：讨论蚕丝用途。

（11）观看视频：了解我国丝绸发展历史和加工工艺，以及丝绸之路的意义。

（12）小结：我国是世界上最早养蚕和制作丝绸的国家，丝绸的加工工艺包括缫丝、织造、染整。

（13）交流并展示缫丝的成果，可参考表 7－11。

表 7－11　缫丝任务单和评价单

<table>
<tr><th>缫丝任务单</th><th colspan="2">缫丝评价单</th></tr>
<tr><td rowspan="4">活动要求：仔细观看视频，将缫丝的主要步骤进行排序。
1. 寻找蚕茧的丝头
2. 将丝头缠绕到抽丝机的滚轮上
3. 加热煮茧
4. 将丝头进行合并
5. 转动抽丝机滚轴抽丝
（　　）→（　　）→（　　）→（　　）→（　　）</td><td>评价要求</td><td>达成情况</td></tr>
<tr><td>分工明确，按照步骤进行缫丝</td><td></td></tr>
<tr><td>合作高效，蚕丝抽取量多</td><td></td></tr>
<tr><td>组内观察交流蚕丝的特点</td><td></td></tr>
</table>

（注：达成相关活动要求的，可在达成情况一栏中填入相应的“☆”）

任务四:畅想工作高效的抽丝机

活动:设计改造手动抽丝机的方案。

活动目标:

(1) 通过观看丝绸的加工工艺和抽丝机演变的视频,建立简单机械结构与功能之间的联系,认识到改变方法和程序可以提高工作效率,体会丝绸工艺的复杂和我国古代劳动人民的勤劳与智慧。

(2) 通过“设计改造手动抽丝机的方案”的活动,发现手动抽丝机存在的不足,能用简单的文字、图画等方式对需求提出改进设想,提高问题发现与解决的能力。

活动资源:视频资料、任务单。

活动设计过程:该活动属于本项目的核心活动之一,可以按照“技术与发明”类核心活动设计过程开展活动设计。过程见图 7-16。

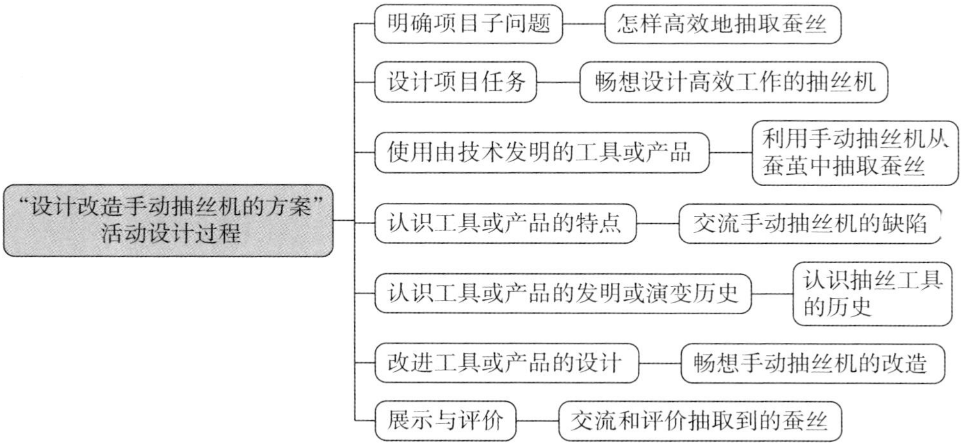

图 7-16 “设计改造手动抽丝机的方案”活动设计过程

活动过程:

(1) 思考并交流:①在“体验缫丝”活动中,使用的手动抽丝机的工作效率如何;②如果要提高抽丝机的工作效率,你想为它增加什么功能;③在还没有发明电的时候,我们的祖先是通过什么方法来提高抽丝机的工作效率的。

(2) 观看视频:了解古代缫丝机械的结构与功能。

(3) 交流:讨论古代缫丝机械的结构和功能特点。

(4) 小组讨论:如何提高抽丝机的工作效率。(完成抽丝机改造设计任务单,见表 7-12)

(5) 交流评价:讨论设计图、功能说明以及改造材料。

(6) 改进:根据交流结果改进设计方案。

表 7-12　抽丝机改造设计任务单

要求:根据缫丝过程中发现的抽丝机功能缺陷问题,结合缫丝方法,对简易抽丝机进行改造设计,使其成为一台高效和易操作的抽丝机。
改造设计图: 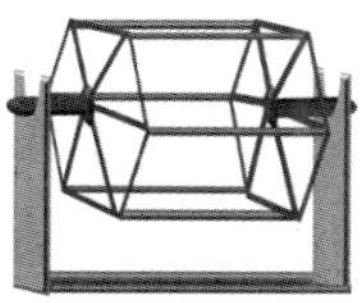
设计(功能)说明: 改造材料:

四、项目评价

本项目可以小组为单位,采取自评、互评、师评三种评价形式。评价报告见表 7-13。

表 7-13　评价报告

评价内容	活动要求	达成情况		
		自评	互评	师评
养殖	完成养蚕资料收集任务,并能处理资料,提取有用信息			
	认真完成蚕宝宝养殖和观察记录的任务			

（续表）

<table>
<tr><td rowspan="2">评价内容</td><td rowspan="2">活动要求</td><td colspan="3">达成情况</td></tr>
<tr><td>自评</td><td>互评</td><td>师评</td></tr>
<tr><td rowspan="2">操作</td><td>能按照缫丝步骤，完成蚕茧的抽丝</td><td></td><td></td><td></td></tr>
<tr><td>能正确使用抽丝机，蚕丝产量多</td><td></td><td></td><td></td></tr>
<tr><td rowspan="2">设计</td><td>能设计改善手动抽丝机1—2个缺点的方案</td><td></td><td></td><td></td></tr>
<tr><td>能根据改造要求联想到匹配的材料</td><td></td><td></td><td></td></tr>
<tr><td rowspan="2">展示</td><td>能根据养蚕报告，交流养蚕过程中的发现</td><td></td><td></td><td></td></tr>
<tr><td>能具体说明改进后抽丝机的功能特点</td><td></td><td></td><td></td></tr>
<tr><td colspan="5">我的反思日志：
问题1：通过本次项目活动，我收集资料和观察记录的能力是否有所提高？
问题2：在这个项目中，我知道了蚕和蚕丝的哪些知识？
问题3：我是否会尝试根据改造抽丝机的方案来制作一台工作高效的抽丝机？</td></tr>
<tr><td colspan="5">老师的话：</td></tr>
</table>

（注：达成相关活动要求的，可在“自评”“互评”“师评”一栏中填入相应的“☆”）

五、项目实施建议

（一）成为学生项目学习全过程的陪伴者和咨询师

本项目的学习活动大部分是在课外进行的，当学生在课外活动中遇到问题时，教师要担任起陪伴者和咨询师的角色。在项目过程中，要及时地把学生的问题收集起来，陪同学生寻求专业上的帮助，解开他们的疑惑，使学生在项目学习中能更为积极主动地寻求问题的解决，通过网上资料的调查、观察日常的饲养行为和对环境条件展开对比等方式来帮助自己进行有依据的分析。

（二）为突破活动技术难题搭建合适的学习支架

在“体验缫丝”活动中，通过视频指导的方式为学生搭建学习支架，不仅将抽丝的完整过程进行了演示，还对缫丝过程中最难的步骤——寻找丝头做了详细讲解。同时，组织学生交流缫丝的详细步骤和注意事项，细化活动要求，让学生更有效地掌握方法。抽丝机的改进设计也需要为学生搭建学习支架，大部分学生想到的改进方法就是要把它改成电动的，但是这并不能完全解决抽丝机的功能问题，可以通过了解古代缫丝机械的发展过程，认识其结构和功能，激发学生的设计思维，将古代与现代技术相融合，提升改造设计的质量。

（上海市青浦瀚文小学　顾玲梅）

菇菇“产房”

一、项目概述

本项目对应的《课程标准》技术与工程领域学习内容为“工程技术的关键是设计，工程是运用科学和技术进行设计、解决实际问题和制造产品的活动”。

本项目源于远东版《自然》三年级第二学期第四单元“森林”和第五单元“腐烂”，对应的内容标准是“知道微生物与人类的关系”。

本项目依据《课程标准》，并结合教材和学校“课植园”以及周边菌菇种植基地资源，对单元内容进行重组与拓展，以“如何构建适合香菇生长的人工环境”为核心问题，引导学生运用“菌菇生长在潮湿阴凉的地方”“湿度、温度、光照和通风能影响香菇的生长”等知识解决项目的核心问题。

本项目的学习可以引导学生经历运用知识与技能解决身边问题的过程，体会劳动能够为生活带来趣味和提升生活质量，并助力家乡绿色、现代农业技术的提高与发展。

二、项目特色

（一）依托项目学习，全面建构知识

本项目主要以微生物中的香菇为切入点，串联生命科学领域、技术与工程领域内容要求开展项目活动，使学生对微生物以及菌菇栽培技术的认识更加系统、全面。

（二）借助家庭、学校、社会平台，深入参与探究活动

本项目的学习得益于区域教学行政部门与企业的合作，为本项目提供免费的菌包和专业技术人员的支持。围绕“如何构建适合香菇生长的人工环境”项目核心问题，引导学生通过设计、制作、观察和考察等活动，结合菌菇栽培过程中产生的一个个问题，开展亲子类长周期探究活动，满足学生寻求问题解决的需求。

（三）利用开放性评价方式，提升参与积极性

在评价过程中，利用开放性评价方式和项目反思日志的形式，让学生在项目展示过程中大胆表达和积极参与，在倾听和思考后能够勇于提出改进的意见，增强语言表达能力以及自信心。在整个项目完成以后，通过项目反思日志进行反思、记录，总结学习经验，提升学生发现和解决问题的能力，以及对自我价值的认可。

三、项目设计与实施过程

（一）项目目标

1. 通过搜集资料、阅读等活动，知道菌菇是一种微生物，生长在潮湿阴凉的地方；具有探究菌菇的兴趣，提高资料整理和信息处理能力。

2. 通过实验、种植和长周期观察等活动，知道影响香菇种植的要素主要有湿度、温度、光照以及通风情况，能合理表达记录的过程和结果，养成良好的观察、记录和交流习惯。

3. 通过设计、制作等活动，能清晰表述设计的目的和理由，学会根据设计图完成菇菇“产房”的制作，发现菇菇“产房”存在的问题，能针对问题提出改进方案，提高在真实情境中解决问题的能力。

4. 通过考察、阅读等活动，知道菌菇栽培技术的现状，关心我国农业技术的发展，具有为家乡绿色农业、现代农业技术发展助力的意识。

（二）项目问题与任务

围绕核心问题，形成问题链、分解任务群和设计具体的活动。具体见表7－14。

表 7-14　项目问题与任务分解一览表

核心问题	子问题	任务	活动	课时安排	活动时空
如何构建适合香菇生长的人工环境	香菇有什么特点，是怎么生长的	知道香菇的生长环境	查阅资料，交流香菇特点	2 课时	课内外结合
			考察校园"课植园"和观看视频，交流香菇生长环境		
	影响香菇生长的因素有哪些	发现种植香菇的要素	设计对比实验，进行长周期观察记录	2 课时	课内外结合
	如何设计并制作一个适宜的菇菇"产房"	制作一个适宜的菇菇"产房"	设计并制作菇菇"产房"	2 课时	课内外结合

（注：种植和制作活动在课外进行）

（三）项目实施过程

任务一：知道香菇的生长环境

活动一：查阅资料，交流香菇特点。

活动目标：通过查阅香菇资料的活动，知道菌菇是一种微生物，生长在潮湿阴凉的地方；产生探究菌菇的兴趣，提高资料整理和信息处理能力。

活动资源：电脑、书籍、图文和视频资料。

活动过程：

（1）思考与交流：什么是微生物。

（2）观察与思考：观看视频，了解微生物与动植物的不同。

（3）猜想并交流：有没有可以食用的微生物。

（4）收集资料：通过上网搜索、阅读书籍等方式开展关于香菇资料的收集。

（5）小结：香菇是微生物，它既不是植物也不是动物。

活动二：考察校园"课植园"和观看视频，交流香菇生长环境。

活动目标：通过"寻找香菇"和观看视频等活动，发现自然界菌菇生长的条件,知道菌菇生长在潮湿阴凉处。

活动资源:图片、视频等。

活动过程:

(1) 观察与记录:课外考察学校“课植园”,寻找菌菇并进行记录。

(2) 整理与思考:整理考察内容,思考菌菇在怎样的环境中生长。

(3) 讨论与交流:菌菇在校园中是否常见,一般在怎样的情况下能看到它们。

(4) 观看视频:了解自然界中菌类的生长环境,以及它们和绿色开花植物的不同。

(5) 小结:香菇是一种菌菇,它生长在潮湿阴凉处。

(6) 观看视频:菌菇能够通过人工种植提高产量和质量。

任务二:发现种植香菇的要素

活动:设计对比实验,进行长周期观察记录。

活动目标:

(1) 通过讨论、设计影响香菇生长因素的对比实验,知道科学种植香菇的方法,能准确观察并记录香菇生长情况,养成良好的观察、记录和交流的习惯。

(2) 通过分析数据、查阅资料等活动,知道香菇的生长与湿度、温度、光照以及通风情况有关。

活动资源:香菇菌棒、DIS实验设备、托盘、冰箱、电脑和书籍等。

活动过程:

(1) 回顾与交流:回顾课外香菇菌棒的种植过程及遇到的问题。

(2) 问题梳理:影响香菇生长的环境因素有哪些。

(3) 设计实验:猜想影响香菇生长的环境因素,设计对比实验。实验过程中观察香菇生长情况,记录相关数据。

(4) 制订计划:制订对比实验计划,包括负责人、种植人员、记录员的任务分工和排班。

(5) 分析与交流:哪些因素会影响香菇的生长。

（6）思考与交流：怎样才能种出更好的香菇？

（7）查阅与思考：利用电脑和书籍，找到香菇种植过程中需要注意的影响因素。

（8）归纳：香菇的生长与湿度、温度、光照、通风情况有关。

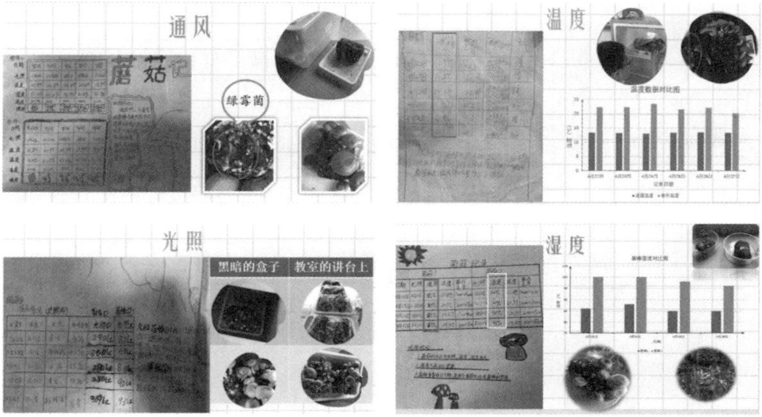

图 7－17　学生观察记录香菇的生长

通过以上研究，学生归纳出香菇种植过程中的影响因素：湿度（80％左右）、温度（8℃—25℃）、光照（散射光 300 勒克斯）、通风。

任务三：制作一个适宜的菇菇“产房”

活动：设计并制作菇菇“产房”。

活动目标：

（1）通过设计和搭建香菇种植棚活动，能根据香菇生长的环境因素及菇菇“产房”，根据设计图完成菇菇“产房”的制作，提高在真实情境中的动手能力和解决问题的能力。

（2）通过考察现代香菇种植技术、交流和改建菇菇“产房”等活动，能发现菇菇“产房”存在的问题并提出改进方案，关心我国农业技术的发展，具有为家乡绿色农业、现代农业技术发展助力的意识。

活动资源：香菇菌棒、废旧材料、制成的菇菇“产房”等。

活动设计过程：该活动属于本项目的核心活动之一，可以按照“工程与设计”类核心活动设计过程开展活动设计。过程见图 7 - 18。

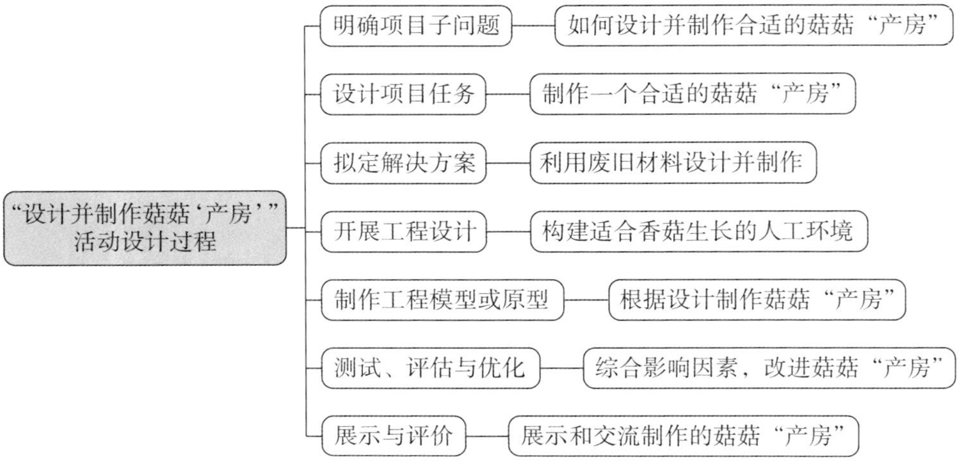

图 7 - 18　“设计并制作蘑菇‘产房’”活动设计过程

活动过程：

（1）复习与交流：结合前期长周期对比实验，确定影响香菇生长的外部环境因素。

（2）设计与讨论：选择合适的材料制作蘑菇“产房”，阐述设计意图。

（3）交流：小组内部对初步设计进行讨论并改进。

（4）制作：根据设计图为香菇菌棒制作蘑菇“产房”。

（5）交流与展示：展示蘑菇“产房”，并说说针对湿度（通风）和光照的设计亮点及设计理由。

图 7 - 19　蘑菇“产房”展示活动

（6）评价与选择：各小组点评展示蘑菇“产房”并说出评价的建议和理由。

(7) 观察与思考:观察气温的走势图,思考如何控制菇菇“产房”的温度。

(8) 观看视频:展示香菇产业种植和菇房设施。

(9) 思考:菇菇“产房”在哪些方面需要改进。

(10) 归纳:香菇生长与湿度、温度、光照以及通风都密切相关,因此,菇菇“产房”需要综合所有因素进行改进,使它真正成为香菇的生长摇篮。

四、项目评价

本项目可以小组为单位,采取自评、互评、师评三种评价形式。评价报告见表 7-15。

表 7-15 评价报告

<table>
<tr><td rowspan="2">评价内容</td><td rowspan="2">活动要求</td><td colspan="3">达成情况</td></tr>
<tr><td>自评</td><td>互评</td><td>师评</td></tr>
<tr><td rowspan="2">种植记录</td><td>能参考说明书,种植香菇菌棒</td><td></td><td></td><td></td></tr>
<tr><td>能每天记录香菇生长情况,并分享劳动成果</td><td></td><td></td><td></td></tr>
<tr><td rowspan="2">对比实验</td><td>能设计对比实验,并分工明确</td><td></td><td></td><td></td></tr>
<tr><td>能根据记录的现象和数据,分析香菇生长情况</td><td></td><td></td><td></td></tr>
<tr><td rowspan="2">调查研究</td><td>小组分工明确,能积极收集关于香菇生长的资料</td><td></td><td></td><td></td></tr>
<tr><td>团结合作,能汇总资料,归纳影响香菇种植的因素</td><td></td><td></td><td></td></tr>
<tr><td rowspan="2">设计制作</td><td>能结合环境因素,设计菇菇“产房”</td><td></td><td></td><td></td></tr>
<tr><td>能根据设计图,制作菇菇“产房”</td><td></td><td></td><td></td></tr>
<tr><td rowspan="2">展示作品</td><td>能熟练、自信地介绍自己的设计及作品</td><td></td><td></td><td></td></tr>
<tr><td>能公正评价其他小组的作品,给出合理的建议</td><td></td><td></td><td></td></tr>
<tr><td colspan="5">我的反思日志:
问题 1:在这个项目中,我最有成就感的部分是什么?
问题 2:我对菇菇“产房”有哪些建议?
问题 3:我喜欢这样的学习方式吗?为什么?</td></tr>
<tr><td colspan="5">老师的话:</td></tr>
</table>

(注:达成相关活动要求的,可在“自评”“互评”“师评”一栏中填入相应的“☆”)

五、项目实施建议

（一）搭建课外交流平台，保持学生参与热情

香菇种植活动大部分是在课外进行的，而项目学习非常重视项目成果的预期表现，应借助移动端及时搭建教师、家长、学生和技术人员交流的平台。教师要鼓励学生在家长的帮助下，将种植菌菇的观察记录、遇到的问题和解决的方法、制作的菌菇美味佳肴等收获，通过制作演示文稿、录制视频等方式，将所学所思进行充分的表达，这样能够使学生更为积极主动地参与到该项目中，也能鼓励家长和学生一起进行亲子活动，对学生参与的项目深入了解，搭建家校沟通的桥梁。

（二）鼓励设计多样性方案，为学生提供协助指导

在设计与制作菇菇“产房”的过程中，不提供统一的制作标准，只要符合要求即可。学生呈现的设计图以及设计过程中涉及的影响因素各有不同，可以引导他们对原有的设计进行修改完善，而不应该干涉他们的设计方案。在搭建的过程中，教师也要提供相关的资料，让学生认识建筑的基本结构和功能，激发学生的设计思维，提升菇菇“产房”的质量。同时，也可以利用课余时间组织部分学生去周边菌菇种植基地进行实地考察，引导学生综合考虑香菇生长的环境因素，不断完善菇菇“产房”。

（上海市青浦区朱家角小学　张虹）

小池塘的新发现——福寿螺

一、项目概述

本项目对应的《课程标准》工程与技术领域学习内容为“技术的核心是发明，是人们对自然的利用和改造”。

本项目源于科教版《自然》三年级第一学期第四单元“生物与环境”中的“池

塘、湿地与生物”，对应的内容标准为“知道不同的环境适合不同种类的生物生存”。

本项目依据《课程标准》，并结合教材和学校池塘资源，从教材原有单元内容进行延伸，以“福寿螺是一种怎样的动物”为核心问题，引导学生用“不同的环境适合不同种类的生物生存”“动植物适应环境及变化的方式”等所学知识解决项目的核心问题。

本项目的学习可以引导学生经历身边真实问题的解决过程，通过综合应用学科知识与技能进行创新实践，体验“做”的成功和乐趣，体会科学技术对个人生活和社会发展的影响。

二、项目特色

（一）项目问题源于实际生活，能激发学生内驱力

本项目源于学生在日常观察中发现的问题。小池塘中高出水面的竹子、梭鱼草、围栏等物体上有一些鲜红色的物体——福寿螺的卵块，引发了学生强烈的好奇心。他们主动探究“福寿螺是一种怎样的动物”。在探究过程中，学生会遇到很多实际的困难，如卵块离岸边太远，很难直接采集；水中的福寿螺和其他动植物无法直接观察到。基于此，为讨论解决上述问题的方法而开展项目活动。问题源于生活，让学生更容易联系实际，激发学生解决问题的内驱力。

（二）亲历技术发明，注重技术与工程领域思维培养

在设计发明福寿螺卵块采集器活动中，从最初的设计图到使用材料进行制作和加工，再到最后的实践活动，学生不断对“产品”进行改进。在这一过程中，学生经历了技术与发明活动的完整过程，通过利用合适的工具解决实际问题，提高了发现问题、解决问题、设计创新和动手制作能力，技术与工程领域思维得到培养。

（三）学生主导探究方向，教师搭建有效学习支架助探究

在本项目中，好奇的学生会根据观察提出各种各样的问题。在此基础上，可

以引导学生筛选有研究价值的问题，搭建合适的学习支架帮助学生开展探究活动。例如在探究“福寿螺的卵孵化需要哪些条件”时，首先引导学生思考如何获得福寿螺的卵。可以借助活动任务单、各种制作工具和材料，启发学生设计和制作采集器并运用于真实的采集活动，为后续的研究作铺垫。

三、项目设计与实施过程

(一) 项目目标

1. 通过观察、讨论、设计、制作和采集等活动，能根据实际遇到的问题，选择合适的材料发明制作和改进采集器，提高问题分析、问题解决和动手能力，体会人类对产品不断改进以适应不断增长的需求，感悟人类需求是影响科学技术发展的关键因素。

2. 通过实验、观察、记录和交流等活动，能根据福寿螺的卵在不同条件下的孵化情况得出初步的结论，提高观察比较、记录分析和总结能力。

3. 通过收集资料和观察饲养等活动，说出福寿螺的由来、生活习性及该品种对生态环境的影响等，提高资料收集、整理和分析的能力。

4. 通过小组展示研究成果等活动，知道池塘是一些动植物的栖息地，感悟生物适应环境的神奇，具有人与自然和谐共处的意识。

(二) 项目问题与任务

围绕核心问题，形成问题链、分解任务群和设计具体的活动。具体见表7-16。

表7-16 项目问题与任务分解一览表

核心问题	子问题	任务	活动	课时安排	活动时空
福寿螺是一种怎样的动物	如何采集福寿螺的卵	采集福寿螺的卵块	设计发明采集器，使用采集器采集卵块	3课时	课内外结合，制作活动在课外进行

（续表）

核心问题	子问题	任务	活动	课时安排	活动时空
	福寿螺卵块孵化需要哪些条件	探究福寿螺卵块孵化的条件	设计对比实验，研究卵块在不同条件下的孵化情况	2课时	课内外结合，长周期观察活动在课外进行
	福寿螺有怎样的生活习性	认识福寿螺的形态特点和生活习性	分组进行小课题研究	2课时	课内外结合，各组研究活动在课外进行
	怎样让更多的同学知道我们的研究	举办研究成果发布会	各小组准备发布会演讲	2课时	课内外结合，准备活动在课外进行

（三）项目实施过程

任务一：采集福寿螺的卵块

活动：设计发明采集器，使用采集器采集卵块。

活动目标：

（1）通过观察和讨论等活动，说出采集福寿螺卵遇到的困难，提高问题分析能力，感悟使用工具可以更加便利和快捷地解决生活中的实际问题。

（2）通过设计、交流、制作和采集等活动，能使用工具和材料加工制作简易采集器，建立结构和功能之间的联系，提高问题解决和动手能力，感受人们的生活离不开各种工具。

活动资源：八米延长杆、螺丝、学习单、记号笔、剪刀、双面胶、胶带、塑料瓶等生活中废弃的物品，活动任务单等。

活动设计过程：该活动属于本项目的核心活动之一，可以按照“技术与发明”类核心活动设计过程开展活动设计。过程见图7-20。

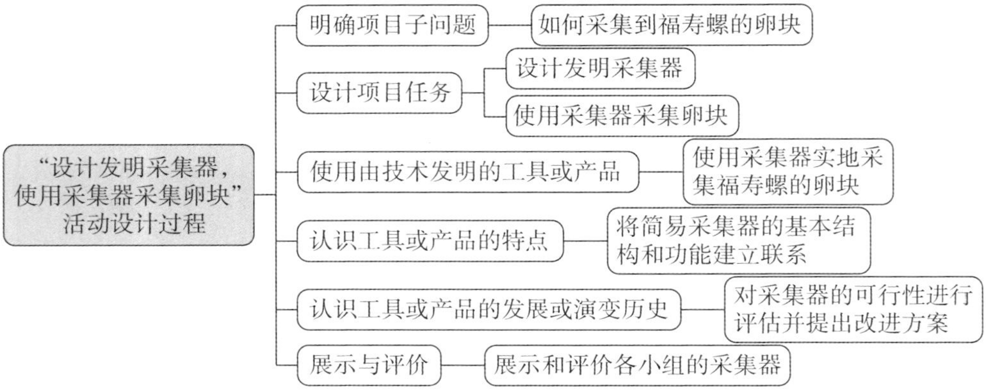

图 7-20 "设计发明采集器，使用采集器采集卵块"活动设计过程

活动过程：

（1）观察与讨论：小池塘中福寿螺的卵块离岸边太远，如何才能采集到福寿螺的卵块。

（2）设计与交流：从可利用的工具、受制约的因素、功能、成本等方面考虑，利用文字和绘图表达自己的设计发明，交流设计意图及改进方法。

（3）制作与交流：根据设计方案，使用适当工具和废旧物品完成简易采集器的制作。

（4）实践活动：前往小池塘，使用制作的采集器采集福寿螺的卵块。

（5）观察与交流：在实际使用采集器采集卵块的过程中，遇到了哪些问题。

（6）制作改进：各小组根据各自遇到的问题提出相应的改进方案，完善简易采集器。

实践活动后，同学们发现采集器刮取卵块的角度很重要，所以后续的改进中需要让刮取口贴紧卵块附着的物体，且刮取口需要更坚固。此外，敞开口的采集器容易在采集完成回收杆子的时候将卵块漏到小池塘中，而倒扣的瓶子可以有效地减少卵块漏出的现象。

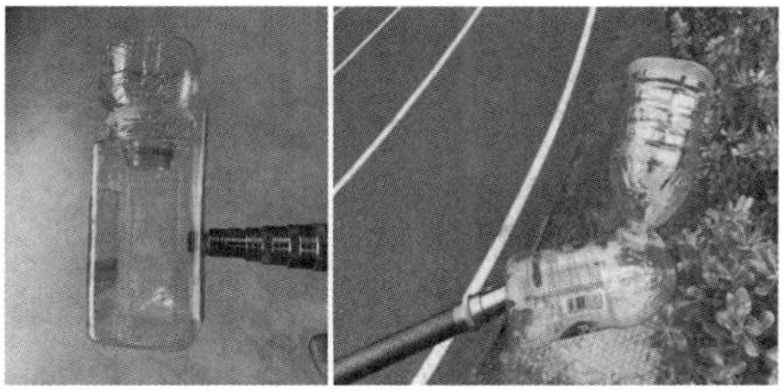

图 7-21　简易采集器

任务二:探究福寿螺卵块孵化的条件

活动:设计对比实验,研究卵块在不同条件下的孵化情况。

活动目标:通过观察、讨论和交流,说出福寿螺卵块的特点,能设计并实验探究不同条件下卵块的孵化,说出不同条件下福寿螺的卵块孵化情况。

活动资源:采集到的卵块、手套、放大镜、孵化器、活动记录单等。

活动过程:

(1) 观察与交流:用放大镜观察福寿螺的卵块,总结卵块的特点。

(2) 讨论:哪些条件会影响福寿螺卵块的孵化。

(3) 实验与交流:根据提出的不同假设,设计比较实验。

(4) 设计与制作:根据不同假设,设计与制作孵化器。

(5) 制订观察计划:各小组成员轮流进行观察活动,每天一位记录员进行观察与记录。

(6) 分享与交流:与班级同学分享观察结果,总结不同条件下福寿螺卵块的孵化情况。

任务三:认识福寿螺的形态特点和生活习性

活动:分组进行小课题研究。

活动目标:通过饲养、观察、记录、访谈和查阅资料等活动,能以小组为单位对"福寿螺的由来及其对生态环境的影响""调查小池塘的环境""认识福寿螺的生活习性"等小课题进行研究,说出福寿螺的形态特点和生活习性。

活动资源:饲养盒、福寿螺、采集器、水下探鱼器和热胶枪等。

活动过程：

（1）讨论与交流：对于像福寿螺这样的学生不太了解的生物，可以从哪些方面去研究。

（2）确定研究任务：各小组认领一个问题作为小课题研究的任务。

（3）各组开展相应的课题研究：①福寿螺的由来及其对生态环境的影响，查阅资料和讨论，认识福寿螺的来源、基本特点以及其对生态环境的影响；②饲养福寿螺，了解福寿螺的生活习性，开展饲养福寿螺活动，进行观察、讨论、记录，认识福寿螺的生活习性和特点；③调查小池塘的环境，借助水下探鱼器等专业工具，实地考察小池塘的生态环境。

图 7－22　学生借助水下探鱼器进行观察

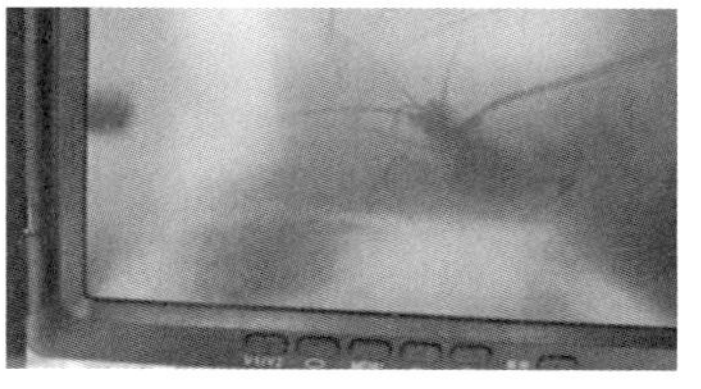

图 7－23　学生观察到的画面

任务四：举办研究成果发布会

活动：各小组准备发布会演讲。

活动目标：通过展示与交流各小组的研究成果，知道池塘是一些动植物的栖息地，福寿螺的形态特征和生活习性使其能够在池塘环境下生存。

活动资源：希沃软件、翻页笔、演示文稿、赛灵格智能网络化教学系统、平板电脑等。

活动过程：

（1）交流：简单回顾整个项目的探究过程。

（2）展示：各小组利用演示文稿、实物展示等，介绍小课题研究的成果。

（3）评价：各小组通过赛灵格平台推送的评价量表进行评价，并有针对性地与展示交流的小组进行交流，反馈优点和待改进的部分。

（4）总结：对各小组的研究情况进行简短、有针对性的点评，引导学生反思和总结。

四、项目评价

本项目可以小组为单位，采取自评、互评、师评三种评价形式。评价报告见表 7－17。

表 7－17　评价报告

评价内容	活动要求	达成情况		
		自评	互评	师评
设计	能积极参与采集器设计的讨论，表达自己的想法			
	能利用文字与绘图方式完成采集器设计图			
制作	能根据设计方案，完成采集器制作			
	能在制作过程中认真完成自己的任务			
观察	能在小池塘中观察到福寿螺卵块及其周围环境特点			
	能认真完成观察和记录福寿螺卵块孵化过程			
探究	能积极参与小组课题研究，表达自己的想法			
	能在小组课题研究中认真完成自己的任务			
展示	能与同学交流分享小组课题研究成果			
	能在展示过程中完成自己的任务			
我的反思日志： 问题 1：在这个项目中，我知道了福寿螺的哪些知识？ 问题 2：我对自己小组改进后的采集器采集效果满意吗？是否有进一步改进的想法？ 问题 3：我对自己在小组课题研究成果发布会上的表现满意吗？还有哪些方面可以做得更好？				
老师的话：				

（注：达成相关活动要求的，可在“自评”“互评”“师评”一栏中填入相应的“☆”）

五、项目实施建议

（一）根据真实问题，合理规划项目

在项目学习的设计中，可以根据学生提出的一系列真实问题进行分类，梳理

核心问题，再根据核心问题预设子问题，并设计与之相对应的任务和活动安排，提前进行合理的项目规划，避免项目开展的随意性和无目的性。

（二）提供合适工具，确保安全可控

工具是一种物化的技术。可以在项目活动设计的过程中选用合适的制作材料、相应的制作工具，尝试在确保安全的情况下，教给学生如何使用常见的工具对材料进行简单的加工，提高学生的动手能力。如在制作采集器的过程中，需要钻孔和使用美工刀进行切割，可以在安全可控的前提下，训练学生规范、正确地操作工具。

（三）运用信息技术，助力分享设计

在设计采集器的过程中，为便于各组交流不同的设计方案，推荐使用希沃授课助手、赛灵格智能网络化教学系统等软件，将学生设计方案快速拍照投屏，有助于全班学生观察、比较方案的利弊，取长补短，优化自己的方案。

（上海青浦兰生学校　马懿）

第八章　高学段实践案例

制 作 灭 火 器

一、项目概述

本项目对应的《课程标准》工程与技术领域学习内容为“工程技术的关键是设计，工程是运用科学和技术进行设计、解决实际问题和制造产品的活动”。

本项目源于科教版《自然》五年级第一学期第一单元“物质的变化”，对应的内容标准为“知道物质的变化需要一定的条件，知道有的物质变化会生成新的物质”。

本项目依据《课程标准》并结合教材，对单元部分内容进行重组与拓展。以“如何设计与制作一个灭火器”为核心问题，引导学生用“燃烧的三要素是可燃物、温度、氧气”“灭火的原理是物质变化产生了二氧化碳”等所学知识解决项目的核心问题。

本项目的学习可以通过工程与技术领域的相关活动加深对单元核心知识的理解，培养学生的动手能力，提升学生发现和解决问题的能力以及创新设计的能力，增强安全防范意识。

二、项目特色

（一）拓展学科知识，丰富探究活动

本项目的核心知识是有些物质变化会生成新的物质，在使用灭火器时会涉及燃烧相关知识，而燃烧的条件与灭火的方法又是一一对应的。因此，本项目可以使学生系统、完整地掌握燃烧的三要素和灭火的四种基本方法。

（二）融合长周期探究与项目式学习，使探究活动更丰富

本项目以问题解决的形式逐一推进。在灭火器设计与制作的阶段，采用长周期合作探究的方式引导学生进行研究；在灭火的阶段，采用问题驱动和比赛的方式，激发学生的荣誉感、好胜心。通过观察、改进、测试、再改进和再测试的方式，引导学生对自己的设计与制作进行反复的修正，达到学生主动学习、主动探究的目的。

（三）理论学习与动手实践相结合，经历工程与技术的革新

在设计与制作灭火器之前，学生需要学习燃烧与灭火的相关知识，也需要知道制作灭火器的主要结构与灭火原理。(1)学生学习燃烧的条件和灭火的基本方法。(2)学生在观察教师制作的灭火器的基础上自己设计灭火器。(3)学生通过灭火比赛发现自己设计与制作中的不足，再次改进后提高自己的灭火成绩。通过以上活动，学生认识到改进自己设计中的任何一个环节都是工程与技术上的革新，不断的革新与技术进步会使产品的实际使用效果更佳。

三、项目设计与实施过程

（一）项目目标

1. 通过阅读活动，知道可燃物、温度、氧气是燃烧的三个必要条件，知道灭火的四种基本方法分别是针对燃烧的三个条件和它们之间的关联，增强安全防范意识。

2. 通过体验和观察活动，说出灭火器的基本组成及其各部分的作用，知道灭火器的设计与制作过程，激发制作灭火器的兴趣。

3. 通过体验和设计等活动，能发现自己设计的灭火器存在的问题，并就某一部分进行技术改进，提高动手实践与创造性解决问题的能力。

（二）项目问题与任务

围绕核心问题，形成问题链、分解任务群和设计具体的活动。具体见表8-1。

表 8－1　项目问题与任务分解一览表

核心问题	子问题	任务	活动	课时安排	活动时空
如何设计与制作一个灭火器	燃烧是怎样发生的	发现燃烧的条件以及灭火的方法	绘制燃烧三要素关系图，认识灭火器各部分工作原理	1 课时	课内
	怎样设计并制作一个灭火器去赢得灭火比赛	设计并制作灭火器	绘制灭火器设计图，寻找身边的材料制作灭火器	2 课时	课内外结合，部分活动在课外进行

（三）项目实施过程

任务一：发现燃烧的条件及灭火的方法

活动：绘制燃烧三要素关系图，认识灭火器各部分工作原理。

活动目标：

（1）通过阅读和绘制燃烧三要素关系图的活动，知道燃烧的三要素是可燃物、温度和氧气，燃烧的发生必须同时满足这三个条件。

（2）通过观察和实验等活动，知道灭火的四种方法，说出灭火器的基本组成与各部分的作用，增强安全防范的意识。

活动资源：蜡烛、火柴、酒精灯、卡纸、铅笔、清水、抹布、废物瓶、演示用灭火器、演示文稿等。

活动过程：

（1）阅读与交流：讨论燃烧的三要素。

（2）绘制关系图：将燃烧三要素的关系绘制成关系图。

（3）分享与交流：展示绘制的关系图。

（4）讨论：根据燃烧三要素关系图讨论怎样进行灭火，有哪几种基本的方法。

图 8－1　学生作品

（5）实验与测试：把一根火柴点燃后，让它自动熄灭，再尝试点燃酒精灯，用灯帽把它盖灭。

（6）观察与思考：思考灭火器的基本结构与各部分的作用。

任务二：设计并制作灭火器

活动：绘制灭火器设计图，寻找身边的材料制作灭火器。

活动目标：通过“设计并制作灭火器”的活动，能逐步完成对方案的制作、测试和改进，知道灭火器可以灭火是物质变化产生了二氧化碳，提高动手实践与创造性解决问题的能力。

活动资源：演示用灭火器、塑料瓶、吸管、茶包、小苏打粉、白醋、镊子、汤匙、回形针、热熔胶、蜡烛、打火机和活动任务单等。

活动设计过程：该活动属于本项目的核心活动之一，可以按照“工程与设计”类核心活动设计过程开展活动设计。过程见图 8－2。

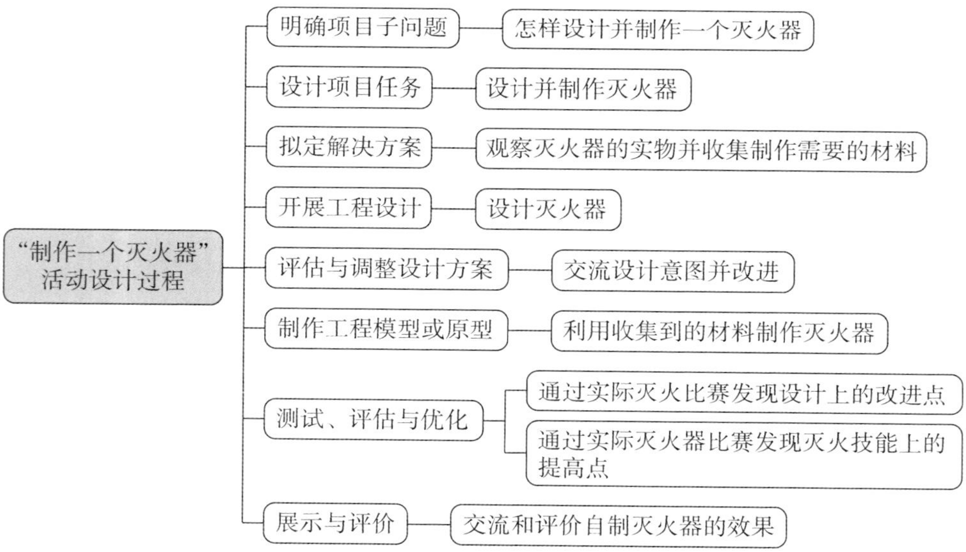

图 8－2　“制作一个灭火器”活动设计过程

活动过程：

（1）设计方案。

① 观察与讨论：灭火器瓶由哪几部分组成，分别有什么作用，应该如何很好

地引导产生的二氧化碳气体喷出来。

② 小组合作：设计灭火器草图，说说设计中各个部分的作用。

（2）制作灭火器，测试与优化。

① 观察与设计：根据方案设计制作灭火器的瓶身和装反应物的药粉包。

② 初次测试：用 10 支点燃的蜡烛进行灭火效果的测试并记录。

③ 交流与修改：交流测试中所发现的问题，并根据问题对设计图进行二次修改。

④ 再次测试：测试改进后灭火器的灭火效果，并进行记录。

⑤ 灭火实验比赛：按照比赛要求进行灭火比赛，并如实记录比赛的成绩。

⑥ 制作经验交流：灭火器制作经验交流。（例如：瓶口的气密性是怎么做的？怎么控制二氧化碳的喷出方向？药粉包的大小与瓶口的关系是什么？捆扎棉线时应该注意什么？怎样才能快速、平稳地进行气体灭火？）

⑦ 小结：当小苏打与白醋相遇的时候会反应产生二氧化碳气体，灭火器喷口通过控制二氧化碳气体喷出的方向，使得氧气被二氧化碳气体隔绝，蜡烛的燃烧因而停止。

⑧ 再次优化设计：根据实际使用情况酌情再改进灭火器。

⑨ 分享与交流：交流各自的改进效果。

图 8-3　灭火测试

图 8-4　改进瓶身

图 8-5　改进喷嘴

四、项目评价

本项目可以小组为单位，采取自评、互评、师评三种评价形式。评价报告见

表 8－2。

表 8－2 评价报告

<table>
<tr><td rowspan="2">评价内容</td><td rowspan="2">活动要求</td><td colspan="3">达成情况</td></tr>
<tr><td>自评</td><td>互评</td><td>师评</td></tr>
<tr><td rowspan="2">考察</td><td>能积极参与小组讨论，了解灭火的原理</td><td></td><td></td><td></td></tr>
<tr><td>能够积极寻找材料，为灭火器的制作提供原料</td><td></td><td></td><td></td></tr>
<tr><td rowspan="2">设计</td><td>能积极参与灭火器设计的讨论，表达自己的想法</td><td></td><td></td><td></td></tr>
<tr><td>能绘制出灭火原理的关系图</td><td></td><td></td><td></td></tr>
<tr><td rowspan="2">操作</td><td>能在制作灭火器活动中完成自己的工作任务</td><td></td><td></td><td></td></tr>
<tr><td>能在灭火比赛中自行完成灭火任务</td><td></td><td></td><td></td></tr>
<tr><td rowspan="2">测试</td><td>能运用自己制作的灭火器，完成熄灭 10 支蜡烛的测试</td><td></td><td></td><td></td></tr>
<tr><td>能根据灭火的实际情况对自己的灭火器进行改进</td><td></td><td></td><td></td></tr>
<tr><td rowspan="2">展示</td><td>能表达出自己制作的灭火器的灭火原理</td><td></td><td></td><td></td></tr>
<tr><td>能从灭火过程中发现灭火器可以改进的地方</td><td></td><td></td><td></td></tr>
<tr><td colspan="5">我的反思日志：
问题 1：在这个项目中，我学到了哪些知识？
问题 2：我觉得这个项目中最有趣的活动是什么？
问题 3：我对自己的灭火成绩满意吗？是否有进一步改进灭火器的想法？</td></tr>
<tr><td colspan="5">老师的话：</td></tr>
</table>

（注：达成相关活动要求的，可在“自评”“互评”“师评”一栏中填入相应的“☆”）

五、项目实施建议

（一）注重项目材料选择，保障学生实验安全

本项目需要秉持安全第一的原则，尤其是学生可能在家中进行改进尝试。在项目开始之前和项目进行时，务必指导学生安全点燃蜡烛和准备好湿抹布、废物桶等必备器材，并告知学生需要家长在旁关注。在反应物的选择上，本项目所采用的是厨房里常见的小苏打粉和白醋，均是可以食用的物品，不必担心产生有

害物质。在做好防火安全的基础上,学生可以在家中和实验室展开实验。

(二)搭建趣味实验平台,引导学生自主探究

灭火器的制作简单,绝大部分学生都能成功完成10支蜡烛灭火测试的任务。但想要赢得最后的灭火比赛却不容易,需要探究灭火器的原理。对瓶身、瓶嘴、反应物的反应速度、持续平缓输出二氧化碳气体等多方面的考量,才是赢得胜利的关键,引导学生深入探究。在完成项目的过程中,教师需要引导学生仔细观察,反复思考与实践,才能使学生真正提升探究能力。

(三)保持家校及时联系,课上进行反馈评价

本项目需要学生在课外进行探究实验,而学生课外的实验需要家长的指导和安全保障。教师保持与家长的密切联系,对学生的进步及时进行表扬,并对其做进一步的指导。为了使学生获得改进后的满足感和成功的喜悦,激发学生进一步探究的动力,教师更要在课堂上进行展示和奖励。

(上海市民办中芯学校 戴小羽)

制作火灾警报器

一、项目概述

本项目对应的《课程标准》工程与技术领域学习内容为“工程技术的关键是设计,工程是运用科学和技术进行设计、解决实际问题和制造产品的活动”。

本项目源于科教版《自然》五年级第二学期第八单元“科技发明与生活的变化”中的“自动化控制”,对应的内容标准为“知道人类的信息传递方式、交通工具、用电器和自动化控制都经历了发明和发展的过程”。

本项目依据《课程标准》并结合教材,对单元部分内容进行拓展。以“如何使火灾警报器更灵敏地探测到火灾隐患并在最快时间控制火势”为核心问题,引导学生用“传感器可以感知物体的温度和光照强度”“人类不断发明新的自动化控制技术,自动化控制在生产和生活中有着广泛的应用”等所学知识解决项目的核

心问题。

本项目的学习可以引导学生利用 SAM Labs 虚拟元件进行设计与测试，经历身边真实问题的解决过程，体会自动化控制技术的优势，感受人类的需求不断推动科技的发展，科技发明给人类生产和生活带来变化，增强安全防范意识。

二、项目特色

（一）创设真实情境，激发学习兴趣

五年级学生有一定的知识储备和生活经验，教师需要帮助学生建立起各种科学事实之间的联系，并能将有关的科学知识和概念的理解运用于日常生活中。本项目用一起纵火案导入，激发了学生探究的热情，同时也帮助学生明确了本项目的探究方向和目标。

（二）借助信息技术，丰富学习经历

本项目利用 SAM Labs 虚拟元件和 SAM Space 虚拟程序完成火灾警报器的制作。SAM Labs 可以把学生的虚拟设计方案用电子模块实时展示出来，学生可以使用它设计、编写和调试程序，应用序列、选择、循环三大控制方式；通过结合使用模块和应用程序，帮助学生设计并搭建“火灾警报器”模型，解决技术性问题。

（三）通过模拟实验，改进报警功能

在完成火灾警报器的制作后，学生利用燃烧的蜡烛及温度和光感应器等元件，通过检验蜡烛产生的热能调试火灾警报器，根据实际情况调节相应的条件进行改进。在实验测试中，学生发现警报器只有警报，无法对火灾做出任何控制，后续通过交流，发现可以用将警报器与喷淋装置相连接的方式，达到控制火势甚至灭火的效果。

三、项目设计与实施过程

（一）项目目标

1. 通过设计、制作和测试等活动，能有计划地设计和改进火灾警报器，经历

工程设计的一般过程，知道传感器可以感知物体的温度和光照强度，体会自动化控制技术的优势，提高信息技术的应用能力，增强安全防范意识。

2. 通过观察、阅读和展示等活动，能表述设计喷淋装置需求的想法，提出可行的解决方案，知道人类不断发明新的自动化控制技术，自动化控制在生产和生活中有着广泛的应用，感受人类的需求不断推动科技的发展，科技发明给人类生产和生活带来的变化。

（二）项目问题与任务

围绕核心问题，形成问题链、分解任务群和设计具体的活动。具体见表8-3。

表8-3　项目问题与任务分解一览表

核心问题	子问题	任务	活动	课时安排	活动时空
如何使火灾警报器更灵敏地探测到火灾隐患，并在较短的时间内控制火势	火灾警报器是如何工作的	设计火灾警报器	在模拟环境下测试并改进自己设计的火灾警报器	1课时	课内
	如何能在较短的时间内控制火势	设计喷淋装置	设计一个能喷淋的火灾警报器	1课时	课内

（三）项目实施过程

任务一：设计火灾警报器

活动：在模拟环境下测试并改进自己设计的火灾警报器。

活动目标：

（1）通过观察和分析常见火灾警报器的基本结构，能发现其存在的不足，产生对火灾警报器设计的兴趣。

（2）通过利用SAM Labs系统合理使用编程条件设计火灾警报器，并在模拟火灾场景中调试和改进火灾警报器，知道传感器可以感知物体的温度和光照强度等，体会自动化控制技术的优势，提高信息技术的应用能力，领悟人们可以根据现实的需要进行设计和发明。

活动资源：SAM Labs 元件、平板电脑、自制木房子、蜡烛和演示文稿等。

活动设计过程：该活动属于本项目的核心活动，可以按照“工程与设计”类核心活动设计过程开展活动设计。过程见图 8－6。

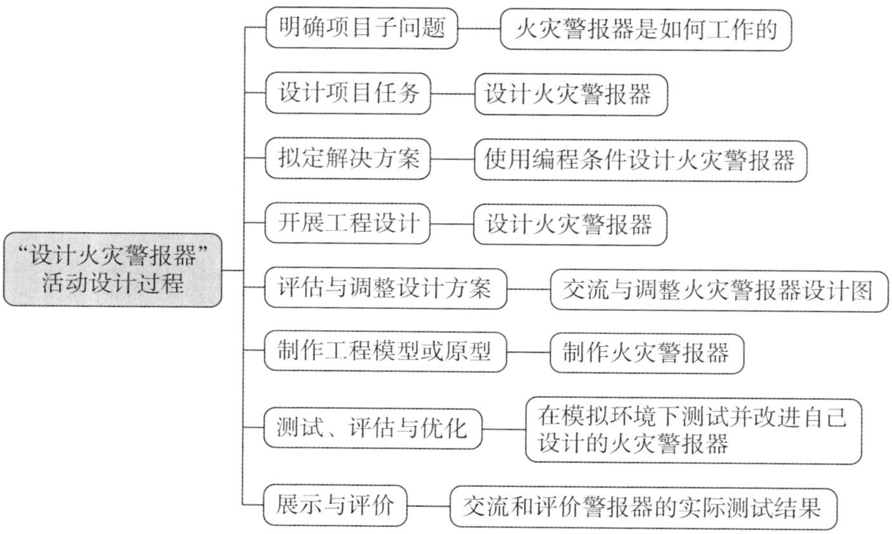

图 8－6 “设计火灾警报器”活动设计过程

活动过程：

（1）观察与交流：讨论火灾警报器的主要组成部分。

（2）观察与猜想：火灾警报器有哪些不可或缺的关键零件。

（3）交流：讨论火灾警报器主要组成部分的功能。

（4）观察与思考：讨论各类火灾警报器的不足以及改进方案。

（5）设计与交流：在平板电脑上使用 SAM Labs 软件设计出自己的火灾警报器，说出自己的设计意图。

（6）调试与改进：在模拟环境下，测试并改进自己设计的火灾警报器。

（7）展示与交流：小组展示警报器的测试结果，其他小组给予评价。

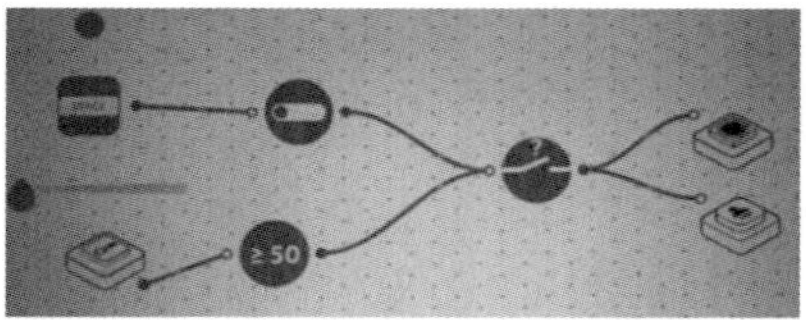

学生设计1

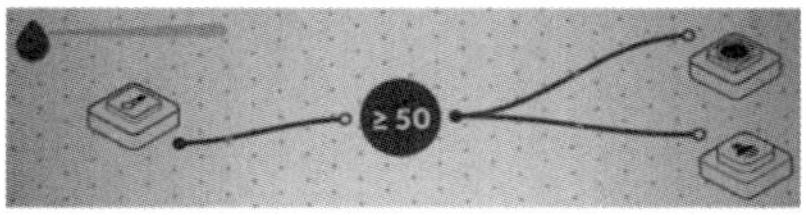

学生设计2

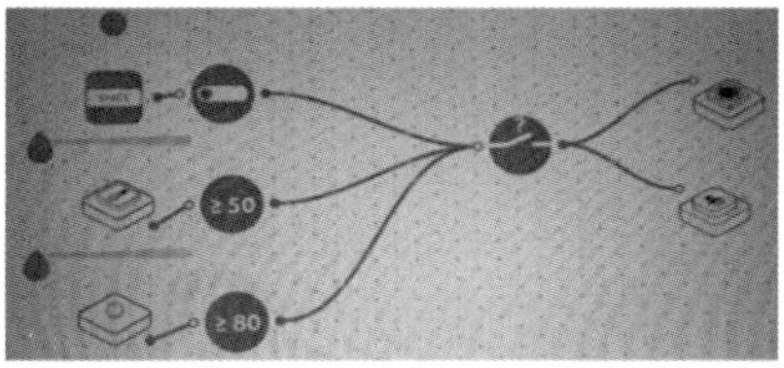

学生设计3

图 8-7　学生设计图

任务二:设计喷淋装置

活动:设计一个能喷淋的火灾警报器。

活动目标:通过“设计改进火灾警报器”和阅读资料等活动,能提出在较短的时间内控制火势的、可行的解决方案,知道人类不断发明新的自动化控制技术,知道自动化控制在生产和生活中有着广泛的应用,感受人类的需求不断推动科技的发展,科技发明给人类生产和生活带来的变化。

活动资源:图片、纸、演示文稿等。

活动过程:

(1) 思考与交流:在火灾警报器报警后,如何能在最短的时间内控制火势。

(2) 讨论与交流:在原有火灾警报器的基础上,还可以添加什么装置控制火势。

(3) 设计与交流:讨论火灾警报系统的设计意图及改进建议。

(4) 发现新问题:如果火灾警报器存在误报怎么办,如何将财产损失降到最低。

(5) 阅读与交流:阅读火灾警报系统的资料。

(6) 观察与分析:思考火灾警报器与喷淋装置分开的原因。

(7) 改进:使火灾警报器具有喷淋功能。

(8) 展示与交流:介绍生活中的其他报警装置,说说它们的作用(可以提前布置)。

四、项目评价

本项目可以小组为单位,采取自评、互评、师评三种评价形式。评价报告见表 8-4。

表 8-4 评价报告

评价内容	活动要求	达成情况		
		自评	互评	师评
设计	能用 SAM Labs 设计出虚拟火灾报警器			
	能介绍火灾警报器的设计意图			
搭建	能根据自己的设计完成火灾警报器的搭建			
测试	能根据实际情况调试火灾警报器并能成功警报			
拓展	能根据控制火势的方法画出简易的设计图			
我的反思日志: 问题 1:在这个项目中,我学到了哪些知识? 问题 2:我觉得这个项目中最有趣的活动是什么? 问题 3:我对自己小组设计的火灾警报器满意吗?是否有进一步改进的想法?				
老师的话:				

(注:达成相关活动要求的,可在"自评""互评""师评"一栏中填入相应的"☆")

五、项目实施建议

(一) 鼓励学生多表达,提升方案可行性

学生对火灾警报器是比较熟悉的,所以在项目活动过程中要尽可能地让学生结合亲身经历,多表达自己的发现和想法,鼓励学生对他人的设计方案提出改

进建议或者进行相应的评价，这样可以为之后的设计与搭建打下坚实的认知基础，从而达到设计出学生自身认可并可实行的方案的目标。

（二）工具使用不能少，操作规范需牢记

对 SAM Labs 虚拟元件和 SAM Space 虚拟程序的使用，需要在日常课堂中经常使用，使学生熟悉相关器材、程序的使用方法和规范操作，保证课堂活动的顺利开展。没有 SAM Labs 系统的学校，可以结合其他传感器等开展设计。另外，在项目活动中还涉及明火实验，需要时刻提醒学生注意用火安全，做好安全措施，保障实验活动的安全。

（三）活动设计要丰富，开阔视野长见识

在设计“改进火灾警报器”的活动时，虽然学生认识了能喷淋的火灾警报器，但是思维可能会局限在火灾警报器具有报警、喷淋等功能上，需要准备一些新型的、特殊的火灾警报器的图片资料，帮助学生打开眼界；也可以设计畅想未来火灾警报器的活动，让学生发挥创意想象，增加活动的体验感。

（上海市青浦豫英小学　邹萌）

制作简易吸尘器

一、项目概述

本项目对应的《课程标准》工程与技术领域学习内容为“工程的关键是设计，工程是运用科学和技术进行设计、解决实际问题和制造产品的活动”。

本项目源于科教版《自然》三年级第二学期第七单元“水和空气的压力”，对应的内容标准为“知道物体在大气中会受到压力及其压力的特点”“说出大气压力在生产和生活中的一些应用实例”。

本项目依据《课程标准》并结合教材，对教材原有单元部分内容进行重组与拓展，以“如何设计制作吸力强的吸尘器”为核心问题，引导学生用“物体在大气中会受到来自四面八方的大气压力”“吸尘器是大气压力在生产和生活中的一种应用”等所学知识解决项目的核心问题。

本项目的学习可以引导学生切身体会空气压力在生活中的应用，感受科学对生活带来的便利，提高学生独立思考和分析问题的能力，提高学生的动手制作能力。

二、项目特色

（一）学会看说明书，奠定制作基础

在设计制作简易吸尘器之前，必须要知道真实的吸尘器的构造和功能。本项目为学生提供了手持吸尘器的使用说明书，帮助学生通过阅读说明书，具体了解吸尘器主要组成结构和作用。在这个基础上，学生开始设计简易吸尘器，并选择一些合适的材料来尝试模仿制作简易吸尘器。

（二）迭代改进作品，培养工程思维

在本项目中，学生从最初的简单设计，到发现马达、叶片方向、转动方式之间的联系，最终能运用大气压力差的原理，利用塑料瓶制作吸尘器。其间经历了反复测试吸尘能力，多次优化、修改设计使制作达到最佳状态，提高了学生在发现问题和解决问题的过程中的综合分析能力，同时也培养了学生的工程思维。例如，为了使吸尘能力更强，有的学生想到了增加叶片大小的方式；有的觉得应该合理裁剪连接在塑料瓶上的吸管；有的提出可以利用其他元器件控制电机转动的速度，从而达到控制吸尘的效果；有的提出在排风口增加洁净布起到过滤效果。学生通过不断地尝试与改进，使简易吸尘器的功能发挥得越来越好，作品有了连续的改进与创新。

三、项目设计与实施过程

（一）项目目标

1. 通过观察、实验和阅读等活动，知道物体在大气中会受到来自四面八方的大气压力，知道吸尘器是大气压力在生产和生活中的一种应用，产生制作简易吸尘器的兴趣。

2. 通过设计、制作和测试等活动，能根据指定材料完成简易吸尘器设计图，对自己或他人设计的想法提出改进意见；能发现和解决制作过程中遇到的问题，提高综合分析的能力，体会结构与功能的联系；能在测试后进行合理改进，并通过使用简易吸尘器，切身感受大气压力在生活中的应用，感受科学与技术的发展给生活带来的便捷。

（二）项目问题与任务

围绕核心问题，形成问题链、分解任务群和设计具体的活动。具体见表8－5。

表8－5　项目问题与任务分解一览表

核心问题	子问题	任务	活动	课时安排	活动时空
如何设计制作吸力强的吸尘器	常见吸尘器的原理是什么	知道常见吸尘器的基本组成和作用	体验利用空瓶子吸纸屑，阅读吸尘器说明书，了解其基本组成和作用	1课时	课内
	如何设计制作简易吸尘器	设计与制作简易吸尘器	设计与制作简易吸尘器并进行测试与优化	2课时	课内外结合，改进活动在课外进行

（三）项目实施过程

任务一：知道常见吸尘器的基本组成和作用

活动：体验利用空瓶子吸纸屑，阅读吸尘器说明书，了解其基本组成和作用。

活动目标：

（1）通过体验利用空瓶子吸纸屑的实验，说出空气对其中的物体有压力。

（2）通过联系生活中的物品和阅读常见吸尘器使用说明书，知道吸尘器的基本组成，知道吸尘器是大气压力在生产和生活中的一种应用，激发制作简易吸尘器的兴趣。

活动资源：视频、细小纸屑、空饮料瓶（饮料瓶侧面最好是水平的，否则吸入的纸屑容易重新掉落)、吸尘器使用说明书。

活动过程:

(1) 观察与交流:回顾用吸管喝水的过程,观看视频,说出用吸管喝水的原理(即大气压力的作用)。

(2) 思考与交流:如何利用空瓶子吸进纸屑。

(3) 观察与实验:根据讨论的方法进行验证,观察吸入纸屑的情况。

(4) 讨论与归纳:挤压空饮料瓶的时候将空气排出;在瓶子恢复的过程中,瓶中的内部空气压力变少,与外界的大气压形成了气压差,所以瓶外的空气将纸屑推入了瓶中。

(5) 阅读与交流:阅读吸尘器使用说明书,介绍生活中常见吸尘器的主要组成结构和作用。

任务二:设计与制作简易吸尘器

活动:设计与制作简易吸尘器并进行测试与优化。

活动目标:

(1) 通过比较与讨论,能根据指定材料完成简易吸尘器设计图,对自己或他人设计的想法提出改进意见。

(2) 通过对简易吸尘器的制作与测试,能发现和解决制作过程中遇到的问题,提高综合分析能力,体会结构与功能的联系。

(3) 通过使用简易吸尘器,能在测试后进行合理改进,切身感受大气压力在生活中的应用,感受科学与技术的发展给生活带来的便捷。

活动资源:简易吸尘器的制作材料,如透明饮料杯、吸管和木片制作的半成品容器、电机、叶片、电池盒、电池、双面胶、盖子(开孔处被胶带封住)、装有纸屑的实验盒、活动任务单。

活动设计过程:该活动属于本项目的核心活动之一,可以按照“工程与设计”类核心活动设计过程开展活动设计。过程见图 8-8。

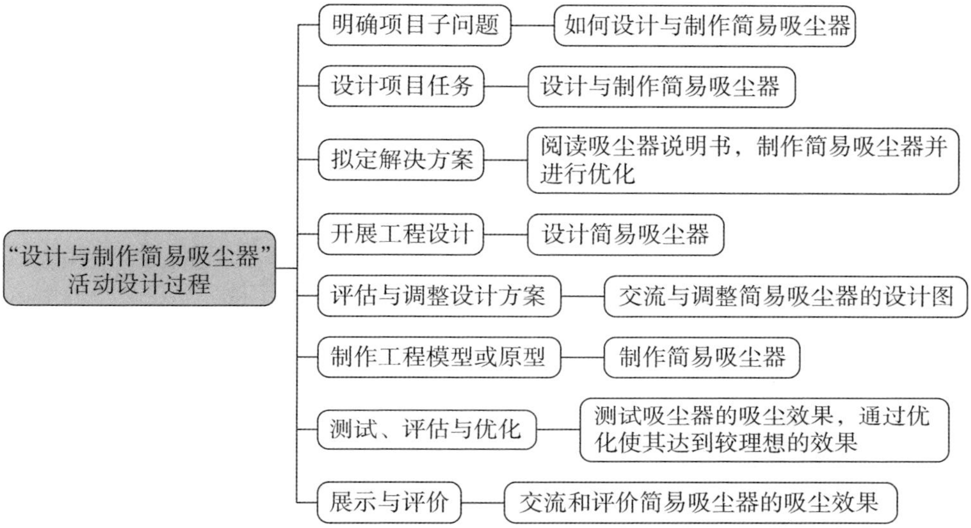

图 8－8　"设计与制作简易吸尘器"活动设计过程

活动过程：

（1）设计与制作简易吸尘器的方案。

① 观察与讨论：准备制作简易吸尘器所需的各种不同材料，与真实的吸尘器组成部件进行比对，讨论制作时的可行性。

② 讨论：讨论简易吸尘器的设计方案，运用简单符号表示不同的材料，画在活动任务单中。

③ 分享与交流：组间分享设计意图，相互给予改进意见。

（2）制作简易吸尘器并进行测试与优化。

① 动手制作：学生根据方案设计制作简易吸尘器。

② 测试与评价：讨论简易吸尘器的吸尘效果，并在活动任务单上进行如实评价。

③ 交流与发现：讨论测试过程中发现的问题。

④ 优化与改进：对设计图进行二次改进，并根据优化后的设计图进行二次制作。

⑤ 二次测试:讨论简易吸尘器的吸尘效果,并再次在活动任务单中进行如实评价。

⑥ 展示与评价:展示各组的吸尘效果,并完成组间评价。

⑦ 交流与归纳:当马达带动叶片转动时,吸尘器中的空气经由盖子上的孔排出,导致吸尘器中的空气压力减小,与吸尘器外的空气产生气压差,从而大气压力将纸屑推入吸尘器中。

⑧ 交流与思考:思考如何改进和优化简易吸尘器的功能,分享合理的解决方案。

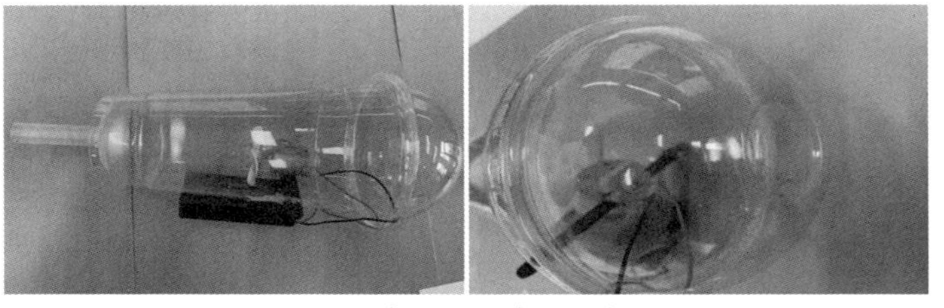

(1) 剪短吸尘嘴的方案

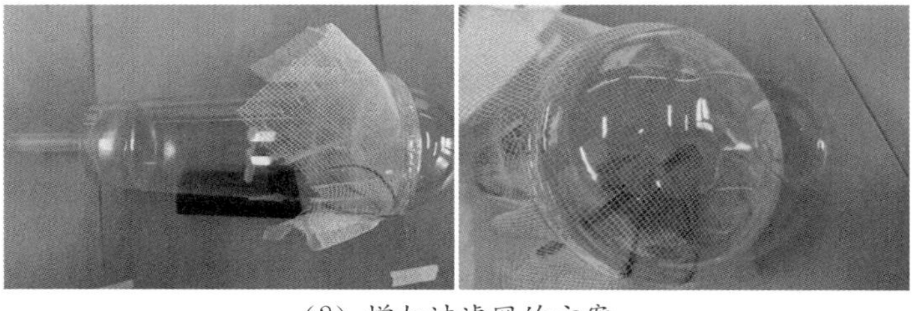

(2) 增加过滤网的方案

图 8-9 两种参考方案

四、项目评价

本项目可以小组为单位,采取自评、互评、师评三种评价形式。评价报告见表 8-6。

表 8-6　评价报告

<table>
<tr><td rowspan="2">评价内容</td><td colspan="3">活动要求</td><td colspan="3">达成情况</td></tr>
<tr><td>☆</td><td>☆☆</td><td>☆☆☆</td><td>自评</td><td>互评</td><td>师评</td></tr>
<tr><td>方案设计</td><td>设计不合理，方案设计不能表达想法</td><td>能通过阅读吸尘器说明书，在知道吸尘器的原理的基础上，正确地完成设计</td><td>能通过阅读吸尘器说明书，对比实验材料，完成切实可行的设计方案，有一些新颖的想法</td><td></td><td></td><td></td></tr>
<tr><td>作品功能及创新</td><td>吸尘效果不好，元器件松动，容易脱落</td><td>能完成吸尘功能，各个材料之间安装牢固，没有松动</td><td>吸尘效果好，有至少一处的优化改进，并得到较好的效果</td><td></td><td></td><td></td></tr>
<tr><td>语言表达</td><td>语言表达不清晰</td><td>使用了一些有趣的语言，能完整描述自己的作品情况，表达较准确</td><td>语言有趣，能利用简洁的语言和图示等方法表达自己的设计与想法</td><td></td><td></td><td></td></tr>
<tr><td colspan="7">我的反思日志：
问题 1：在这个项目中，我学到了哪些知识？
问题 2：我能如何改进自己的吸尘器？
问题 3：我觉得未来的吸尘器应该是什么样子的？具有哪些有趣的功能？</td></tr>
<tr><td colspan="7">老师的话：</td></tr>
</table>

（注：达成相关活动要求的，可在“自评”“互评”“师评”一栏中填入相应的“☆”）

五、项目实施建议

（一）课前材料须充分

考虑到三年级学生的动手制作能力有限，建议可以使用半成品（教师预先加工过的)材料作为学生设计、制作简易吸尘器的主材料,如带有吸管的杯子,已经连接好电池盒的电机等,规避学生处理原材料可能碰到的问题。

(二)结构原理有帮手

教师要选择市场上合适的吸尘器说明书,便于学生知道吸尘器的组成和功能。可以让学生对比观察实验材料与实物后再进行设计,确保学生在有限的时间内将大部分的注意力集中在合理设计的环节。

(三)设计制作需严谨

在设计活动时,需要强调设计是为制作做准备,设计和制作要遵循一致性。在制作过程中,要积极引导学生采取设计方案、实验、制作、调试、验证和优化等方法经历项目学习的过程。比如,由于电机接线方式不同,导致转动的方向也不同,因此学生需要根据自己的设计需求对电机进行测试。如果测试有问题需改进,还是要先改进设计图,再根据设计图改进实物。本项目通过活动,帮助学生理解针对一个具体的任务,是按照设计的基本步骤来设计一个产品的。

(上海市青浦平和双语学校　祝世明)

校园连廊的设计与竞标

一、项目概述

本项目对应的《课程标准》工程与技术领域学习内容为“工程的关键是设计,工程是运用科学与技术进行设计、解决实际问题和制造产品的活动”。

本项目源于科教版《自然》三年级第二学期第一单元“常见的力”和五年级第二学期第七单元“新材料”、第八单元“科技发明与生活的变化”等内容,对应的内容标准为“知道物体的稳固程度与其结构有关,三角形结构最稳固”“知道复合材料、合金等新材料的来源、特性和用途”“知道人类的自动化控制经历了发明和发展的过程”。

本项目依据《课程标准》并结合教材,对不同年级相关主题的原有单元部分内容进行重组与拓展，以“如何在校园连廊竞标会中获得成功”为核心问题，引导学生用“物体的稳固程度与其结构有关，三角形结构最稳固”“复合材料性能优于原组成材料”“人类不断发明新的自动化控制技术，自动化控制在生产和生活中有着广泛应用”等所学知识解决项目的核心问题。

本项目的学习可以引导学生经历技术工程中构思与设计、操作与加工、测试与优化、反思与评估的思维主线，形成基本的工程思维意识。

二、项目特色

（一）基于学习需求的单元重构

本项目从学校实际问题出发，创设真实情境，打破常规，整合单元内容的学习。从学科基本要求出发，纵观十册《自然》教材，找到相关学习内容，用驱动问题进行贯穿，组成新的单元，成为学生在校园连廊竞标会中获得成功的支架。

（二）体验真实角色的问题解决

由于真实竞标会往往存在公司对于产品的选择，因此本项目的实践小组以公司身份呈现。在 5 至 6 人的小组中，学生根据自身能力特长，结合长期在项目化探索中的经验，将组内分为董事长（负责项目的调控）、设计师（负责连廊模型的美观度与竞标海报的设计）、工程师（负责连廊的搭建，包含自动化装置的安装与测试）、情报员（负责所需资料的搜集与“空中课堂”的视频挑选）。并且在每一个环节，各个负责人均全程参与，作为支持。角色的带入使每一个学生都有自己主要负责的任务，项目的参与感更强了。

（三）应用数字化设备的学习实践

为使学生能够真正了解并使用连廊的自动化设备，项目选择使用 SAM Labs 套件。该套件拥有自动化控制的基本路径，也就是有输入与输出，学生操作简便，成功率高。学生在设计连廊的生活化功能，如亮灯、烟雾报警、自动升降时，均可用 SAM Labs 进行呈现，感受科学、技术以及工程创作为生活带来的便利。

三、项目设计与实施过程

(一) 项目目标

1. 通过考察和设计活动，知道校园连廊应具备的功能与基本样态，感受建造连廊的迫切性，体会工程设计需要考虑可利用的条件和制约因素。

2. 通过实验、观察和阅读活动，知道物体的稳固程度与其结构有关，三角形结构最稳固；知道复合材料性能优于原组成材料。

3. 通过设计、制作和测试等活动，能综合应用科学概念，学会根据设计的连廊模型进行合理的搭建，体会人类不断发明新的自动化控制技术，自动化控制在生产和生活中有着广泛应用。

4. 通过制作和交流活动，知道使用一些方式能够呈现产品结构、功能与材料等方面的优势，提高书面表达与语言表达能力，依据标准公正评价自己与他人作品并提出优化建议的能力。

(二) 项目问题与任务

围绕核心问题，形成问题链、分解任务群和设计具体的活动。具体见表8－7。

表8－7 项目问题与任务分解一览表

<table>
<tr><th>核心问题</th><th>子问题</th><th>任务</th><th>活动</th><th>课时安排</th><th>活动时空</th></tr>
<tr><td rowspan="5">如何在校园连廊竞标会中获得成功</td><td>为什么需要建造校园连廊</td><td>发现建造校园连廊的需求</td><td>考察校园各通行处</td><td>1课时</td><td>课内</td></tr>
<tr><td rowspan="4">怎样建造合适的校园连廊</td><td rowspan="4">完成连廊的设计、模型搭建与设备安装</td><td>连廊的设计与制作计划</td><td rowspan="4">5课时</td><td rowspan="4">课内外结合，SAM Labs套件的操作练习在课外进行</td></tr>
<tr><td>制作稳固的连廊模型</td></tr>
<tr><td>畅想连廊的材料</td></tr>
<tr><td>设计安装连廊的自动化设备</td></tr>
</table>

（续表）

核心问题	子问题	任务	活动	课时安排	活动时空
	我们的校园连廊建造得如何	介绍、展示制作的连廊	连廊竞标会	1课时	课内
	我们如何改进校园连廊	反思连廊的不足	完善连廊	1课时	课内

（三）项目实施过程

任务一：发现建造校园连廊的需求

活动：考察校园各通行处。

活动目标：通过观察校园实景活动，感受建造连廊的迫切性。

活动资源：校园各建筑、任务单1。

活动过程：

（1）考察：逛校园，观察校园的建筑，找一找：校园内小学部、初中部、食堂、学生宿舍和校门的通道在哪里，这些通道的位置是否方便，完成任务单1。

（2）讨论：这些不能遮风避雨的位置能否设计一些连廊？

任务二：完成连廊的设计、模型搭建与设备安装

活动一：连廊的设计与制作计划。

活动目标：通过设计活动，知道校园连廊应具备的功能与基本样态，能根据实际的需求从结构、材料、稳定性等方面进行思考，设计相应的连廊模型，并制定连廊模型的制作方案，形成根据需求制定可行方案的意识，体会工程设计需要考虑可利用的条件和制约因素。

活动资源：任务单2、任务单3、任务单4。

活动过程：

（1）设计想象中的连廊，完成任务单2。

（2）制作设计草图：依据所有同学设计的连廊的优势与可行性，以小组为单位，设计连廊草图，完成任务单3。

（3）制定完成连廊模型制作的计划表，完成任务单4。

活动二:制作稳固的连廊模型。

活动目标:通过“用乐高材料搭建连廊”“用风扇检测连廊的稳定性”活动,知道不同的结构稳定性是不一样的。

活动资源:乐高材料、电风扇、任务单 5。

活动设计过程:该活动属于本项目的核心活动之一,可以按照“工程与设计”类核心活动设计过程开展活动设计。过程见图 8－10。

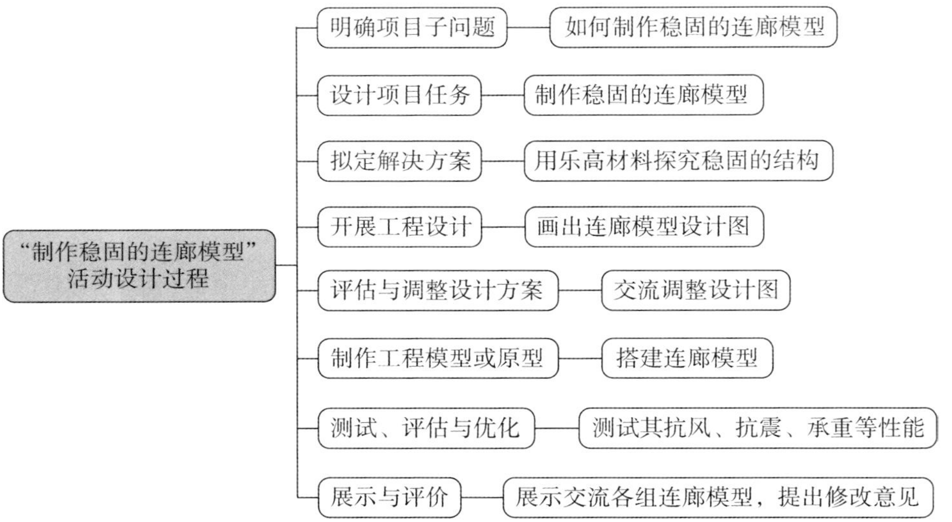

图 8－10 “制作稳固的连廊模型”活动设计过程

活动过程:

(1) 制作:用所给材料搭建最稳定的结构。

(2) 设计:画出连廊简易工程图纸,完成任务单 5。

(3) 活动:根据图纸确定所需要的材料。

(4) 制作:制作连廊模型。

(5) 检测:用风扇检测模型抗风、抗压等性能。

图 8-11　连廊模型

活动三：畅想连廊的材料。

活动目标：通过观察和阅读活动，知道复合材料的组成与特征。

活动资源：牛奶盒、塑料袋、铝箔纸、“空中课堂”资源、任务单 6 和任务单 7。

活动过程：

(1) 观看“空中课堂”：了解“复合材料”“合金”，完成任务单 6 和任务单 7。

(2) 改进：对任务单 5 的设计进行改进，为连廊的各部分结构增添材料。

活动四：设计安装连廊的自动化设备。

活动目标：

(1) 通过“观看视频和交流自动化设备的功能”活动，知道自动化设备的一些控制与工作方式，感受科学技术给予人类生活的便利。

(2) 通过“为校园连廊设计并安装自动化设备”活动，体会人类不断发明新的自动化控制技术，自动化控制在生产和生活中有着广泛应用。

(3) 通过讨论和检测报告活动，知道人类的自动化控制经历了发明和发展的过程。

活动资源：“空中课堂”视频、SAM Labs 套件、手电筒、蜡烛、打火机、平板电脑等。

活动设计过程：该活动属于本项目的核心活动之一，可以按照“工程与设计”类核心活动设计过程开展活动设计。过程见图 8-12。

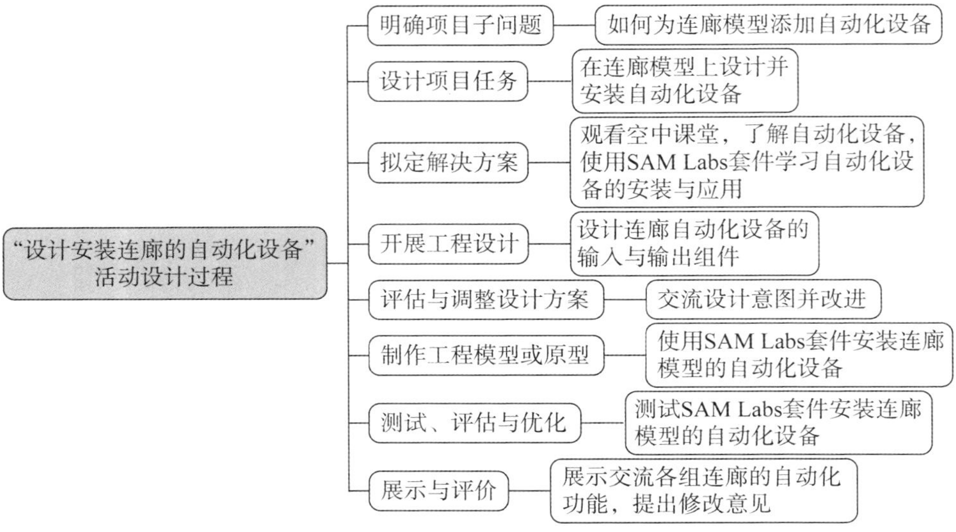

图 8－12 “设计安装连廊的自动化设备”活动设计过程

活动过程：

（1）观看视频：观看一些自动化设备与控制方式分析的视频。

（2）观察与分类：SAM Labs 设备中哪些是引起自动化工作的元件，哪些是工作元件，对它们进行分类。

（3）设计：搭配这些元件，将连廊进行自动化设计。

（4）制作：安装连廊自动化元件。

（5）讨论：如何实施检测工作，检测报告应包含哪些内容。

（6）确定检测方式：小组根据已有材料，讨论小组检测所需工具和步骤。

（7）实施检测：各小组实施检测工作。

任务三：介绍、展示制作的连廊

活动：连廊竞标会。

活动目标：通过“制作校园连廊竞标书、参与竞标会”活动，知道选择合适的方式能够呈现产品结构、功能与材料等方面的优点，提高书面表达与语言表达能力，依据标准公正评价自己与他人作品。

活动资源：平板电脑。

活动过程：

（1）讨论：说说竞标的含义。

（2）制作：制作竞标海报（包含外观、材料、功能、特点和成本等）。

（3）竞标会：按组介绍连廊，由竞标会投票。

图 8－13　连廊竞标海报作品

任务四：反思连廊的不足

活动：完善连廊。

活动目标：通过活动，知道工程设计需要不断改进与完善。

活动资源：前期活动资源。

活动过程：

（1）讨论：说说连廊完善的方式。

（2）制订计划：制订完善连廊的计划。

（3）制作：完善连廊。

四、总结与反思

本项目可以小组为单位，采取自评、互评、师评三种评价形式。评价报告见表 8－8。

表 8－8 评价报告

评价内容	活动要求			达成情况		
	☆	☆☆	☆☆☆	自评	互评	师评
连廊位置	发现缺少连廊现象	指出 1—2 处需要连廊的位置并提出理由	指出 3 处需要连廊的位置并提出合理的理由			
连廊搭建	找到稳固的结构	用稳固的结构搭建连廊模型	用稳固的结构搭建连廊模型并用合理方式进行测试			
连廊功能	设计 3 种连廊的自动化功能	设计并使用 SAM Labs 套件实现连廊自动化功能	设计并使用 SAM Labs 套件安装连廊自动化功能并进行合理检测			
连廊竞标	完成竞标海报	根据竞标海报完成竞标演说并获得支持	根据竞标海报完成竞标演说并获得其他 3 组以上同学的支持			
连廊改进	发现连廊的不足	根据连廊的不足，修改设计图	根据连廊的不足，修改设计图并完善结构与功能			

（注：达成相关活动要求的，可在"自评""互评""师评"一栏中填入相应的"☆"）

五、项目实施建议

（一）关于驱动问题的真实驱动

驱动性问题是把项目的核心问题放置在一个情境中，使它变成一个具备学习意义的问题。它提出需要一个过程：(1)情境再现，制造一个能够发现问题的环境；(2)引导问题，在这个情境中教师要不断地旁敲侧击，引导学生发现问题的核心；(3)分析问题，与学生共同讨论这个问题涉及哪些相关信息；(4)做好解决问题的准备。

在这样一个过程中，学生完全能够沉浸问题本身，即使是一个虚拟的任务，他们也能通过体验理解问题的本质，再从本质扩散到各个方面，从而理解整个项目。

（二）关于借力“空中课堂”的自主学习

“空中课堂”视频资源紧密结合学情、《课程标准》和教材内容，内容贴切并易懂，能够提高学生的学习成效。

项目学习旨在培养学生创造性解决真实问题的能力，而“空中课堂”视频则是最快、最有效的学习资源，教师应有选择地进行优化并使用，精心设计学习任务单，确定评价目标和评价方法，确保学生自主学习。

（上海青浦区世界外国语学校　钱婧倩）

从一株水稻到一碗米饭

一、项目概述

本项目对应的《课程标准》工程与技术领域学习内容为“工程的关键是设计，工程是运用科学和技术进行设计、解决实际问题和制造产品的活动”。

本项目源于远东版《自然》三年级第一学期第四单元“身边的力”和五年级第一学期第二单元“植物的作用”，对应的内容标准为“知道使用简单机械可以省力或提供方便”“知道人工栽培植物的作用和意义”。

本项目依据《课程标准》并结合教材，同时借鉴了科教版“动力与玩具”的内容，对单元部分内容进行重组与拓展，以“一株水稻如何变成一碗米饭”为核心问题，引导学生用“脱粒机是由齿轮传动和皮带传动的简易装置”“使用简单机械可以解决生产中的实际问题”等所学知识解决项目的核心问题。

本项目的学习有助于学生领会简单机械对人类生产和生活的重要性，领略我国农业机械技术发展的成就，增强民族自信心和自豪感，养成安全操作和珍惜劳动成果的习惯。

二、项目特色

（一）从主题出发，重组内容，侧重体会农业机械带来的便利

米饭虽是常见的主食，但对于一粒米是怎么到餐桌的，很多学生并不会去细想。因为他们缺少种植和收割的体验，也就不能真切体会到粮食的来之不易。为此，从主题出发、重组内容，通过简易脱粒机的组装、脱粒体验和结构与功能的改进，让学生感受到电动机械装置带来的便利，从而主动关心农机的发展和演变。

（二）改进教学工具，搭建支架，帮助学生探究功能与结构的关系

本项目重点通过对脱粒方式的研究，发现简易电动脱粒机的结构与功能之间的关系。简易脱粒机模型只能观赏演示，不具备脱粒的功能。因此将现有的模型进行改进：拿掉挡板，拧上螺丝钉，使用电池等方式，有助于学生观察简易电动脱粒机工作的原理。对比使用的模型滚筒，其材料是用松木做成的，根据松木的特性，通过多次地改进和尝试，最终在滚筒上安装螺丝钉，给予学生亲自体验脱粒的机会。

三、项目设计与实施过程

（一）项目目标

1. 通过阅读活动，知道培育新品种在生产和生活中的应用，感受袁隆平等科技人员的爱国情怀和开拓创新精神，增强民族自豪感和自信心。

2. 通过观察、制作等活动，学会利用提供的材料组装简易脱粒机，说出脱粒机的主要组成部分，知道脱粒机是由齿轮传动和皮带传动的简易装置，养成勤于观察、乐于思考的习惯。

3. 通过观察、体验等活动，能发现脱粒机存在的问题并提出改进的合理方案，增强团队合作意识。

4. 通过畅想、设计等活动，形成对一体化联合收割机系统的初步认识，知道使用简单机械可以解决生产中的实际问题，体会科学技术与生活、生产的密切联系。

（二）项目问题与任务

围绕核心问题，形成问题链、分解任务群和设计具体的活动。具体见表8－9。

表8－9 项目问题与任务分解一览表

<table>
<tr><th>核心问题</th><th>子问题</th><th>任务</th><th>活动</th><th>课时安排</th><th>活动时空</th></tr>
<tr><td rowspan="6">一株水稻如何变成一碗米饭</td><td>水稻栽培技术有哪些改进</td><td>认识水稻栽培技术</td><td>认识培育植物新品种的方法</td><td>1课时</td><td>课内</td></tr>
<tr><td>怎样将散装材料组装成完整的脱粒机模型</td><td>认识简易脱粒机的各部分结构</td><td>安装简易脱粒机模型</td><td>1课时</td><td>课内</td></tr>
<tr><td rowspan="2">怎样让观赏模型实现脱粒功能</td><td rowspan="2">对简易脱粒机模型进行改进</td><td>体验不同的脱粒方式</td><td rowspan="2">2课时</td><td rowspan="2">课内外结合</td></tr>
<tr><td>设计与改进简易脱粒机</td></tr>
<tr><td rowspan="2">如何实现一体化（收割脱粒等）功能</td><td rowspan="2">对一体化联合收割脱粒机进行畅想</td><td>设计和展示一体化联合收割脱粒机的畅想方案</td><td rowspan="2">2课时</td><td rowspan="2">课内外结合</td></tr>
<tr><td>认识鲜米机</td></tr>
</table>

（三）项目实施过程

任务一：认识水稻栽培技术

活动：认识培育植物新品种的方法。

活动目标：通过观看视频“培育植物新品种的方法”的活动，知道培育新品种的基本方法及其在生产和生活中的应用，感受袁隆平等科技人员的爱国情怀和开拓创新精神，增强民族自豪感和自信心。

活动资源：视频、图片、阅读资料、学习单。

活动过程：

（1）观察图片：了解产量提升前后的稻穗对比照。

（2）思考与交流：如何得到饱满又高产的稻谷。

（3）阅读与交流：夸夸了不起的袁隆平。

（4）交流：讨论培育水稻新品种的方法。

（5）观看视频：了解培育植物新品种的方法。

任务二：认识简易脱粒机的各部分结构

活动：安装简易脱粒机模型。

活动目标：通过观察、制作等活动，说出简易脱粒机的主要组成部分，学会组装皮带传动的简易装置，养成勤于观察和乐于思考的习惯。

活动资源：简易脱粒机的组装材料、图片和组装说明书。

活动过程：

（1）观察图片：观察简易脱粒机模型图（见图8－14）。

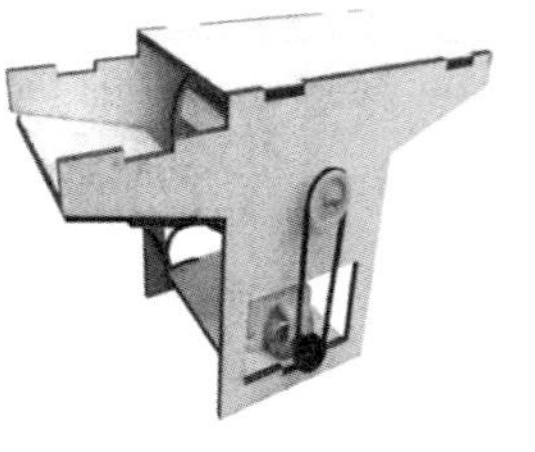

图8－14　简易脱粒机模型图

（2）思考与交流：有哪些主要的组成部分。

（3）讨论与交流：按图片分类，找出各部分结构。

（4）讨论与交流：如何将散装材料组装成一个整体装置。

（5）制作：组装简易电动脱粒机模型。

任务三：对简易脱粒机模型进行改进

活动一：体验不同的脱粒方式。

活动目标：通过体验脱粒的过程和观察电动脱粒机模型，说出脱粒机的主要组成部分。

活动资源：木棒、梳子、电动简易脱粒机模型、模拟水稻田、演示文稿等。

活动过程：

（1）观察图片：观察丰收的场景、一片稻田、一袋袋稻谷和大米等图片。

（2）思考与交流：要想把稻穗变成米饭，首先要怎么做。

（3）体验：利用木棒、梳子等工具进行脱粒。

（4）思考与交流：怎样的脱粒方式效果更好且更省力。

（5）观察图片：观察水稻生产中脱粒方式和工具由手动到电动的改进图片。

活动二:设计与改进简易脱粒机。

活动目标:

(1) 通过观察,能提出改进简易脱粒机的合理方案,能进行增加机齿的初步加工并进行测试。

(2) 通过比较机器加工的效果,能发现简易脱粒机还存在的问题,能进行再次改进,知道物体的结构决定其功能,增强团队合作意识。

活动资源:电动简易脱粒机模型、演示文稿和学习单。

活动设计过程:该活动属于本项目的核心活动之一,可以按照“技术与发明”类核心活动设计过程开展活动设计。过程见图 8-15。

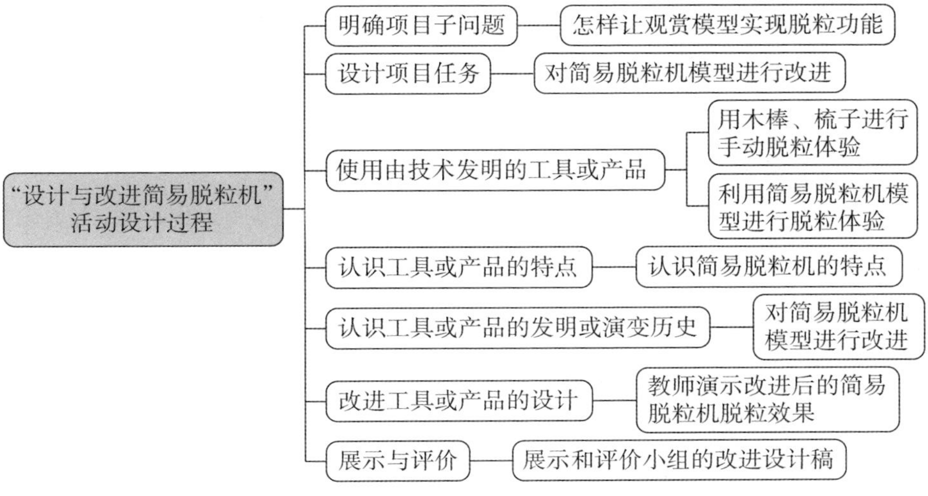

图 8-15　“设计与改进简易脱粒机”活动设计过程

活动过程:

(1) 观看视频并思考:机器内部藏着怎样的结构。

(2) 体验:用简易脱粒机模型进行脱粒体验。

(3) 思考与交流:简易脱粒机脱粒的优点有哪些。

(4) 思考与交流:简易脱粒机脱粒时存在哪些问题。

(5) 改进:针对问题进行改进装置。

(6) 展示与交流:讨论改进方案。

(7) 测试:教师将学生改进后的脱粒机模型进行演示,测试改进后的脱粒效果(见图 8-16)。

图 8-16 体验脱粒过程

任务四:对一体化联合收割脱粒机进行畅想

活动一:设计和展示一体化联合收割脱粒机的畅想方案。

活动目标:通过对一体化联合收割机的畅想和设计,知道一体化收割机是由多个部分(结构)组合成的一个系统,并且不同部分(结构)对应不同的功能,体会科学技术与生活、生产的密切联系。

活动资源:视频和 A4 纸。

活动过程:

(1) 观察与思考:为什么脱粒后的稻谷不能直接去碾米,还需要怎么处理。

(2) 思考与交流:要想在面积大的平原地带实现田间一体化收割,需要怎样的工具。

(3) 观看视频:了解一体化收割机的工作原理。

(4) 畅想与设计:设计未来一体化联合收割机的组成结构。

(5) 展示与交流:小组展示一体化联合收割机的设计稿。

活动二:认识鲜米机。

活动目标:通过观看城市鲜米机的工作视频,感受设计产生的效益和成功的喜悦,体会科学技术与生活的密切联系。

活动资源:设计稿、图片和视频。

活动过程:

(1) 观看视频并思考:城市鲜米机的出现对人们的生活产生了哪些影响。

(2) 讨论与交流:讨论鲜米机产生的影响。

四、项目评价

本项目可以小组为单位，采取自评、互评、师评三种评价形式。评价报告见表 8－10。

表 8－10　评价报告

<table>
<tr><th rowspan="2">评价内容</th><th colspan="3">活动要求</th><th colspan="3">达成情况</th></tr>
<tr><th>☆</th><th>☆☆</th><th>☆☆☆</th><th>自评</th><th>互评</th><th>师评</th></tr>
<tr><td>操作</td><td>初步学会用手摘取来脱粒</td><td>初步学会用木棒、梳齿来脱粒</td><td>初步学会用简易电动脱粒机进行脱粒</td><td></td><td></td><td></td></tr>
<tr><td>优化</td><td>能根据脱粒的结果，提出改进简易脱粒机的想法</td><td>在测试的基础上，能对简易脱粒机进行相应的调整</td><td>能根据测试的结果，分析原因，并对简易脱粒机进行优化</td><td></td><td></td><td></td></tr>
<tr><td>构思</td><td>能口头描述自己对一体化机设计方案的想法</td><td>能结合经验，用简单的文字、图画等方式对一体化机提出初步的设想</td><td>在初步筛选的基础上，能从材料、结构、功能等方面提出自己对一体化机设计方案的构思</td><td></td><td></td><td></td></tr>
<tr><td rowspan="2">反思与评估</td><td>在展示一体化机设计图的过程中，能根据教师的提示指出作品某方面的特点</td><td>能比较功能、成本等方面，并说出选择设计一体化机的理由和特点</td><td>能从功能、安全等综合因素判断一体化机的创新和卖点</td><td></td><td></td><td></td></tr>
<tr><td>能对自己和他人设计的一体化机提出改进的意见</td><td>能针对设计的一体化机的功能和成本提出改进的意见，并说明理由</td><td>能从结构与功能、材料与成本控制等方面对自己小组或其他小组的一体化机提出完善的建议</td><td></td><td></td><td></td></tr>
</table>

（续表）

我的反思日志： 问题 1：我知道电动脱粒机是如何工作的吗？ 问题 2：我能说出一株水稻成为一碗米饭的经过吗？ 问题 3：我能说出自己设计的一体化联合收割机的优点吗？
老师的话：

（注：达成相关活动要求的，可在“自评”“互评”“师评”一栏中填入相应的“☆”）

五、项目实施建议

（一）选好材，保障师生顺利开展探究活动

要想达到理想的探究效果，项目活动材料的选取起着至关重要的作用。学生的学具脱粒机可以在原来模型的基础上拿掉或装上部分零部件，进行适当改进。采用坚硬的 PVC 管和木材作为原材料，教师使用的教具硬度和稳定性都可以得到提高，便于操作、演示，效果清晰。

（二）用资源，充分利用“空中课堂”习得基础知识

本项目在课堂上主要侧重学生的实践和体验。为了实现水稻的基础知识和项目的一个连接，可以利用“空中课堂”的视频、阅读资料等资源，结合任务单，帮助学生完成基础知识的习得，让项目的其他活动顺利开展。

（上海市毓秀学校　陆凤）

小小爬杆巡检机器人的改进

一、项目概述

本项目对应的《课程标准》技术与工程领域学习内容为“技术的核心是发明，是人们对自然的利用和改造；工程技术的关键是设计，工程是运用科学和技术进

行设计、解决实际问题和制造产品的活动”。

本项目源于科教版《自然》五年级第二学期第二单元“动力玩具”，对应的内容标准为“知道动力玩具的主要部分组成及其功能”“描述动力玩具的传动和控制方式”“学会利用提供的材料组装齿轮传动和皮带传动的简易装置”。

本项目依据《课程标准》并结合教材和学校的办学特色以及资源，对单元部分内容进行重组与拓展。以“如何让爬杆巡检机器人爬得更快”为核心问题，引导学生用“爬杆速度与轮轴、手臂长度、电池电量有关”等所学知识解决项目的核心问题。

本项目的学习旨在引导学生综合运用科学知识和方法，创造充分的工程制作和探究的机会，体验构思与设计、操作与加工、测试与优化、反思与评估的过程，感悟科学技术与人类的密切联系。

二、项目特色

（一）基于阶梯问题，驱动持续探究兴趣

本项目创设相应的学习情境，激发学生的学习兴趣。项目初始，就抓住学生喜欢挑战的心理，开展师生竞速比赛，提出“为什么一个爬得快，一个爬得慢”的问题，引发学生思考影响爬杆速度的因素。同时，注重知识的实用性，引导学生迁移所学知识，尝试解决生活中的问题，激发学生进一步深入学习的意愿。如本项目的知识拓展环节，通过一段“隧道巡检机器人”视频，引导学生畅想爬杆巡检机器人的应用场景，体会科技与人类生产和生活的密切联系，激发后续进一步学习的兴趣。

（二）基于结构改进，提升制作技术

在竞速比赛后，学生自发提出“为爬杆巡检机器人提速”的需求。在教师的引导下，学生以小组为单位，合作参与爬杆巡检机器人的改进项目活动。一是开展“构思与设计”。学生经过自主思考、组内讨论，以简单的图画、文字标志，提出初步的改进方案。二是交替进行“操作与加工”“测试与优化”。小组成员各自按

照设计图，完成爬杆巡检机器人的结构改进。各小组在制作过程中，随时测试基本运作是否正常，查找问题根源，及时调整；制作完成后，在测试架上测试爬杆速度，记录、比较数据。三是开展“反思与评估”。在展示作品、交流效率的基础上，学生找到影响爬杆速度的因素，想办法提升爬杆巡检机器人的爬杆速度。一系列的活动体验促使技术与工程领域能力的有效提升。

（三）基于活动过程，渗透多方育人理念

在教学过程中融入安全教育，强调零件和工具的摆放，形成有序操作、及时整理桌面的劳动习惯，强化劳动意识和服务意识；在知识拓展环节，通过观看视频的方式，了解相关机器人在实际生活、生产中的应用，畅想未来仿生机器人的应用场景，强化社会责任感；在“探究影响爬杆速度的因素”活动中，树立自主学习意识，养成严谨认真、实事求是的科学态度，提高推理、论证、质疑等能力，乐于与同伴交流分享，感悟合作学习的重要性。

三、项目设计与实施过程

（一）项目目标

1. 通过观察和制作活动，能描述机器人的运动方式，初步学会爬杆巡检机器人搭建方法，知道曲柄连杆结构能将圆周运动转变为往复运动，提高观察和制作的能力。

2. 通过设计、制作和测试等活动，知道爬杆速度与轮轴、手臂长度和电池电量有关，体会科学研究的严谨性。

3. 通过阅读活动，知道爬杆巡检机器人在生活中的应用，体会工程是运用科学和技术进行设计、解决实际问题和制造产品的活动，感受我国科技的飞速发展，增强民族自豪感。

（二）项目问题与任务

围绕核心问题，形成问题链、分解任务群和设计具体的活动。具体见表 8－11。

表 8－11　项目问题与任务分解一览表

核心问题	子问题	任务	活动	课时安排	活动时空
如何让爬杆巡检机器人爬得更快	爬杆巡检机器人是怎么动起来的	认识爬杆巡检机器人的组成和传动方式	拼搭爬杆巡检机器人	1 课时	课内
			观察爬杆巡检机器人的动力来源与传动方式		
	怎样使爬杆巡检机器人爬得更快	提升爬杆巡检机器人的速度	探究影响爬杆速度的因素	1 课时	课内
	爬杆巡检机器人在生活中有哪些应用	查找爬杆巡检机器人在生活中的应用方法	认识爬杆巡检机器人的应用方法	1 课时	课内

（三）项目实施过程

任务一：认识爬杆巡检机器人的组成和传动方式

活动一：拼搭爬杆巡检机器人。

活动目标：通过组装机器人，初步学会爬杆巡检机器人的搭建方法，提高动手制作的能力。

活动资源：仿生机器人套材、螺丝刀和自制演示文稿等。

活动过程：

（1）观察：阅读爬杆巡检机器人搭建图纸。

（2）拼装：按图纸拼装爬杆巡检机器人。

（3）观察并交流：讨论爬杆巡检机器人的主要组成部分及其功能。

活动二：观察爬杆巡检机器人的动力来源与传动方式。

活动目标：观察机器人的运动方式，知道曲柄连杆结构能将圆周运动转变为往复运动，提高观察和归纳能力。

活动资源：仿生机器人、测试架、电池、自制演示文稿和活动任务单。

活动过程：

（1）观察：观察爬杆巡检机器人在测试架上的运动。

（2）交流：讨论与动力机芯相连的曲柄轮的运动方式和机器人手臂的运动方式。

（3）讨论与交流：动力是通过哪些零件从齿轮箱传递到机器人手臂上的。

（4）观察与交流：观察曲柄连杆结构动图，说说圆周运动怎么转变成往复运动，需要哪些结构。

任务二：提升爬杆巡检机器人的速度

活动：探究影响爬杆速度的因素。

活动目标：通过开展"竞速游戏"，能提出提升爬杆效能的方案；通过设计、制作、测试、优化、评估和反思等技术实践活动，知道爬杆巡检机器人运动的快慢和电量、轮轴长度和手臂长度有关，体会科学研究的严谨性。

活动资源：仿生机器人套材、螺丝刀、测试架、秒表、电池、自制演示文稿和活动任务单等。

活动设计过程：该活动属于本项目的核心活动之一，可以按照"工程与设计"类核心活动设计过程开展活动设计。过程见图 8-17。

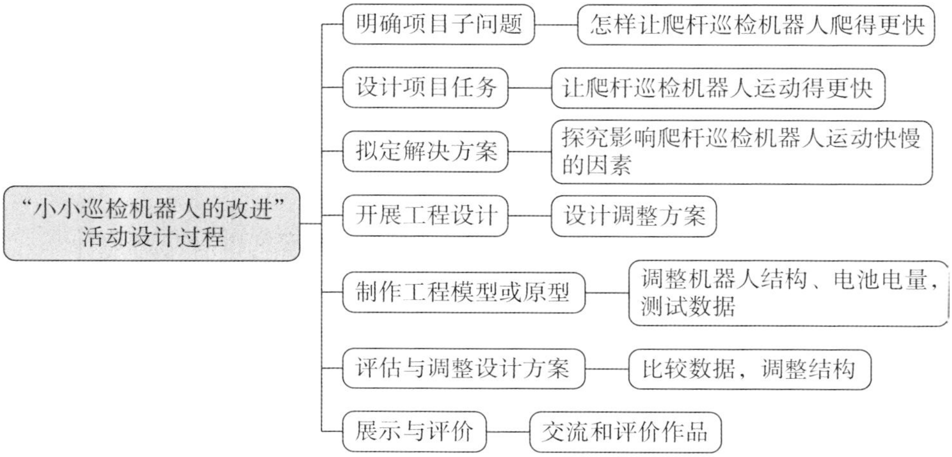

图 8-17 "小小巡检机器人的改进"活动设计过程

活动过程：

(1) 项目回顾：展示自己制作的爬杆巡检机器人，交流爬杆巡检机器人是如何运动的。

(2) 观摩比赛：观摩师生竞速比赛。

(3) 猜测与交流：为什么一个爬杆速度快，一个爬杆速度慢。

(4) 观察与比较：有序观察两组爬杆巡检机器人的机械结构，交流结构是否相同。

(5) 交流与分享：讨论不改变结构，提高爬杆速度的方法。

(6) 实验验证：再次观看机器人竞速比赛，验证猜测。

(7) 结论：当结构相同时，爬杆速度与电量多少有关。

(8) 讨论：除了电量，哪些因素也会影响爬杆速度。

(9) 讨论与设计：根据学习单提示，进行组内讨论，选择一个结构，设计调整方案。

(10) 交流：各小组交流设计方案。

(11) 调整与测试：完善调整方案，进行结构调整和测试，对比调整前后的爬杆时间，得出结论。

图 8-18　按方案调整机器人

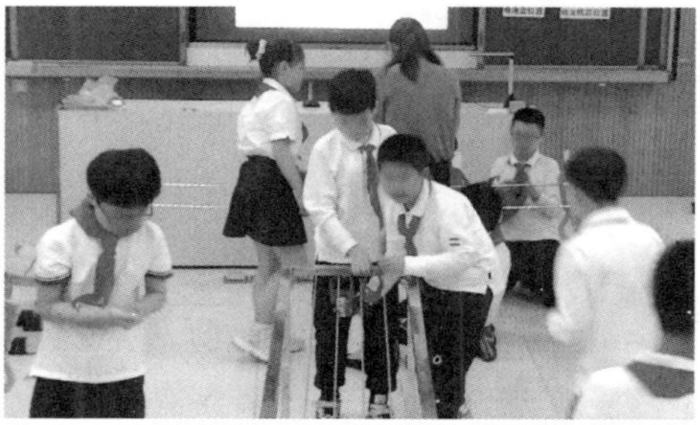

图 8-19　测试机器人实验

(12) 展示与评价：展示调整后的机械结构，介绍测试数据，分享结论。

(13) 小结：增加轮轴长度，延长手臂长度可以缩短爬杆时间，提升爬杆速度。

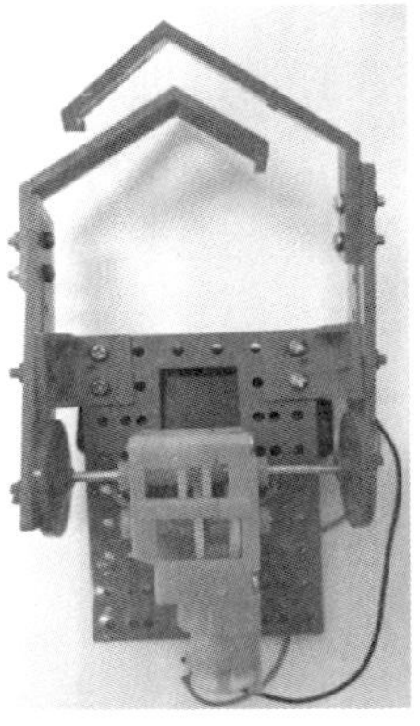

图 8－20 改进前

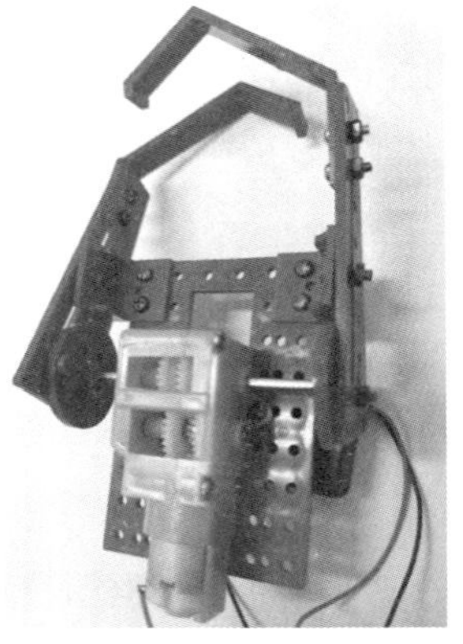

图 8－21 增加轮轴长度

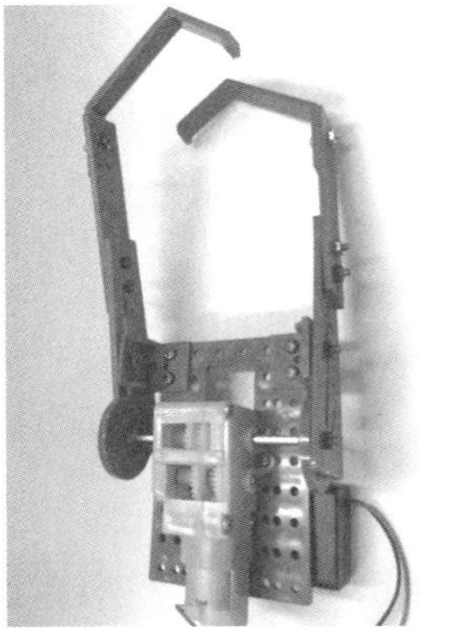

图 8－22 延长手臂

任务三：查找爬杆巡检机器人在生活中的应用

活动：认识爬杆巡检机器人的应用方法。

活动目标：通过交流、观看视频，知道爬杆巡检机器人在生活中的应用场景，体会科学技术与人类生产和生活的密切关系，感受我国科技的飞速发展，增强民族自豪感。

活动资源：视频、图片等。

活动过程：

（1）观看视频并交流：讨论爬杆巡检机器人在生活中的应用。

（2）观察图片并交流：爬杆巡检机器人在未来还可以有哪些创新发展。

（3）思考与交流：如何进一步改进爬杆巡检机器人，交流爬杆巡检机器人的传动装置在其他方面的运用。

四、项目评价

本项目可以小组为单位，采取自评、互评、师评三种评价形式。评价报告见表 8－12。

表 8-12 评价报告

<table>
<tr><th rowspan="2">评价内容</th><th rowspan="2">活动要求</th><th colspan="3">达成情况</th></tr>
<tr><th>自评</th><th>互评</th><th>师评</th></tr>
<tr><td rowspan="2">识图与制作</td><td>能读懂机器人组装说明书</td><td></td><td></td><td></td></tr>
<tr><td>能按照机器人组装说明书,搭建爬杆巡检机器人</td><td></td><td></td><td></td></tr>
<tr><td rowspan="2">测试与优化</td><td>能通过实验与测试找到影响爬杆巡检机器人运动快慢的原因</td><td></td><td></td><td></td></tr>
<tr><td>能通过调整、测试、改进,使爬杆巡检机器人爬得更快</td><td></td><td></td><td></td></tr>
<tr><td rowspan="2">交流与反思</td><td>能描述爬杆巡检机器人是如何运动的</td><td></td><td></td><td></td></tr>
<tr><td>能展示改进的爬杆巡检机器人,并说出它在实际中的应用</td><td></td><td></td><td></td></tr>
<tr><td colspan="5">我的反思日志:
问题 1:在这个项目中,我学到了哪些知识?
问题 2:我觉得这个项目中最有趣的活动是什么?
问题 3:我对自己设计的爬杆巡检机器人满意吗?是否有进一步改进的想法?</td></tr>
<tr><td colspan="5">老师的话:</td></tr>
</table>

(注:达成相关活动要求的,可在“自评”“互评”“师评”一栏中填入相应的“☆”)

五、项目实施建议

(一) 扣住问题链,打开学生的思维空间

本项目以“如何让爬杆巡检机器人爬得更快”为切入点,驱动学生通过技术与工程手段提升爬杆巡检机器人的运行效率。首先,需要创设情境,开展师生机器人竞速比赛,引导学生自主提出“为什么一个爬得快,一个爬得慢”的问题,引发学生进行思考。其次,通过进一步观察,引导学生发现机械结构相同,思考爬杆巡检机器人运动快慢与电量的多少有关;接着思考“除了电量外,还有哪些因素会影响爬杆巡检机器人运动的快慢”。问题层层深入,打开了学生的思维,从而让学生经历“假设—验证—解释—结论”的过程。

（二）创意拓展，为校内课程的知识拓展创设应用场景

本项目结合校本课程“仿生机器人”，创意拓展出技术与工程领域项目。在教材“动力玩具”单元学习中，学生对“力和机械”这部分非常感兴趣，热衷于制作机械结构来应用于实际生活，希望有相关体验活动。在校本课程仿生机器人的工程思维模式启发下，以原有的课本课程内容为基础，以“爬杆巡检机器人”为切入点，拓展技术与工程项目学习，满足学生动手实践、自主搭建机械结构的愿望。没有相关设备的学校，可以通过其他动力玩具设计相关项目。

（上海市青浦区实验小学　唐海波）

餐桌上的盐是怎么来的

一、项目概述

本项目对应的《课程标准》工程与技术领域学习内容为“人们为了使生产和生活更加便利、快捷、舒适，创造了丰富多彩的人工世界”。

本项目源于远东版《自然》三年级第二学期第六单元“液体、固体和气体”和五年级第一学期第四单元“常见的化学物质”，对应的内容标准为“知道有些物质容易溶解在水中，知道一些常见分离物质的方法”“知道食盐的加工方法”。

本项目依据《课程标准》并结合教材，对教材原有内容进行重组，以“餐桌上的盐是怎么来的”为核心问题，引导学生用“盐会溶解在水中”“用沉淀、过滤的方法将盐从水中分离”“食盐提取方法和加工方式有不同”等所学知识解决项目的核心问题。

本项目的学习可以引导学生经历课内外结合长周期探究的过程，调查制盐、取盐技术发展历史，学会对资料进行收集和整理，感悟科学技术与人类生活、生产的相互促进，体会劳动人民的艰辛。

二、项目特色

（一）项目问题源于日常生活

盐是人类每日饮食中不可或缺的物质，对人体起着重要作用。大部分学生知道盐是生活中必不可少的，但学生并不知道盐是怎么提取出来的，经过怎样的步骤来到餐桌上，其中使用了怎样的技术。通过本项目的学习，让学生感受到技术与文化之间的交融及两者之间的影响。

（二）项目方式有利于学生探究

本项目将不同年级的教学内容串联起来，学生在学习过程中对盐的获取方法有更深刻的认识。本项目融合了长周期探究和项目化学习的方式，从解决项目核心问题出发，利用课内外结合的长周期探究模式，开展小组合作进行观察和记录，让学生对项目核心问题和任务有更深刻的认识。

（三）项目资源有利于培养态度

学生体验"提取食盐"活动是本项目的重点活动，学生需要掌握实验的操作技巧，有一定的熟练度才能完成任务。因此在教学中，通过教师自制的视频对一些实验进行操作上的具体讲解，小组分工合作，每个人分配任务，进行实验，并开展长周期探究活动，对盐的制取有进一步的认识。在实验记录过程中培养学生认真、严谨的科学态度。

三、项目设计与实施过程

（一）项目目标

1. 通过观察和实验活动，能表达对问题的想法并提出将混合物中的食盐分离出来的可行方法，知道食盐可以通过加热、蒸发和结晶的方式提取，养成细致观察、如实记录的习惯，懂得安全操作的重要性。

2. 通过调查、阅读和展示等活动，能从盐的来源、从古至今的制盐技术、取盐方法、制盐技术发展以及盐的运输等多个方面进行资料的搜集与信息的处理并进行展示分享，感受到制盐、取盐技术的发展，体会劳动人民的艰辛和智慧。

3. 通过体验和宣传等活动，知道盐在生活中有许多作用，能将搜集的信息进行整理，并制作海报来宣传合理用盐的重要性，具有健康生活的意识。

（二）项目问题与任务

围绕核心问题，形成问题链、分解任务群和设计具体的活动。具体见表 8－13。

表 8－13　项目问题与任务分解一览表

核心问题	子问题	任务	活动	课时安排	活动时空
餐桌上的盐是怎么来的	如何得到食盐	获取食盐	制作食盐晶体（长周期探究）	1 课时	课内外结合，长周期探究部分为课外进行
			体验获取食盐	1 课时	课内
			分享交流制盐、取盐技术的发展	1 课时	课内外结合
	怎样用好盐	知道盐在生活中的妙用，学会合理用盐	体验盐在生活中的妙用，宣传合理用盐的重要性	1 课时	课内外结合，课外制作海报

（三）项目实施过程

任务一：获取食盐

活动一：制作食盐晶体（长周期探究）。

活动目标：通过观察、实验和长周期探究活动，能表达对问题的想法并提出将混合物中的食盐分离出来的可行方法，知道食盐可以通过结晶的方式提取，养成细致观察、如实记录的习惯。

活动资源：食盐混合物、搅拌棒、烧杯、水、酒精灯、石棉网、三脚架等。

活动过程：

（1）交流与讨论：怎么分离食盐混合物。

（2）实验准备：进行分离食盐混合物的实验准备，小组分工。

（3）动手实验：将食盐从混合物中分离出来。

（4）分享与交流：与同伴分享分离的方法。

（5）课外探究：制作食盐晶体并观察记录。

（6）分享与展示：交流分离水中食盐的方法，展示长周期探究成果。

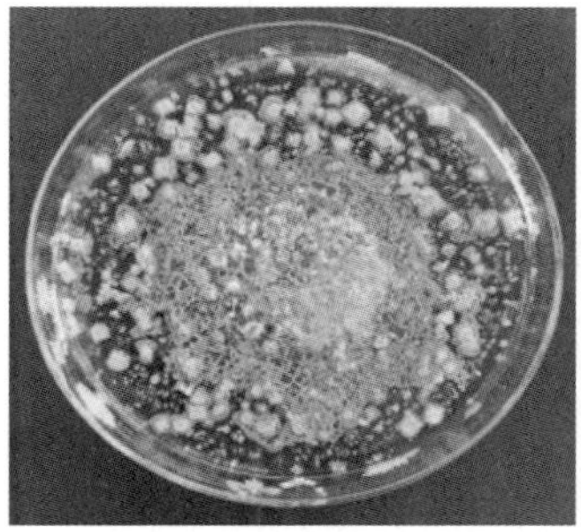

图 8－23　食盐结晶

活动二：体验获取食盐。

活动目标：

（1）通过实验活动，知道食盐可以通过加热、蒸发和结晶的方式提取，懂得安全操作的重要性。

（2）通过调查、阅读和交流等活动，感受从古至今取盐方法的发展和制盐技术的进步，认识到技术发展和工具的使用可以提高人们的工作效率，体会劳动人民的艰辛和智慧。

活动资源：食盐水、蒸发皿、酒精灯、石棉网、三脚架、打火机等。

活动设计过程：该活动属于本项目的核心活动之一，可以按照“技术与发明”类核心活动设计过程开展活动设计。过程见图 8－24。

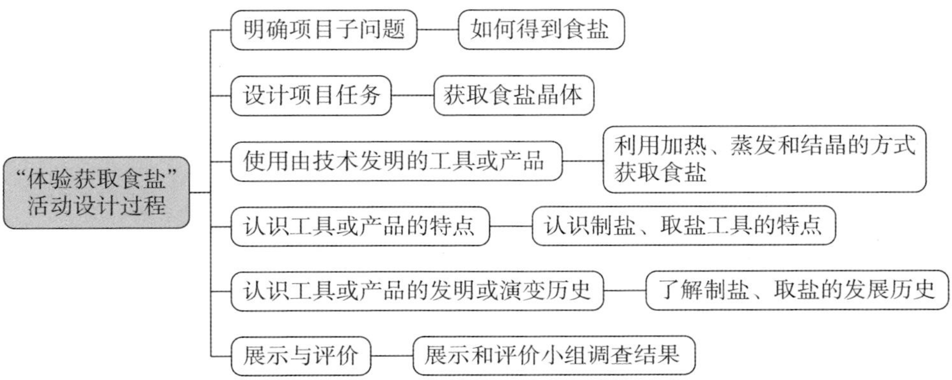

图 8－24　“体验获取食盐”活动设计过程

活动过程：

（1）交流与讨论：怎么分离水中的食盐。

（2）观察实验：通过加热实验分离溶于水中的食盐，观察加热过程，完成记录。

（3）分享与交流：描述加热过程中的变化，归纳分离溶于水中的食盐的方法。

图 8－25 分离食盐实验

活动三：分享交流制盐、取盐技术的发展。

活动目标：通过调查阅读和交流分享等活动，知道取盐方法的发展和制盐技术的进步，认识到技术发展和工具的使用可以提高人们的工作效率，体会劳动人民的艰辛和智慧。

活动资源：调查资料、演示文稿、视频等。

活动过程：

（1）收集资料：通过网络搜索、阅读书籍等方式收集制盐、取盐技术发展的资料。

（2）处理资料：小组合作将有用信息进行整理，以演示文稿形式呈现。

（3）分享与交流：小组在课堂上从盐的来源、制取方法、运输、历史故事等进行分享。

（4）讨论与总结：交流制盐、取盐技术历史的发展与进步，体会劳动人民的艰辛与智慧。

任务二：知道盐在生活中的妙用，学会合理用盐

活动：体验盐在生活中的妙用，宣传合理用盐的重要性。

活动目标：通过体验和宣传等活动，知道盐在生活中有许多作用，能将搜集的信息进行整理，并制作海报来宣传合理用盐的重要性，具有健康生活的意识。

活动资源：盐、咖啡杯、苹果、海报纸、彩色笔等。

活动过程：

（1）收集资料：调查盐在生活中还有什么用途。

(2) 交流与分享:课堂上分享,交流调查内容。

(3) 动手实验:用盐去除咖啡渍,用盐防止苹果氧化。

(4) 制作与展示:制作倡导合理用盐的海报并进行展示。

四、项目评价

本项目可以小组为单位,采取自评、互评、师评三种评价形式。评价报告见表 8-14。

表 8-14　评价报告

评价内容	活动要求	达成情况		
		自评	互评	师评
观察实验	能用过滤和沉淀分离盐和沙子的混合物			
	能用结晶的方法制作盐,并做好长周期观察			
	能用蒸发的方法分离水中的盐			
调查整理	能说出制盐、取盐技术的发展			
	能说出一至两种制盐、取盐技术的具体内容			
展示海报	语言表达能力好,能熟练、自信地介绍自己或者小组的宣传海报			

(注:达成相关活动要求的,可在"自评""互评""师评"一栏中填入相应的"☆")

五、项目实施建议

(一) 巧用图示过程,帮助学生建构知识

项目学习不仅提供学生实践的机会,还有利于学生习得科学概念,建构合理的知识结构。在本项目中,教师要帮助学生充分利用有结构的板书图示将食盐从混合物中的分离方法和其原理,以及对制盐、取盐技术的发展和食盐的种类及用途等进行关联(见图 8-26),建构概念。

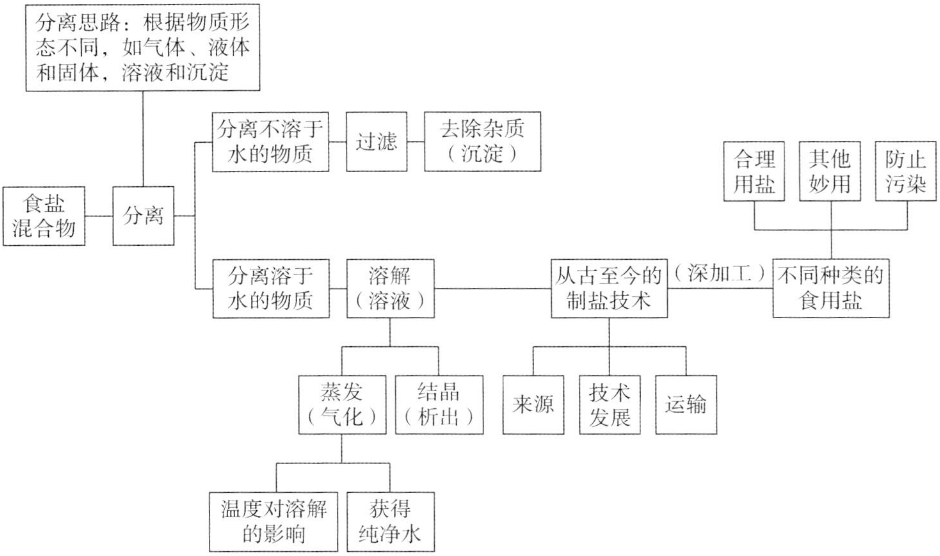

图 8－26 “餐桌上的盐是怎么来的”项目板书

（二）课内外结合，做好对学生的辅导，及时解答疑难困惑

本项目主要采用课内外结合的形式，学生在课外进行长周期探究活动，通过观察记录，总结盐在常温下会形成晶体，得到食盐晶体并观察它们的特征。需要对学生讲清楚制作食盐晶体的要求，食盐的量一定要达到在水中不能溶解为止，可以利用加热、搅拌等方式，让食盐尽可能多地溶于水，得到的食盐晶体就会更明显。在调查从古至今制盐、取盐技术的进步与发展时，提供一些具体的方向，比如从盐的来源，制盐、取盐工具的发展，盐的运输等方面让学生收集、整理资料，再到课堂分享的时候，学生就能有侧重点地描述自己调查到的内容。

（三）搭建好学习支架，在实验中感悟技术发展

在本项目学习中，通过加热提取水中的食盐这一实验活动，让学生在过程中学会现代实验室中如何提取食盐的操作过程。需提前告知学生一些实验器材的使用方法和注意事项，让学生安全操作。教师通过演示视频和在课堂实验中巡视，对有需要的小组进行帮助，让学生在实验中感受简易制盐操作，并结合长周期探究和小组调查到的资料，感受制盐、取盐技术发展的过程，体会劳动人民的艰辛和智慧。

（上海市青浦区教师进修学院附属小学　沈紫萱）

制作雨量器

一、项目概述

本项目对应的《课程标准》工程与技术领域学习内容为“技术的核心是发明，是人们对自然的利用和改造”。

本项目源于远东版《自然》五年级第一学期第三单元“天气”，对应的内容标准为“知道降雨的成因”“知道气温、降水、风等是反映天气特征的主要方面，说出天气预报的作用”。

本项目依据《课程标准》并结合教材，对教材单元部分内容进行了重组与拓展，以“如何得知降水量”为核心问题，引导学生用“雨是水在自然界中循环变化形成的”“气象工作者用雨量器测量降雨量”等所学知识解决项目的核心问题。

本项目的学习着重于学生的日常生活，引导学生在运用学科知识与技能解决真实问题的过程中，体会科学与技术对生活、生产的作用，有应对暴雨等灾害天气的安全防范意识。

二、项目特色

（一）突出问题解决

本项目着重于问题链的设计，围绕降水现象引发学生对“降水是如何形成的”“青浦区的降水量每年都是一样的吗”“用什么工具来测量降水量”等的思考，并尝试用观察、模拟、阅读、设计、制作和测试等方法解决遇到的问题，帮助学生认识降水形成的原因，降水量对人们生活的影响，雨量器的构造和功能等。

（二）优化设计制作

本项目的核心活动是制作雨量器，通过搜集材料、设计方案、制作加工和测试改进等过程，不断发现自制雨量器存在的问题。如使用塑料材质是否合理，密封性如何做到更好，怎么正确标注刻度等。将结构和功能进行联系，为优化功能而改进结构。同时，小组成员间能够不断磨合，进行分工合作、自主实践，充分意识到在制作并使用工具时需要周密、细致与严谨的工作态度。

（三）丰富研究途径

借助文本和视频的阅读，展示雨量器的发展史，加深对技术革新的体会；通过搜集资料，学会对降水量等信息的采集与数据分析，认识降雨变化对当地和其他地区带来的灾害以及应对的措施，体会水循环的意义；借助信息化软件，例如"上海知天气"App，查看更加详细的天气数据，并对其进行简单的分析；通过分析降水量过多或者过少对环境的影响，学会正反两方面客观地看待自然现象，树立人与自然和谐的观念。

三、项目设计与实施过程

（一）项目目标

1. 通过收集资料、观察、讨论等活动，知道降水的成因，知道降水是反映天气特征的主要因素之一，知道干旱、洪水是自然界中降水不均衡造成的，关心发生在中国的干旱、洪水等自然灾害。

2. 通过设计、讨论等活动，能根据现实需求用图文结合的方式设计简易雨量器，能将雨量器的结构和功能进行联系，能对设计的雨量器进行可行性评估，知道工程技术的关键是设计，工程是运用科学和技术进行设计、解决实际问题、解决实际问题，具有利用科学、技术与工程思维解决实际问题的意识。

3. 通过制作、测量、改进、阅读等活动，能将设计构思转化为实物，制作出自己设计的雨量器，学会使用自制简易仪器测量降水量，能针对测量中出现的问题优化设计方案，知道雨量器的发展史，知道使用工具可以更加精确、便利和快捷，感悟气象观测能够帮助我们应对自然灾害。

（二）项目问题与任务

围绕核心问题，形成问题链、分解任务群和设计具体的活动。具体见表8－15。

表 8－15 项目问题与任务分解一览表

核心问题	子问题	任务	活动	课时安排	活动时空
如何得知降水量	降水是怎样形成的	认识降水的形成及意义	模拟降水实验	1课时	课内
	如何来测量降水量	制作测量降水量的工具——雨量器	制作雨量器	3课时	课内外结合

（注：材料收集、演示文稿制作、长周期观测活动在课外进行）

（三）项目实施过程

任务一：认识降水的形成及意义

活动：模拟降水实验。

活动目标：

（1）通过观察和模拟活动，知道降水的成因，知道降水是反映天气特征的主要因素之一。

（2）通过阅读活动，知道干旱、洪水是自然界中降水不均衡造成的，关心发生在中国的干旱、洪水等自然灾害。

活动资源：电脑、烧杯、酒精灯、打火枪、泥土、微视频、量筒、水、记录单等。

活动过程：

（1）讨论与交流：自然界中的降水现象是怎么形成的。

（2）设计与交流：利用提供的实验材料，设计模拟自然界中降水现象的实验方案。

（3）观看视频：明确模拟实验的操作过程。

（4）模拟实验：了解自然界中的降水现象。

（5）观察与交流：交流所观察到的烧杯内、坩埚底部发生的现象，并描述降水形成的过程。

（6）阅读与交流：讨论干旱、洪水等自然灾害产生的原因。

（7）交流与发现：降水是反映天气特征的主要因素，干旱、洪水是自然界中降水不均衡造成的。

任务二:制作测量降水量的工具——雨量器

活动:制作雨量器。

活动目标:

(1) 通过搜集资料和观察活动,知道使用雨量器可以测量降水量,说出人工雨量器的基本组成和功能,能将结构和功能进行联系。

(2) 通过设计、制作和测试等活动,能用图文结合的方式设计简易雨量器,并将自己的设计构思转化为实物,制作出简易雨量器,能针对测量中出现的问题优化设计方案,能对设计的雨量器进行可行性评估,具有利用工程思维解决实际问题的意识。

(3) 通过搜集资料制作演示文稿,使用气象应用软件获取降雨信息,展示雨量器的发展史;阅读暴雨预警信号,感悟气象观测能够帮助我们应对自然灾害。

活动资源:制作雨量器所需材料(学生自备)、活动评价单、阅读资料等。

活动设计过程:该活动属于本项目的核心活动之一,可以按照“技术与发明”类核心活动设计过程开展活动设计。过程见图 8-27。

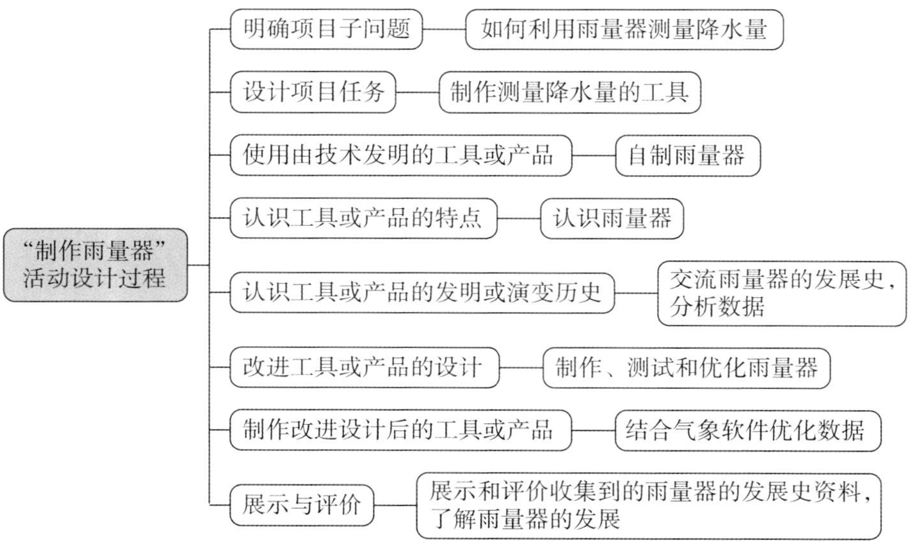

图 8-27 “制作雨量器”活动设计过程

活动过程：

（1）认识雨量器的基本组成。

① 项目回顾：我们已经学习了降雨形成的原因，那么，如何知道一个地区的降水量。

② 搜集资料：通过上网搜索资料，寻找测量降水量的工具和方法。

③ 交流：讨论测量降水量的工具和方法。

④ 观察与交流：雨量器有哪些组成部分，分别发挥什么作用。

（2）设计能收集测量降水量的工具。

① 思考与讨论：用什么材料来制作雨量器的各个部分，怎么标注刻度。

② 设计与交流：根据要求设计雨量器，说出选择的材料及设计的意图。

③ 讨论与交流：如何设计可以收集更多的雨水，容器大小不同，如何正确标注雨水量的刻度。

④ 改进：根据讨论，结合所选材料及现实要求，优化雨量器设计方案。

（3）制作、测试和优化雨量器。

① 动手制作：根据优化的设计图制作简易雨量器。

图 8-28　学生使用自制的雨量器进行测试

② 模拟测试：使用自制的雨量器，模拟测试不同区域的降雨量，并完成测试

反馈表。

③ 观察与记录：测试过程中观察雨量器收集雨水的情况。

④ 汇报与分析：交流测试结果，分析测试过程中雨量器存在的问题。

⑤ 思考与交流：不同区域测量到降水量不同的原因是什么。

⑥ 改进与评估：根据测试过程评估自制雨量器的科学性和实用性，并尝试改进。

⑦ 再测试与改进：使用改进后的雨量器再次进行测试，如有问题还需进一步改进。

⑧ 课外观测：利用自制雨量器进行一到两周的降水量观测（需根据降水实际进行调整）。

（4）展示雨量器的发展史，使用气象应用软件获取降水信息。

① 交流与展示：课前小组分工，搜集并整理雨量器发展史的资料，制作演示文稿；课上进行展示交流。

② 排序活动：按雨量器出现的先后顺序进行排序。

③ 交流与发现：随着科学技术的发展，使用的工具会不断改进。

④ 阅读与交流：使用气象应用软件（如“上海知天气”App），获取降水信息；与长周期观测得到的降水量数据进行比对和分析，发现大数据的精准。

⑤ 阅读和交流：识别暴雨预警信号，说说合理的应对措施。

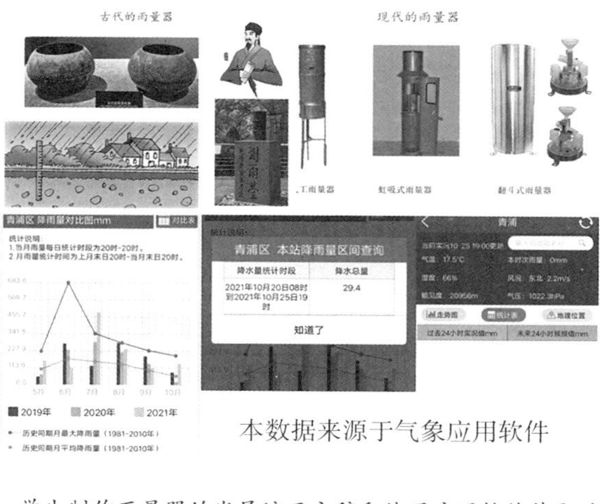

图 8－29　学生制作雨量器的发展演示文稿和使用应用软件获取的降水信息

四、项目评价

本项目可以小组为单位，采取自评、互评、师评三种评价形式。评价报告见表 8－16。

表 8－16 评价报告

评价内容	活动要求	达成情况		
		自评	互评	师评
动手操作	能正确使用雨量器，并记录降水量			
	按照组员能力分派任务，并能相互配合，共同完成			
设计制作	能对简易雨量器方案提出 1—2 个改进建议			
	方案设计合理，能按照方案制作雨量器			
资料搜集	能根据设计方案，收集制作雨量器需要的材料			
	能对搜集到的雨量器发展史的资料进行整理分析，并制作演示文稿，在班级进行交流			
我的反思日志： 问题 1：在本次项目活动中，我的哪些能力得到了提升？ 问题 2：通过本次项目活动，我对气象观测有了哪些新的认识？ 问题 3：我对自己小组制作的雨量器满意吗？这个雨量器能否准确记录降水情况？				
老师的话：				

（注：达成相关活动要求的，可在“自评”“互评”“师评”一栏中填入相应的“☆”）

五、项目实施建议

（一）注重学生对雨量器的制作与优化

在本项目的学习中，可以进行多次测试和改进。建议第一次是在设计制作完成雨量器后，预估在使用雨量器过程中可能出现的问题，包括环境、天气和材料等，交流该如何解决这些问题，并进行改进。第二次可以在测试雨量器后，改进存在的问题，并评估自制雨量器的科学性和实用性。不断改进雨量器，其目的就是让工具越来越精准，越来越方便。但是，在课堂中如果过分强调改进，学生很可能会出现“为了改而改”的现象。

（二）基于数据分析，达成技术运用

本项目的数据采集，一是通过使用自制简易雨量器进行长周期的观测；二是借助现代化信息软件，查看更加详细的天气数据。在课堂中可以引入更多的信息化手段和平台来进行数据的采集和分析，如赛灵格平台，可以利用其便捷上传及统计等功能，更加直观、精确地对数据进行分析，以培养学生的技术运用水平。

（上海市青浦区崧文小学　杜路）

小小气象预报员

一、项目概述

本项目对应的《课程标准》工程与技术领域学习内容为“人们为了使生产和生活更加便利、快捷、舒适，创造了丰富多彩的人工世界”。

本项目源于远东版《自然》五年级第一学期第三单元“天气”，对应的内容标准为“知道气温、降水、风等是反映天气特征的主要方面，说出天气预报的作用”“体验天气预报带来的便利，感悟科学技术对人类生产和生活的促进作用”。

本项目依据《课程标准》，并结合教材和学校校园气象站、校园电视台的资源，对单元部分内容进行重组与拓展。以“如何开展天气预报播报”为核心问题，引导学生用“观测气象要素”“天气预报稿的写作要求”“天气预报的方法”等所学知识解决项目的核心问题。

本项目的学习可以引导学生经历天气预报的全过程，关心日常生活中的天气变化，有应对灾害天气的安全防范意识，体会科学技术对精准观测和预报天气带来的积极作用。

二、项目特色

（一）基于学生现实需求，促进项目开展

天气预报在我们现实生活中很常见，但在移动电子信息设备普及的今天，学生观看天气预报电视栏目的机会少之又少，学生对天气预报既熟悉又陌生。本项目把让学生尝试开展天气预报作为驱动任务，有效地调动了学生的积极性。

（二）发挥现有校园资源特色，体验沉浸式学习

在学校建有校园气象站以及校园电视台两大设备资源的基础上，学生从利用校园气象站进行数据采集，到使用应用软件获取天气预报情报，再到利用校园电视台进行天气预报播报。这一系列校本资源的利用，能更好地帮助学生体验角色扮演类的沉浸式学习，在体会现代天气观测技术给生活带来便利的同时，意识到完成天气预报与播报任务并非易事。

（三）通过跨学科的学习方式，有效达成任务

天气预报的形式多样，不仅需要播报员具备优美的仪态站姿和优秀的口语表达能力，还需要记录员掌握气象数据采集的操作技能，以及需要撰稿员提供完善的天气预报稿。跨学科项目是学生合作探究在真实世界中发生的普遍又复杂的问题。普遍是指这些问题随处可见、与生活息息相关，复杂是指这些问题无法用单一的知识、技能或情感性经验以复制的形式进行解决。因此，本项目尝试借助与其他学科融合、联结的项目学习的方式，帮助学生更加有效地完成天气预报播报任务。

三、项目设计与实施过程

（一）项目目标

1. 通过实地考察和观看视频等活动，知道校园人工气象站和自动气象站的作用，学会各类气象监测仪器的操作方法，体会科学技术对天气观测带来的影响。

2. 通过观看视频、使用天气预报类应用软件、交流讨论和数据分析等活动，知道天气预报的作用及其中包含的气象数据要素，知道获取上海本地一周天气预报的方法，学会记录各类天气预报数据和汇总气象数据，提高小组合作和问题解决能力。

3. 通过天气预报稿的写作，知道天气预报稿的写作要求，学会写天气预报稿，感悟天气预报使生产和生活更加便利。

4. 通过播报天气预报的活动，学会优美的站姿和正确的讲述方式，提高口语表达能力，体会完成天气预报播报的成就感。

（二）项目问题与任务

围绕核心问题，形成问题链、分解任务群和设计具体的活动。具体见表8-17。

表8-17 项目问题与任务分解一览表

核心问题	子问题	任务	活动	课时安排	活动时空
如何开展天气预报播报	如何收集天气预报材料	采集实时气象数据以及收集天气预报材料	通过校园气象站设备采集气象数据	2课时	课内
			利用应用软件收集气象数据		
	如何撰写天气预报稿	结合收集的数据信息，完成天气预报稿写作	撰写天气预报稿	1课时	课内
	怎样录制天气预报	完成一期天气预报的播报	模拟天气预报及天气预报录播	2课时	课内外结合

（注：录播活动在课外进行）

（三）项目实施过程

任务一：采集实时气象数据以及收集天气预报材料

活动一：通过校园气象站设备采集气象数据。

活动目标：通过对校园气象站的实地考察，知道校园人工气象站和自动气象站的作用，学会各类气象监测仪器的操作方法，体会科学技术对天气观测带来的影响。

活动资源：校园气象站和记录册。

活动设计过程：该活动属于本项目的核心活动之一，可以按照“技术与发明”类核心活动设计过程开展活动设计。过程见图 8－30。

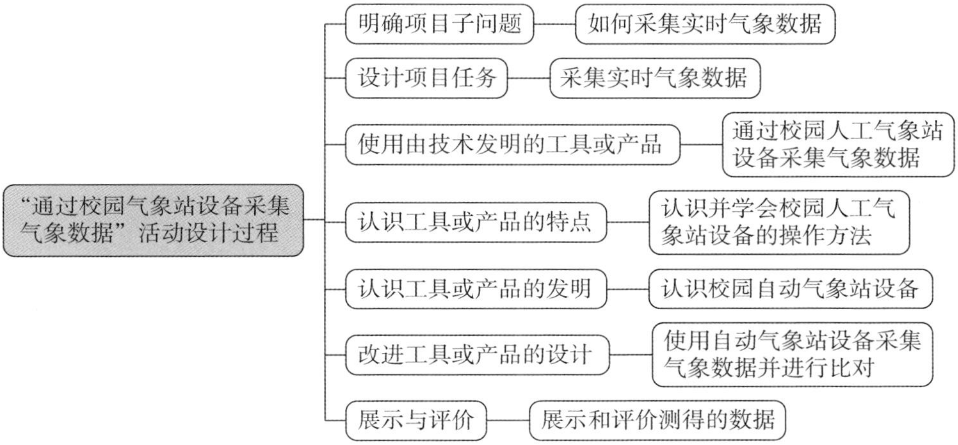

图 8－30　“通过校园气象站设备采集气象数据”活动设计过程

活动过程：

（1）考察校园气象站，认识气象站中各类监测仪器，并了解各类气象数据监测仪器的作用。

（2）实践与体验：使用人工气象站的百叶箱中配有的最高温度计、最低温度计以及干湿球温度计，学习正确地读数并记录。

（3）观察与交流：将人工气象站中所测得的数据与自动气象站中所测得的数据进行对比，寻找误差。

（4）记录：每个小组推选出一位校园气象站数据记录员，记录每日北京时间 8 时及 14 时的气象数据。

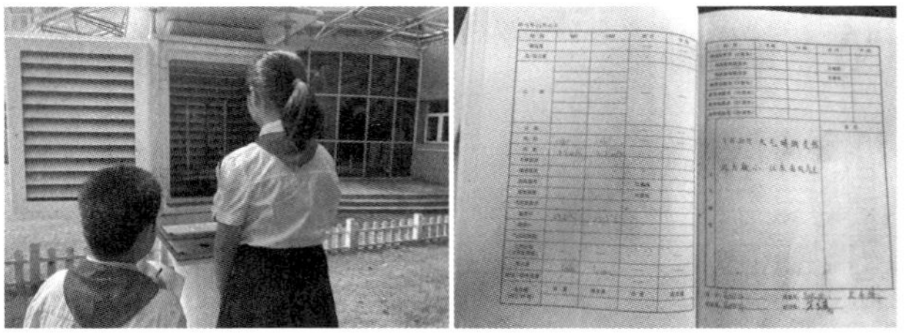

图 8-31 学生观察记录气象数据

活动二:利用应用软件收集气象数据。

活动目标:

(1) 通过观看天气预报视频和交流等活动,知道天气预报的作用及其中的气象数据要素。

(2) 通过使用天气预报类应用软件、讨论等活动,知道获取上海本地一周天气预报的方法,学会记录各类天气预报数据。

活动资源:平板电脑、记录册。

活动过程:

(1) 观察与交流:天气预报有什么作用,天气预报中包含了哪些气象数据要素。

(2) 讨论:获取天气预报数据的渠道。

(3) 观察与操作:学习"上海知天气"App 的使用方法,并使用其获取当地一周天气预报数据。

(4) 记录:分别对一周天气预报中的"天气现象""最高最低温度""风速"等数据以及当日天气状况下的生活指数(如穿衣指数、感冒指数、洗晒指数、火险指数、润肤指数、舒适度指数等)进行记录;每组的数据记录员于每周一记录天气预报数据。

任务二:结合收集数据信息,完成天气预报稿写作

活动:撰写天气预报稿。

活动目标:

(1) 通过对比、交流和数据分析等活动,学会汇总气象数据,提高小组合作和问题解决能力。

（2）通过天气预报稿的写作，知道天气预报稿的写作要求，学会写天气预报稿，感悟天气预报使生产和生活更加便利。

活动资源：记录册、天气预报稿。

活动过程：

（1）收集数据：汇总当日校园气象站测得的气象数据以及天气预报数据。

（2）明确要求：根据天气预报稿编写要求进行写作。天气预报稿中需要包括以下要素：①校园气象站在截稿时间内测得的气象数据（最高温度、最低温度、降水量、风力风向数据），当日的生活气象指数，一周天气预报数据，明后天的生活气象指数；②稿件需要按照时间先后顺序进行撰写；③若一周天气预报中有特殊天气变化现象（如雨、雪、大风等）的日期，应重点描述，做好气象预警说明工作；④全文结构完整，简洁明了，用词准确恰当，易于口述。

（3）撰写文稿：根据要求撰写天气预报稿。

（4）评价与改进：展示优秀习作，进行点评，总结优点，修改文稿。

（5）评选：评选天气预报优秀撰稿员。

任务三：完成一期天气预报的播报

活动：模拟天气预报及天气预报录播。

活动目标：通过播报天气预报的活动，学会优美的站姿和正确的讲述方式，提高口语表达能力，体会完成天气预报播报的成就感。

活动资源：天气预报稿和校园电视台。

活动过程：

（1）明确要求：了解天气预报播报的要求（站姿挺拔，仪态自然大方，准确表达信息，清楚、连贯地讲述）。

（2）讨论与归纳：如何完成一次成功的天气预报播报。

① 要选一个灵活、机智、知识丰富、表达流畅的天气预报员。

② 天气预报员要站姿挺拔，仪态自然大方，声音洪亮，吐字清晰，富有感染力。

③ 天气预报稿要结构完整，简洁明了，用词准确恰当，易于口述。

④ 天气预报员要对自己所发布的新闻有比较全面的了解。

(3) 进行模拟播报：各小组推选代表作为天气预报员，上台模拟播报。

(4) 推选出本次活动表现优异者，通过校园电视台进行天气预报播报录制。

图 8 - 32　学生播报天气信息

四、项目评价

本项目可以小组为单位，采取自评、互评、师评三种评价形式。评价报告见表 8 - 18。

表 8 - 18　评价报告

评价内容	活动要求			达成情况		
	☆	☆☆	☆☆☆	自评	互评	师评
观测	正确使用温度计	熟练操作各类气象站人工数据采集仪器	熟练掌握人工气象站和自动气象站数据采集仪器			
记录	能正确记录人工测量的气象数据	能将人工和自动采集的数据进行对比并修改	能在前两者基础上记录汇总各类气象数据			
写作	天气预报稿中包含各个气象要素	天气预报稿中包含各个气象要素，且对特殊天气变化有重点描述	在前两者基础上，文稿结构完整，简洁明了，用词准确恰当，易于口述			

（续表）

<table>
<tr><td rowspan="2">评价内容</td><td colspan="3">活动要求</td><td colspan="3">达成情况</td></tr>
<tr><td>☆</td><td>☆☆</td><td>☆☆☆</td><td>自评</td><td>互评</td><td>师评</td></tr>
<tr><td>播报</td><td>能准确无误地完成天气预报播报</td><td>仪态自然大方，注意语音语调，准确无误地完成天气预报播报</td><td>在前两者基础上，完成全文背诵播报</td><td></td><td></td><td></td></tr>
<tr><td colspan="7">我的反思日志：
问题 1：在这个项目中，我掌握了哪些采集气象数据的方法？
问题 2：我觉得这个项目中最有趣的活动是什么？
问题 3：通过学习，我觉得天气预报对于日常生活重要吗？为什么？</td></tr>
<tr><td colspan="7">老师的话：</td></tr>
</table>

（注：达成相关活动要求的，可在“自评”“互评”“师评”一栏中填入相应的“☆”）

五、项目实施建议

（一）各学科教师需体现适当的指导角色

本项目作为一个跨学科项目，涉及语文学科。自然教师要跟语文教师共同进行项目的策划，在既定课时安排的基础上，负责进行项目指导。在具体实施过程中，需要两个学科的教师全程参与，这样每一位教师都能知道项目的进度，以及自身学科在项目中学生习得的程度。尤其到项目的后阶段，会产生学生应用两门学科的知识技能进行对驱动问题的解决，此时“双师一堂”的方式能够提供更多的支持，项目的成效也将更好。

（二）根据现实校园资源，合理改造项目内容

本项目是在校园中已有校园气象站和校园电视台的基础上展开活动，在没有相关资源基础建设的校园中，项目可以进行适当的改造。如可以购置最高温度计、最低温度计、干湿球温度计、雨量筒以及风向风速仪来进行气象观测，此类配套气象观测仪器的设备价格并不高昂。同时，天气预报的数据可以通过网络

查询资料的方式进行收集。没有校园电视台的情况下,可以在每周一升旗仪式或者红领巾广播中尝试天气预报播报,同样也能给予其他学生获取天气预报资讯的机会。

(三) 利用学科平台,为学生搭建展示舞台

通过本项目的学习,学生对天气播报有了更深刻的认识,同时自身也基本具备了完成气象播报的能力。在此基础上,学生可以在“青浦教育·轻学自然”学科平台上传自己完成的优秀作品,展示的同时也给予了其他浏览平台的学生参考学习天气播报的机会。如没有此类网络学科平台,也可以通过举办学校科技节相关天气播报项目竞赛来构建学生展示的平台。

(上海市青浦豫英小学　王立威)

附　　录

上海市小学自然学科技术与工程实践现状调查报告

一、调研背景

2017 年颁布的《课程标准》强化了技术与工程领域的学习，技术与工程领域内容已成为小学科学教学中重要的组成部分，在培养小学生科学素养的过程中发挥着重要作用。为了解上海市小学自然学科技术与工程领域教学的现状，明确该领域教学存在的具体问题，从而实现“科学、技术与工程融为一体”的目标要求，项目组开展了专项调查。

本次调查利用“问卷网”平台，对上海市六个区的小学自然学科教师开展匿名调查，共回收有效问卷 497 份，其中，专职教师 285 人(57.34%)，兼职教师 212 人(42.66%)。研究者从基本情况、关注程度、理念认知和实践现状等维度，收集了相关信息并进行了数据分析。这里简单呈现三方面的结论。

二、调研初步结论

(一) 大部分教师关注技术与工程领域教学内容

在关于小学科学课中开展技术与工程领域教学必要性的题目中设置了 5 级评分，分数越高表示越认同(见图 9-1)。有 68.13%的教师给出了 5 分，23.43%的教师给出了 4 分。从本题的总体评分情况来看，大部分教师认为进行技术与工程领域的教学非常有必要。

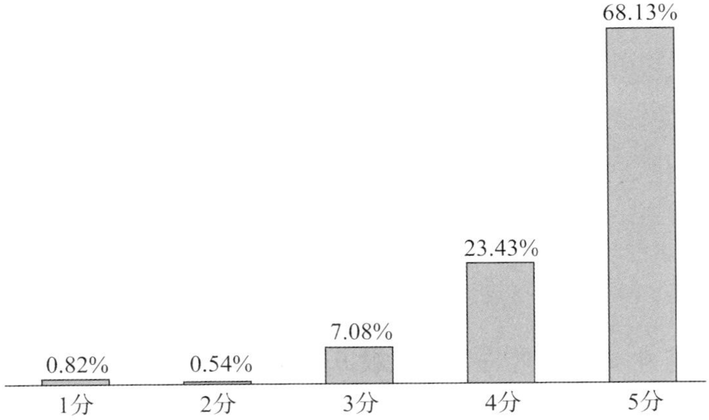

图 9-1 在小学科学课中开展技术与工程领域教学的必要性认可程度

从数据中还发现，教师对于了解技术与工程领域相关内容的途径较为多元化。本次调查显示，76.02%的教师通过“参与相关教研、培训”的方式了解技术与工程领域的相关内容，63.49%的教师通过“阅读相关书籍、刊物”的方式了解技术与工程领域的相关内容，53.13%的教师通过“研读《课程标准》”了解技术与工程领域的相关内容，46.87%的教师通过“关注相关领域的公众号”了解技术与工程领域的相关内容（见图 9-2）。

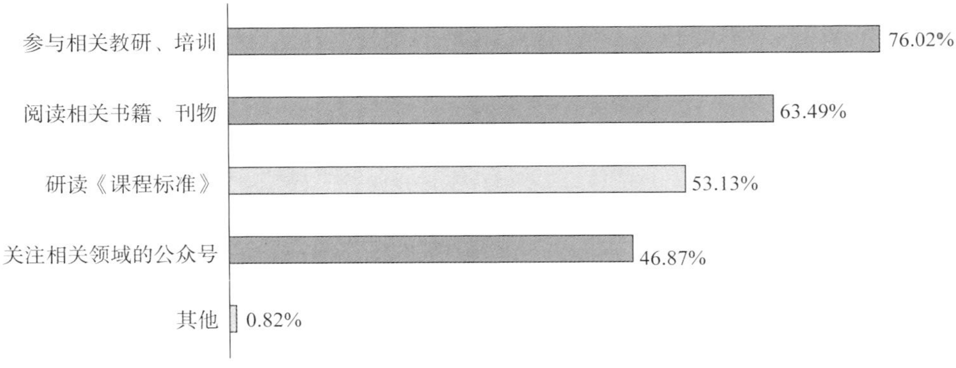

图 9-2 教师了解技术与工程领域相关内容的途径

此外，我们分别调查了教师对其他版本教材以及“空中课堂”中技术与工程领域内容的关注程度(见图 9 - 3 和 9 - 4)。我们发现,大部分教师在使用其他版本教材以及观看"空中课堂"时非常关注技术与工程领域的内容。

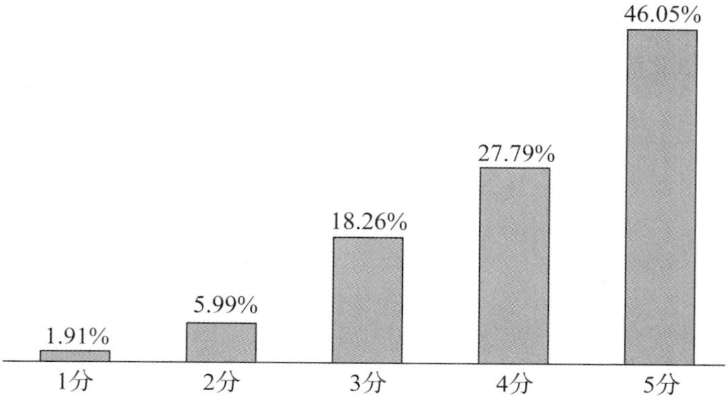

图 9 - 3 对其他版本教材中技术与工程领域相关内容的关注程度

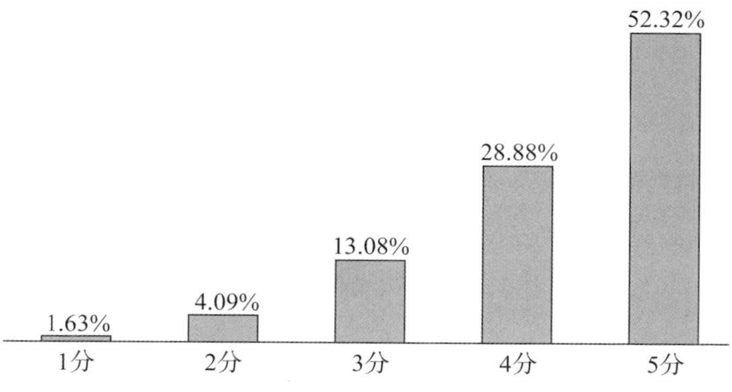

图 9 - 4 对"空中课堂"中技术与工程领域相关内容的关注程度

(二) 部分教师对技术与工程领域内容的认知水平有待提高

1. 半数以上教师对技术与工程领域内容了解度不高

对技术与工程领域了解程度的调查显示(见图 9 - 5),14.08%的教师全面了解过技术与工程领域的内容,59.76%的教师对该领域的内容有一些了解,26.16%的教师完全不了解该领域的内容(为保证调查结果的科学性,选择"完全不了解"的教师未参与之后的问卷)。

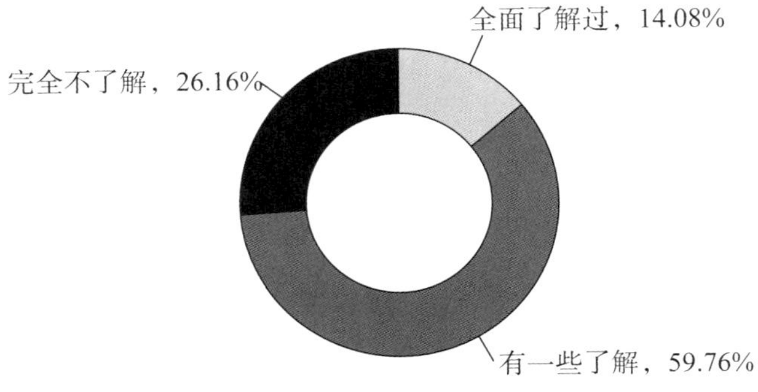

图 9－5 对技术与工程领域的了解程度

2. 少数教师对“技术”和“工程”概念的理解不够准确

对“技术”概念的理解调查结果显示，有 50.68％的教师选择了“改造世界的手段、方法和过程”，有 49.32％的教师选择了另外两个选项。由此可见，近半数的教师对“技术”概念的理解不够准确（见图 9－6）。

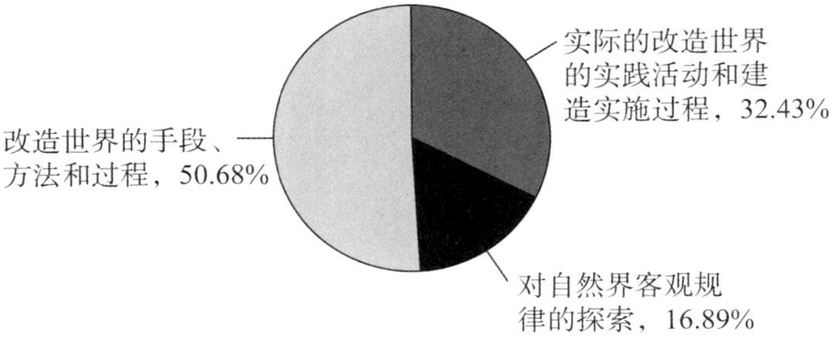

图 9－6 对“技术”概念的理解比例

对“工程”概念的理解调查结果显示，有 70.84％的教师选择了“实际的改造世界的实践活动和建造实施过程”，有 29.16％的教师选择了另外两个选项。由此可见，大部分教师能选择正确的“工程”概念，仍有少数教师对“工程”概念的理解尚不准确（见图 9－7）。

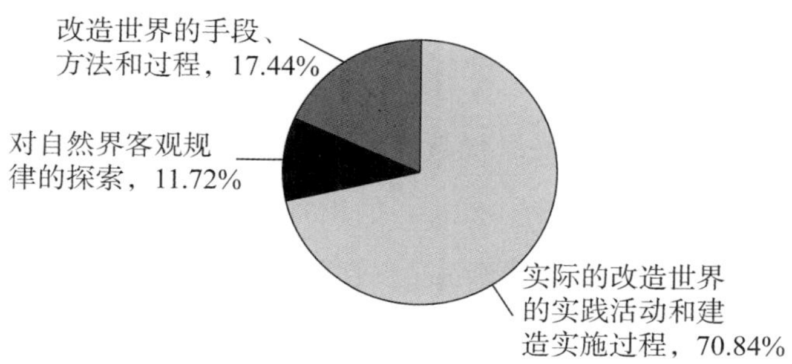

图 9－7　对“工程”概念的理解比例

3. 部分教师难以区分技术与工程领域学习目标

对属于技术与工程领域学习目标的调查结果显示（见图 9－8），选择正确目标（标记 * 的目标）的教师比例较高，其中，“根据现实的需要设计简单器具、生产物品或完成任务”和“认识常见工具，了解其功能”的选择比例分别是 88.83％和 79.29％，“知道一些著名工程师、发明家的研究事迹”的选择比例是 54.22％，错误选项的选择比例仍有 55.86％和 45.78％。由此可见，部分教师在技术与工程领域内容学习目标的区分上仍有一定困难。

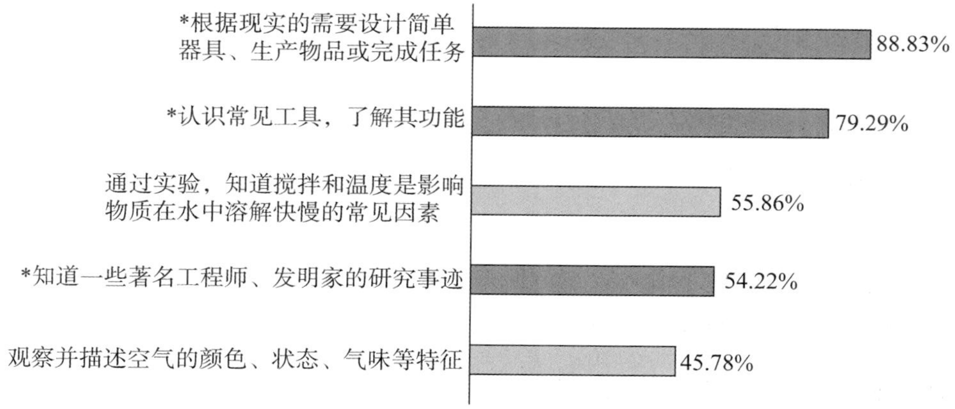

图 9－8　对技术与工程领域学习目标的选择比例

以上数据表明，虽然技术与工程领域内容受到广泛关注，但学科教师对于其相关信息的了解以及理念的认知程度仍有待进一步提高。

(三) 技术与工程领域的教学实施仍存在困难，制度与资源保障有待强化

1. 大部分教师开展技术与工程领域教学的次数较少

对开展技术与工程领域教学次数的调查结果显示(见图 9 - 9)，18.53％的教师从未开展过该领域的教学，65.12％的教师开展过 1—5 次该领域的教学，7.09％的教师开展过 6—10 次该领域的教学，9.26％的教师开展过 10 次以上该领域的教学。由此可见，教师对于技术与工程领域教学的开展次数普遍较少。

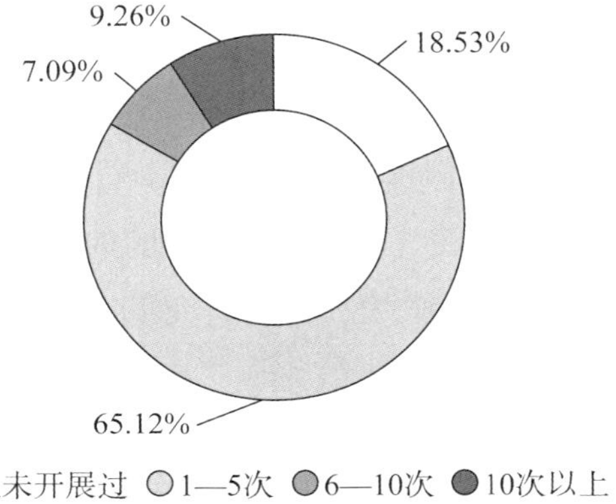

图 9 - 9 开展技术与工程领域教学次数的比例

造成这个现象的原因可能有：技术与工程领域纳入课程的时间较短，受测者教龄普遍较短。同时，部分教师可能在教学中遇到了一些困难，针对这个可能性，项目组作了进一步分析。

2. 实施技术与工程领域教学仍存在不少困难，亟须配套教学资源

对于技术与工程领域教学实施过程中遇到的困难，调查结果显示，52.42％的教师选择了“缺乏配套的教学资源”，30.56％的教师选择了“找不到值得研究的问题”，33.65％的教师选择了“缺乏专业知识和技能”，也有部分教师选择了“教学任务重，难以完成”和“教学难度较大”。

3. 保障措施有待跟进，相关制度应进一步完善

对技术与工程领域教学保障措施的相关调查结果显示，46.18％的教师希望

“制定相关制度，保障教学工作正常开展”，31.7%的教师希望该领域的教学得到“学校领导重视”，也有较高比例的教师希望“提升学校硬件设施设备”和“获得专家或教研员的指导”，并希望“可以借鉴国内外成熟案例”。

三、思考与建议

（一）开发优质课程资源

调查结果显示，52.42%的教师认为，“缺乏配套的教学资源”是教学实施过程中最大的困难。基于课程资源缺乏的现状，建议把学校作为课程资源开发的主体，根据技术与工程领域的项目规划设计，以解决技术与工程领域的项目核心问题为目标，因地制宜地开展课程资源设计，例如，可以充分挖掘校内及校外资源、开发自制教具、合理利用信息技术资源等。

（二）加强教师培训

调查结果显示，76.02%的教师主要通过“参与相关教研、培训”了解技术与工程领域相关知识。而在技术与工程领域教学过程中遇到的困难是“教师缺乏专业知识和技能”。由此可见，“参与相关教研、培训”是教师获取相关知识的主要途径，但目前的培训和研讨活动尚不能满足教师的需求。

面对这样的现状，建议市级、区级教师培训部门对相关教师进行系统、专业的技术与工程领域相关内容的培训，邀请专家和优秀教师交流典型案例、提供专业指导。同时建议市级、区级教研部门加大对技术与工程领域教研活动的支持力度，加强各学校的交流，强化区域教研机制，推动教师相关技能水平和教研能力的提升。

（三）制定相关制度

对技术与工程领域教学保障措施进行重要度排序时，很多教师强调了“制定相关制度，保障教学工作正常开展”和“学校领导重视”。可见，制度保障和领导重视是现阶段实施技术与工程领域教学的普遍需求。因此，建议相关学校和上级部门制定灵活的学习制度，探索适合创新人才培养的教学方式，为实施技术与工程领域教学创造良好的政策环境。

（执笔：周枞；问卷设计：周枞、张敏、何蔚然、沈丽萍、张定浩、沈芳珠等）

参 考 文 献

[1] 上海市中小学(幼儿园)课程改革委员会.上海市初中科学课程标准解读[M].上海:上海远东出版社,2006.

[2] 上海市教育委员会.上海市小学自然课程标准(试行稿)[M].上海:上海教育出版社,2004.

[3] 上海市教育委员会教学研究室.教学与评价的风向标——上海中小学各学科核心素养研究[M].上海:上海科技教育出版社,2018.

[4] 教育部基础教育司科学(3～6 年级)课程标准研制组.全日制义务教育科学(3～6 年级)课程标准解读(实验稿)[J].武汉:湖北教育出版社,2002.

[5] 上海市教育委员会教学研究室.小学自然单元教学设计指南[M].北京:人民教育出版社,2018.

[6] 上海市教育委员会教学研究室.小学科学与技术单元教学设计指南[M].北京:人民教育出版社,2018.

[7] 中华人民共和国教育部.义务教育小学科学课程标准[M].北京:北京师范大学出版社,2017.

[8] 上海市教育委员会教学研究室.上海市小学自然学科教学基本要求(试验本)[M].上海:上海科学技术出版社,2018.

[9] 上海市教育委员会教学研究室.上海市小学科学与技术学科教学基本要求(试验本)[M].上海:上海科学技术出版社,2018.

[10] 林静.小学科学 18 个重要概念全景解读(1—2 年级)[M].合肥:安徽大学出版社,2018.

[11] 林静.小学科学 18 个重要概念全景解读(3—4 年级)[M].合肥:安徽大学出版社,2019.

[12] 林静.小学科学 18 个重要概念全景解读(5—6 年级)[M].合肥:安徽大学出版社,2019.

[13] 薄全锋.项目化学习教学指导手册·设计篇[M].上海:上海科技教育出版社,2021.

[14] 人民教育出版社,课程教材研究所,科学课程教材研究开发中心.小学科学学业评价标准(实验稿)[M].北京:人民教育出版社,2013.

[15] 周文叶.中小学表现性评价的理论与技术[M].上海:华东师范大学出版社,2014.

[16] 王素,李正福.STEM 教育这样做[M].北京:教育科学出版社,2019.

[17] 彭香.小学科学有效学习评价[M].北京:北京师范大学出版社,2016.

[18] 戴缪勇.小学科学与技术课程教学实践[M].上海:上海社会科学院出版社,2017.

[19] 赵伟新.众智共襄自然成——上海市小学自然学科课改 30 年[M].上海:华东师范大学出版社,2018.

[20] 上海市教育委员会教学研究室.小学各学科年级和单元教学目标研究报告汇编[M].上海:中华地图学社,2020.

后　记

从接受上海市教育委员会教学研究室委托的科研项目“上海市小学科学学科技术与工程实践活动案例研发”到形成项目成果《小学科学技术与工程项目学习设计指南》(以下简称《指南》),两年的时间匆匆而过。

回顾整个过程,成立项目研究团队,制定项目研究实施方案,学习《课程标准》、STEM 教学和项目学习等文献资料,界定关键概念,打磨工具表,锻造设计规格,凸显行文逻辑,成为项目组全体成员共同的责任和任务。其间,编写组多次组内研讨交流,认真听取各方的意见与建议,集思广益,反复修改。到书稿付梓的这一刻,全体参与者才觉得稍稍松了一口气。

《指南》编制的初衷包括三方面。一是聚焦学科核心素养。小学自然学科核心素养培育的关键在于帮助学生认识科学现象,形成科学观念,习得观察、实验等技能;引导学生体验科学活动和发现科学问题,运用科学知识与方法开展不同形式的探究和实践;激发学生探索各种自然现象的好奇心,帮助学生形成尊重事实的科学态度,使学生对自己、身边人、自然和社会产生责任感,树立“与自然相伴”的意识。技术与工程项目学习设计必须关注这一点。二是针对当下技术与工程领域目标和要求的落实问题。如部分教师对技术与工程领域内容的认知度不高,教学实施存在困难,制度与资源保障有待强化。研究无法面面俱到,但应针对当下的主要问题。三是提供思路方法。围绕技术与工程项目学习设计,应该做哪些事,可以怎么做,这既是教师的期待,也是本书的着力点。希望本书能帮助教师设计教学,帮助学校备课组、教研组等教研团队规划教学。

2020 年初,研究团队积极投入上海市中小学“空中课堂”(远东版《自然》二年级)的拍摄工作,在上级统一部署的精神与要求指导下,突出基于《课程标准》的单元设计,努力融入技术与工程项目学习设计的实践。《指南》中提供的所有实践案例都经历了以课例研究为载体的循证研究。项目组站在学生的立场开发了课堂观察工具并进行了客观评价,所实施的项目学习受到学生的广泛欢迎,是国家课程校本化实施的体现。在梳理实践案例时,项目组不断优化项目学习设计,使其可操作和易实施,突出教、学、评的一致性。对项目学习设计的研究与项目学习实践同步进行,项目组不断提取经验,规范文本,形成了技术与工程项目学习规划设计、项目学习目标设计、项目学习活动设计、项目学习评价设计、项目学习资源设计的一整套流程。

本书由张敏和徐剑兰负责统稿,并撰写绪论。张定浩撰写"技术与工程项目学习规划设计",沈芳珠撰写"技术与工程项目学习目标设计",顾玲梅撰写"技术与工程项目学习活动设计",沈丽萍撰写"技术与工程项目学习评价设计",朱磊撰写"技术与工程项目学习资源设计"。本书的实践案例由陈智伟、程奕轩、戴小羽、杜路、顾玲梅、何蔚然、马懿、陆凤、陆志红、钱婧倩、沈紫萱、唐海波、唐敏洁、王超君、王立威、徐莹莹、张虹、赵一沛、周枞、周小晴、邹萌、朱磊、祝世明等教师提供。水平有限,如有不妥之处,敬请批评指正。

感谢上海市教育委员会教学研究室小学自然学科教研员赵伟新老师、小学科学与技术学科教研员沈慧丽老师担任本项目的研究顾问并参与书稿撰写的指导工作。感谢陈健、姚蔚、王稚、褚克斌等教研员以及上海市小学自然学科特级教师曹庆明老师和上海市气象局徐建中老师等到现场参与课例研究的指导和专业引领工作。

上海市青浦区教师进修学院大力支持本项目研究,为"青浦教育·轻学自然"学科平台建设提供了大量的技术与资源保障,便于教师发布学习内容和学生分享项目学习成果。在此表示感谢!

张　敏　徐剑兰

2022 年 5 月